西政文库·青年篇

酌定量刑情节研究

陈荣飞 著

图书在版编目（CIP）数据

酌定量刑情节研究 / 陈荣飞著. — 北京：商务印书馆，2020
（西政文库）
ISBN 978-7-100-18504-2

Ⅰ. ①酌… Ⅱ. ①陈… Ⅲ. ①量刑－研究－中国 Ⅳ. ①D924.134

中国版本图书馆CIP数据核字（2020）第085359号

2010年教育部人文社会科学青年基金项目"酌定情节研究"
（10YJC820012）

权利保留，侵权必究。

西政文库
酌定量刑情节研究
陈荣飞　著

商　务　印　书　馆　出　版
（北京王府井大街36号　邮政编码 100710）
商　务　印　书　馆　发　行
三河市尚艺印装有限公司印刷
ISBN 978-7-100-18504-2

2020年8月第1版　　开本 680×960　1/16
2020年8月第1次印刷　印张 20

定价：86.00元

西政文库编委会

主　任：付子堂
副主任：唐　力　周尚君
委　员：（按姓氏笔画排序）

龙大轩　卢代富　付子堂　孙长永　李　珮
李雨峰　余劲松　邹东升　张永和　张晓君
陈　亮　岳彩申　周尚君　周祖成　周振超
胡尔贵　唐　力　黄胜忠　梅传强　盛学军
谭宗泽

总 序

"群山逶迤，两江回环；巍巍学府，屹立西南……"

2020年9月，西南政法大学将迎来建校七十周年华诞。孕育于烟雨山城的西政一路爬坡过坎，拾阶而上，演绎出而今的枝繁叶茂、欣欣向荣。

西政文库以集中出版的方式体现了我校学术的传承与创新。它既展示了西政从原来的法学单科性院校转型为"以法学为主，多学科协调发展"的大学后所积累的多元化学科成果，又反映了学有所成的西政校友心系天下、回馈母校的拳拳之心，还表达了承前启后、学以成人的年轻西政人对国家发展、社会进步、人民福祉的关切与探寻。

我们衷心地希望，西政文库的出版能够获得学术界对于西政学术研究的检视与指引，能够获得教育界对于西政人才培养的考评与建言，能够获得社会各界对于西政长期发展的关注与支持。

六十九年前，在重庆红岩村的一个大操场，西南人民革命大学的开学典礼隆重举行。西南人民革命大学是西政的前身，1950年在重庆红岩村八路军办事处旧址挂牌并开始招生，出生于重庆开州的西南军政委员会主席刘伯承兼任校长。1953年，以西南人民革命大学政法系为基础，在合并当时的四川大学法学院、贵州大学法律系、云南大学法律系、重庆大学法学院和重庆财经学院法律系的基础上，西南政法学院正式成立。中央任命抗日民族英雄，东北抗日联军第二路军总指挥、西南军政委员会政法委员会主任周保中将军为西南政法学院首任院长。1958年，中央公安学院重庆分院并入西南政法学院，使西政既会聚了法学名流，又吸纳了实务精英；既秉承了法学传统，又融入了公安特色。由此，学校获誉为新中国法学教育的"西南联大"。

20世纪60年代后期至70年代，西南政法学院于"文革"期间一度停办，老一辈西政人奔走呼号，反对撤校，为保留西政家园不屈斗争并终获胜利，为后来的"西政现象"奠定了基础。

20世纪70年代末，面对"文革"等带来的种种冲击与波折，西南政法学院全体师生和衷共济，逆境奋发。1977年，经中央批准，西南政法学院率先恢复招生。1978年，经国务院批准，西南政法学院成为全国重点大学，是司法部部属政法院校中唯一的重点大学。也是在70年代末，刚从"牛棚"返归讲坛不久的老师们，怀着对国家命运的忧患意识和对学术事业的执着虔诚，将只争朝夕的激情转化为传道授业的热心，学生们则为了弥补失去的青春，与时间赛跑，共同创造了"西政现象"。

20世纪80年代，中国的法制建设速度明显加快。在此背景下，满怀着憧憬和理想的西政师生励精图治，奋力推进第二次创业。学成于80年代的西政毕业生们成为今日我国法治建设的重要力量。

20世纪90年代，西南政法学院于1995年更名为西南政法大学，这标志着西政开始由单科性的政法院校逐步转型为"以法学为主，多学科协调发展"的大学。

21世纪的第一个十年，西政师生以渝北校区建设的第三次创业为契机，克服各种困难和不利因素，凝心聚力，与时俱进。2003年，西政获得全国首批法学一级学科博士学位授予权；同年，我校法学以外的所有学科全部获得硕士学位授予权。2004年，我校在西部地区首先设立法学博士后科研流动站。2005年，我校获得国家社科基金重大项目（A级）"改革发展成果分享法律机制研究"，成为重庆市第一所承担此类项目的高校。2007年，我校在教育部本科教学工作水平评估中获得"优秀"的成绩，办学成就和办学特色受到教育部专家的高度评价。2008年，学校成为教育部和重庆市重点建设高校。2010年，学校在"转型升格"中喜迎六十周年校庆，全面开启创建研究型高水平大学的新征程。

21世纪的第二个十年，西政人恪守"博学、笃行、厚德、重法"的西政校训，弘扬"心系天下，自强不息，和衷共济，严谨求实"的西政精神，坚持"教学立校，人才兴校，科研强校，依法治校"的办学理念，推进学校发展取得新成绩：学校成为重庆市第一所教育部和重庆市共建高校，入选首批卓越法律人才教育培养基地（2012年）；获批与英国考文垂大学合作举办法学专业本科教育项目，6门课程获评"国家级精品资源共享课"，两门课程获评"国家级精品视频公开课"（2014年）；入选国家"中西部高校基础能力建设工程"院校，与美国凯斯西储大学合作举办法律硕士研究生教育项目（2016年）；法学学科在全国第四轮学科评估中获评A级，新闻传播学一级学科喜获博士学位授权点，法律专业硕士学位授权点在全国首次专业学位水平评估中获评A级，经济法教师团队入选教育部"全国高校黄大年式教师团队"（2018年）；喜获第九届世界华语辩论锦标赛总冠军（2019年）……

不断变迁的西政发展历程，既是一部披荆斩棘、攻坚克难的拓荒史，也是一部百折不回、逆境崛起的励志片。历代西政人薪火相传，以昂扬的浩然正气和强烈的家国情怀，共同书写着中国高等教育史上的传奇篇章。

如果对西政发展至今的历史加以挖掘和梳理，不难发现，学校在教学、科研上的成绩源自西政精神。"心系天下，自强不息，和衷共济，严谨求实"的西政精神，是西政的文化内核，是西政的镇校之宝，是西政的核心竞争力；是西政人特有的文化品格，是西政人共同的价值选择，也是西政人分享的心灵密码！

西政精神，首重"心系天下"。所谓"天下"者，不仅是八荒六合、四海九州，更是一种情怀、一种气质、一种境界、一种使命、一种梦想。"心系天下"的西政人始终以有大担当、大眼界、大格局作为自己的人生坐标。在西南人民革命大学的开学典礼上，刘伯承校长曾对学子们寄予厚望，他说："我们打破旧世界之目的，就是要建设一个人民的新世界……"而后，从化龙桥披荆斩棘，到歌乐山破土开荒，再到渝北校区新建校园，几代西政人为推进国家的民主法治进程矢志前行。正是在不断的成长和发展过程中，西政见证了新中国法学教育的涅槃，有人因此称西政为"法学黄埔军校"。其实，这并非仅仅是一个称号，西政人之于共和国的法治建设，好比黄埔军人之于那场轰轰烈烈的北伐革命，这个美称更在于它恰如其分地描绘了西政为共和国的法治建设贡献了自己应尽的力量。岁月经年，西政人无论是位居"庙堂"，还是远遁"江湖"，无论是身在海外华都，还是立足塞外边关，都在用自己的豪气、勇气、锐气，立心修德，奋进争先。及至当下，正有愈来愈多的西政人，凭借家国情怀和全球视野，在国外高校的讲堂上，在外交事务的斡旋中，在国际经贸的商场上，在海外维和的军营里，实现着西政人胸怀世界的美好愿景，在各自的人生舞台上诠释着"心系天下"的西政精神。

西政精神，秉持"自强不息"。"自强不息"乃是西政精神的核心。西政师生从来不缺乏自强传统。在20世纪七八十年代，面对"文革"等带来的发展阻碍，西政人同心协力，战胜各种艰难困苦，玉汝于成，打造了响当当的"西政品牌"，这正是自强精神的展现。随着时代的变迁，西政精神中"自强不息"的内涵不断丰富：修身乃自强之本——

尽管地处西南，偏于一隅，西政人仍然脚踏实地，以埋头苦读、静心治学来消解地域因素对学校人才培养和科学研究带来的限制。西政人相信，"自强不息"会涵养我们的品性，锻造我们的风骨，是西政人安身立命、修身养德之本。坚持乃自强之基——在西政，常常可以遇见在校园里晨读的同学，也常常可以在学术报告厅里看到因没有座位而坐在地上或站在过道中专心听讲的学子，他们的身影折射出西政学子内心的坚守。西政人相信，"自强不息"是坚持的力量，任凭时光的冲刷，依然能聚合成巨大动能，所向披靡。担当乃自强之道——当今中国正处于一个深刻变革和快速转型的大时代，无论是在校期间的志愿扶贫，还是步入社会的承担重任，西政人都以强烈的责任感和实际的行动力一次次证明自身无愧于时代的期盼。西政人相信，"自强不息"是坚韧的种子，即使在坚硬贫瘠的岩石上，依然能生根发芽，绽放出倔强的花朵。

西政精神，倡导"和衷共济"。中国司法史上第一人，"上古四圣"之一的皋陶，最早提倡"和衷"，即有才者团结如钢；春秋时期以正直和才识见称于世的晋国大夫叔向，倾心砥砺"共济"，即有德者不离不弃。"和衷共济"的西政精神，指引我们与家人美美与共：西政人深知，大事业从小家起步，修身齐家，方可治国平天下。"和衷共济"的西政精神指引我们与团队甘苦与共：在身处困境时，西政举师生、校友之力，攻坚克难。"和衷共济"的西政精神指引我们与母校荣辱与共：沙坪坝校区历史厚重的壮志路、继业岛、东山大楼、七十二家，渝北校区郁郁葱葱的"七九香樟""八零花园""八一桂苑"，竞相争艳的"岭红樱"、"齐鲁丹若"、"豫园"月季，无不见证着西政的人和、心齐。"和衷共济"的西政精神指引我们与天下忧乐与共：西政人为实现中华民族伟大复兴的"中国梦"而万众一心；西政人身在大国，胸有大爱，遵循大道；西政人心系天下，志存高远，对国家、对社会、对民族始终怀着强烈的责任感和使命感。西政人将始终牢记：以"和衷共济"的人生态度，以人类命运共同体的思维高度，为民族复兴，为人类进步贡献西政人的智慧和力量。这是西政人应有的大格局。

西政精神，着力"严谨求实"。一切伟大的理想和高远的志向，都需要务实严谨、艰苦奋斗才能最终实现。东汉王符在《潜夫论》中写道："大人不华，君子务实。"就是说，卓越的人不追求虚有其表，有修养、有名望的人致力于实际。所谓"务实"，简而言之就是讲究实际，实事求是。它排斥虚妄，鄙视浮华。西政人历来保持着精思睿智、严谨求实的优良学风、教风。"严谨求实"的西政精神激励着西政人穷学术之浩瀚，致力于对知识掌握的弄通弄懂，致力于诚实、扎实的学术训练，致力于对学习、对生活的精益求精。"严谨求实"的西政精神提醒西政人在任何岗位上都秉持认真负责的耐劳态度，一丝不苟的耐烦性格，把每一件事都做精做细，在处理各种小事中练就干大事的本领，于精细之处见高水平，见大境界。"严谨求实"的西政精神，要求西政人厚爱、厚道、厚德、厚善，以严谨求实的生活态度助推严谨求实的生活实践。"严谨求实"的西政人以学业上的刻苦勤奋、学问中的厚积薄发、工作中的恪尽职守赢得了教育界、学术界和实务界的广泛好评。正是"严谨求实"的西政精神，感召着一代又一代西政人举大体不忘积微，务实效不图虚名，博学笃行，厚德重法，历经创业之艰辛，终成西政之美誉！

"心系天下，自强不息，和衷共济，严谨求实"的西政精神，乃是西政人文历史的积淀和凝练，见证着西政的春华秋实。西政精神，在西政人的血液里流淌，在西政人的骨子里生长，激励着一代代西政学子无问西东，勇敢前行。

西政文库的推出，寓意着对既往办学印记的总结，寓意着对可贵西政精神的阐释，而即将到来的下一个十年更蕴含着新的机遇、挑战和希望。当前，学校正处在改革发展的关键时期，学校将坚定不移地以教学为中心，以学科建设为龙头，以师资队伍建设为抓手，以"双一流"建设为契机，全面深化改革，促进学校内涵式发展。

世纪之交，中国法律法学界产生了一个特别的溢美之词——"西政现象"。应当讲，随着"西政精神"不断深入人心，这一现象的内涵正在不断得到丰富和完善；一代代西政校友，不断弘扬西政精神，传承西政文化，为经济社会发展，为法治中国建设，贡献出西政智慧。

是为序。

西南政法大学校长，教授、博士生导师
教育部高等学校法学类专业教学指导委员会副主任委员
2019 年 7 月 1 日

目 录

引 言 1

第一章 酌定量刑情节概述 6

第一节 刑法中的情节之本质特征 7
一、情节的一般定义 7
二、刑法中情节概念之歧见及述评 7
三、刑法中情节的本质特征 10

第二节 刑法中的行为概念 13

第三节 刑法中的情节之定义及特定类型 19
一、刑法中的情节之定义 19
二、刑法中情节的类型 20

第四节 酌定量刑情节的概念及特征 26
一、酌定量刑情节的定义 26
二、酌定量刑情节的特征 31

第二章 反映犯罪主体人格之酌定量刑情节 34

第一节 犯罪动机 35
一、犯罪动机的概念 35

二、犯罪动机影响量刑依据及其量刑功能 42

第二节　犯罪后的态度 49

　　一、犯罪后的态度概述 49

　　二、赔偿损失 53

　　三、退赃 63

　　四、认罪 71

第三节　其他反映罪犯人格的酌定量刑情节 79

　　一、刑事责任能力 79

　　二、其他情节 98

第三章　反映罪犯主观恶性程度的酌定量刑情节 111

第一节　反映认识与意志程度的酌定量刑情节 111

　　一、认识与意志之内容确定 111

　　二、罪过程度影响量刑之立法考察 116

　　三、罪过作为量刑情节之适用问题 117

第二节　反映情绪情感程度的酌定量刑情节 123

　　一、情绪情感应否为罪过要素 123

　　二、作为量刑情节之情感情绪 128

第四章　反映行为客观危害程度的酌定量刑情节 140

第一节　犯罪对象与犯罪后果 140

　　一、犯罪对象与犯罪后果的概念 140

　　二、作为量刑情节的犯罪对象与犯罪后果之立法考察 148

　　三、作为量刑情节的犯罪对象与犯罪后果之适用问题 150

第二节　犯罪对象与犯罪后果中的特殊类型 158

　　一、为或对亲属犯罪之亲属身份 158

二、被害人行为因素..........180
　　三、被害人居弱者地位..........204
　第三节　犯罪的时间、地点和手段..........209
　　一、作为量刑情节的犯罪时间、地点和手段（方法）之立法
　　　　考察..........209
　　二、作为酌定量刑情节的犯罪时间、地点和手段（方法）影响
　　　　量刑的根据及适用问题..........213

第五章　酌定量刑情节法定化之内在根据..........218
　第一节　刑事自由裁量权之限权哲学导向..........218
　　一、刑事自由裁量权之无可回避性..........218
　　二、刑事自由裁量权之立法规制..........225
　第二节　刑法基本原则的内在要求..........228
　　一、罪刑法定原则与酌定量刑情节法定化..........229
　　二、适用刑法面前人人平等原则与酌定量刑情节法定化..........231
　　三、罪刑相适应原则与酌定量刑情节法定化..........233
　第三节　人类对犯罪现象的认识规律使然..........243
　　一、人类对犯罪本质认识之时代跃迁..........243
　　二、量刑情节的发展变化规律..........251

第六章　酌定量刑情节法定化之外在根据..........258
　第一节　我国当前司法弊病之疗救良方..........258
　第二节　域外量刑情节立法之佐证..........274

结语　酌定量刑情节法定化之理路探寻及理论方案..........279
参考文献..........284

引 言

定罪与量刑作为刑事审判的两大环节，共同决定着刑事被告人的命运。犯罪构成要件的规范性和相对明确性，兼之理论与实务长期"重定罪轻量刑"之传统，发展迄今的定罪理论与立法已相当成熟完备，使得实务中定性明显错误的案件并不多见。相对于定罪论，量刑论诚可谓"门前冷落车马稀"，尤有甚者，在量刑环节，存在着只重法定量刑情节而轻酌定量刑情节之惯弊，酌定量刑情节因之在整个刑事审判环节最受轻忽。由于量刑是一个经由法官对犯罪事实、性质、情节（包含法定量刑情节和酌定量刑情节）和对社会危害的程度进行全面审度和综合评价的过程。对于法定量刑情节，因其内容和量刑功能都相对确定，如累犯、自首、坦白、立功、犯罪时未成年等，在刑法中它们都被明确赋予了特定的含义及应（或可）重、轻、减、免之功能，从而较为有效地限制了法官刑事自由裁量权的运作空间，无视法定量刑情节之情形在现实中较为罕见。但酌定量刑情节却远非如此，就中缘由在于，刑法对于酌定量刑情节的具体内容及其功能均未做出明文规定，故而对其适用全然系于法官的自觉，又因酌定量刑情节无所不在、无案不有，它存在于一切刑事案件之中，因此对酌定量刑情节的轻忽必然导致量刑失衡的案件层出不穷，如近些年来发生的许霆案（一审）、李昌奎案（二审）、何石德案等。对当下量刑失衡案件进行考察后不难发现，有相当数量的案件皆缘于法官对酌定量刑情节的无视、漠视。因此，研究酌定量刑情节就有着重要的理论和实践价值。

虽然，几乎所有的刑法教科书以及不少有关量刑研究的论著都论及酌定量刑情节，但专就酌定量刑情节展开研究的论著相对而言并不多见。迄今为止，虽有少量涉及情节的论著面世，如赵秉志教授、彭新林博士主编的《量刑情节与量刑方法专题整理》[①]、陈兴良教授主编的《刑事司法研究——情节·判例·解释·裁量》[②]、蒋明博士的《量刑情节研究》[③]、王利宾博士的《酌定量刑情节规范适用研究》[④]、彭新林博士的《酌定量刑情节限制死刑适用研究》[⑤]等，上述论著中后两部是目前仅有的研究酌定量刑情节的专著。此外，还有若干硕士学位论文及数十篇期刊论文，期刊论文中自以为较具代表性的有：房清侠教授的《酌定量刑情节的学理研究》[⑥]和《酌定量刑情节非法定化的反思》[⑦]，倪业群的《酌定量刑情节蕴涵的功能及其实然化》[⑧]等。

据上可知，我国现有的有关酌定量刑情节的研究成果还基本停留在酌定量刑情节的概念界定、与法定量刑情节的关系、酌定量刑情节的理论类型等方面，其中不乏有益识见，但在笔者看来，尚存在如下根本缺陷：（1）由于未把握作为刑法理论基石的行为概念，进而未能揭示犯罪的本质及以犯罪本质为基础的量刑情节之本质，使得理论始终未能合理划定量刑情节（含酌定量刑情节）的存在界域，因之也未能破解罪犯的某些罪前、罪后表现何以是"犯罪的"情节，或者说何以能影响罪犯之刑事责任之理论难题；（2）因未把握量刑情节的发展

[①] 赵秉志、彭新林：《量刑情节与量刑方法专题整理》，中国人民公安大学出版社2009年版。
[②] 陈兴良：《刑事司法研究——情节·判例·解释·裁量》，中国方正出版社2000年版。
[③] 蒋明：《量刑情节研究》，中国方正出版社2004年版。
[④] 王利宾：《酌定量刑情节规范适用研究》，上海社会科学院出版社2010年版。
[⑤] 彭新林：《酌定量刑情节限制死刑适用研究》，法律出版社2011年版。
[⑥] 房清侠：《酌定量刑情节的学理研究》，《法学家》2001年第5期。
[⑦] 房清侠：《酌定量刑情节非法定化的反思》，《河北法学》2001年第4期。
[⑧] 倪业群：《酌定量刑情节蕴涵的功能及其实然化》，《广西政法管理干部学院学报》2007年第2期。

变化规律及动因，以致研究者普遍武断地认为，酌定量刑情节的类型及具体量刑功能都具有不确定性，故根本无法对其进行法定化，因而对酌定量刑情节的立法走向缺乏洞见；(3)无视我国刑法因在量刑情节上的立法疏漏所导致的酌定量刑情节目前在我国司法实务中的尴尬境遇，即若允许法官在量刑中适用酌定量刑情节，因缺乏必要的立法规制故其极可能被滥用，而若因可能被滥用就不允许法官在量刑中加以适用则将导致量刑失衡，这显然更不可取。以致当面对我国目前司法实务中因无视或滥用酌定量刑情节而致量刑失衡的案件时表现得甚是无奈。

在域外刑法学界，基本都不将在我国刑法理论中属于酌定量刑情节的问题作为一个独立的理论问题加以研究，个中缘由在于，我国刑法理论中的酌定量刑情节在大陆法系和英美法系国家的立法中都已基本实现法定化或明确化。

通过对两大法系各主要国家的立法进行比较后可知，英美法系国家在酌定量刑情节法定化上表现得更为彻底，这反映在各国的量刑指南制度中。英美法国家主要存在三种不同模式的量刑指南制度：美国数量化量刑指南（numeric sentencing guidelines）、英国论理式量刑指南（narrative sentencing guidelines）和澳大利亚信息化量刑指南（informational sentencing guidelines）。如所周知，欲实现对法官量刑的正确指导，量刑指南就必须尽可能详尽地对所有量刑情节做出规定，唯有在对所有量刑情节进行充分考量的基础上方能真正地实现量刑上的公平合理，如此酌定量刑情节法定化便是必然要求。以美国为例，美国国会量刑委员会1987年制定的《美国联邦量刑指南》以数量式图标来描述各种罪行的等级数值，对于不同罪的各式各样的加重情节和减轻情节都做了极为详尽的规定，使得法官的刑罚裁量很难偏离量刑指南规定的范围。英国、澳大利亚等国的量刑指南有关情节的规定也与美国相类似。不过，因英美法系偏重实践而不太注重抽象理论研究之传统使得其有关量刑情节的理论研究成果并不多见。

在大陆法系国家或地区的立法中，大量在我国立法体系中属于酌定量刑情节的情节都已经被法定化或明确化，在这方面最为突出的当属《意大利刑法典》之规定。在《意大利刑法典》中，除了散见于各章节的犯罪情节外，还在法典的第三章"犯罪"中专辟一节，以12条的篇幅集中规定情节（主要是量刑情节）问题，在该节中，大量在多数国家刑法典中属酌定量刑情节的情节，如某些犯罪动机和犯罪目的、特定的时间、地点和手段以及对情节和被害人的认识错误等，均上升为了法定量刑情节，其详细程度，其他国家有关犯罪情节的专门学术论文甚至也很难达到，在世界各国的立法例中也是绝无仅有的。[①] 此外，德国、奥地利、芬兰、瑞典、韩国等国的刑法典以及我国台湾地区、澳门地区所谓的刑法典对于量刑情节也都有较为详细的规定。不过，在大陆法系国家刑法学界，我国刑法理论中的酌定量刑情节和法定量刑情节都被置于量刑基准中探讨，一般认为，量刑基准是指在对犯罪人进行量刑时，刑罚应建立在什么基础之上，它对报应与预防因素应进行何等程度的考量，故其大体相当于量刑原则。站在量刑原则的高度虽然有助于我们从宏观上把握量刑情节，但在酌定量刑情节未被法定化的我国当下，站在这一高度探讨酌定量刑情节的根本缺陷在于：（1）难以深入到酌定量刑情节的内里，对其形成全面、系统的认识和把握；（2）无助于我国未来量刑情节立法的精密化。此外，大陆法系现有的刑法理论也未从根本上解决罪犯的某些罪前、罪后表现何以能影响罪犯刑事责任的理论难题。

由上可知，有关量刑情节中仍然存在着诸多难解及未解之论题，如量刑情节（含酌定量刑情节）的本质为何，其影响量刑的根本原因是什么。解决此等基本问题是解开为何有些罪犯的某些罪前、罪后表

---

① 陈忠林：《刑法散得集》，法律出版社2003年版，第328页。

现是"犯罪的"情节从而影响量刑之理论难题的前提和基础。具体到酌定量刑情节，相关问题则包含：酌定量刑情节是否有其发展变化的规律，其内在动因为何，它包含哪些具体类型及各自的量刑功能如何，如何保障其在司法实践中的正确运用，等等。本书即拟对上述问题展开研究。

第一章　酌定量刑情节概述

概念系一切理论研究之逻辑始点，在未明了研究对象概念的情况下所进行的一切研究，除了徒然制造理论混乱之外并无任何实益，对酌定量刑情节展开研究当然也不例外。酌定量刑情节一词并非我国刑法明定之术语，而系我国刑法理论界对属于量刑环节中法定量刑情节以外的其他情节依据学理方法概括提炼出来的名词术语。对于法定量刑情节，我国刑法学界及刑事立法和司法实务界素来极为重视，对其研究也较为深入。就方法论而言，明晰法定量刑情节的内涵及外延，判定某情节系属法定量刑情节抑或酌定量刑情节已非难事，但要把握纷繁复杂的酌定量刑情节之本质，进而厘定其本身的内涵及外延却亦非易事，更兼法定量刑情节也非我国刑法规范明定之术语。有关酌定量刑情节之定义在我国刑法理论界存在较大的争议，正如我国有的学者所言："对于酌定量刑情节的概念、性质、分类和范围等基础性问题，学者们则是争论激烈，概念模糊，尚未形成统一认识。"[①] 笔者以为，欲合理界定酌定量刑情节的概念，得先明晰关联概念之意涵。

[①] 赵秉志、彭新林编著：《量刑情节与量刑方法专题整理》，中国人民公安大学出版社2009年版，第58页。

第一节　刑法中的情节之本质特征

一、情节的一般定义

"情节"一词在汉语言系统中是一个意涵极为丰富的语词，该语词由"情"与"节"组合而成。根据《新华字典》的解释，"情"是指"状况"，"节"是指"事项"[①]，两意项结合为"事项的状况"；而根据《现代汉语词典》的释义，情节是指"事情的变化和经过"[②]；《辞海》的解释则为："叙事性文艺作品中具有内在因果联系的人物活动及其形成的事件的进展过程。由一组以上能显示人物行动、人物和人物、人物和环境之间的错综复杂关系的具体事件和矛盾冲突所构成，是塑造人物性格的主要手段。它以现实生活中的矛盾冲突为根据，经作家、艺术家的集中、概括并加以组织、结构而成，事件的因果关系亦更加突出。一般包括开端、发展、高潮、结局等部分。有的作品还有序幕和尾声。"[③]虽然以上有关情节概念的释义详略不一，但借此不难把握情节之本质，即情节应为事物在产生、发展和变化过程中，能够反映其性质的相关情状。

二、刑法中情节概念之歧见及述评

概念的领域义虽受制于其一般含义，但因不同学科领域在研究对象与研究任务上的迥异，同一概念往往有不同的意涵。考察我国的刑事立法，"情节"一词可谓我国刑事法律中出现频率最高的领域义术

[①] 中国社会科学院语言研究所修订：《新华字典》，商务印书馆1998年版，第409、236页。
[②] 中国社会科学院语言研究所编：《现代汉语词典》，商务印书馆2005年版，第1116页。
[③] 辞海编辑委员会编：《辞海》，上海辞书出版社2000年版，第2813页。

语。根据笔者的统计，在我国 1979 年刑法中，"情节"一词出现 72 次，而截至 2017 年 11 月 4 日《刑法修正案（十）》生效止，我国现行刑法中"情节"一词则出现了 372 次，如若算上附属刑法、立法和司法解释等，情节的出现频次将更加难以计数。情节在我国刑事法规范中的频仍出现及其对刑事司法实践的巨大作用也引起了我国刑事法学者和实务工作者们的广泛关注。何谓刑法中的情节，学界可谓众口纷纭，莫衷一是，主要见解集纳如下：

（1）情节，指的是事物存在与变化的情状与环节。犯罪作为一种社会现象，其情节是指犯罪存在与变化的情状与环节。[①]

（2）刑法中的情节，是指刑法规定或者认可的体现行为人主观恶性或者行为的社会危害程度，影响定罪量刑的主客观情况。[②]

（3）情节作为一个刑法术语，是指刑法规定或认可的表明行为是否具有社会危害性和行为人是否具有人身危险性，以及社会危害和人身危险程度的主客观事实情况。[③]

（4）刑法中的情节，是指犯罪构成共同要件以外的，与犯罪人或者其侵害行为密切相关的，影响行为社会危害性和行为人人身危险性程度，并进而影响定罪与量刑的各种具体事实情况。[④]

（5）刑法中的情节，是指犯罪构成共同要件以外的，体现行为的社会危害性和行为人的反社会属性程度，并影响定罪量刑和行刑的各种主客观事实情况。[⑤]

（6）所谓情节，是指案件的具体情况，犯罪者的动机、手段、过程、结果等[⑥]，或认为所谓情节，是犯罪情节的简称，是指犯罪过程中

[①] 高铭暄主编：《刑法学原理》（第三卷），中国人民大学出版社 1994 年版，第 244 页。
[②] 胡云腾：《论我国刑法中的情节》，西南政法学院硕士学位论文（1986），第 7 页。
[③] 赵廷光：《论我国刑法中的情节》，《中南政法学院学报》1994 年第 1 期。
[④] 王晨：《定罪情节探析》，《中国法学》1992 年第 1 期。
[⑤] 胡学相：《量刑的基本理论研究》，武汉大学出版社 1999 年版，第 164 页。
[⑥] 冯世名：《关于量刑问题》，《政法研究》1957 年第 4 期。

的各种事实情况。①

（7）刑法意义上的情节，是指依据刑事法律和刑事政策，被认为体现行为社会危害性和行为人人身危险性，影响定罪量刑的各种主客观事实情况。②

（8）我国刑法中的情节，是指刑法规定的或者基于刑事政策的考虑对定罪、量刑或者行刑产生影响并反映行为的社会危害性和行为人的人身危险性及其程度的各种主客观事实。③

（9）犯罪情节是指反映行为社会危害性程度从而影响刑罚轻重有无的事实。④

笔者以为，欲准确把握刑法中情节之本质，首先得明确其称谓。不难发现，上述诸种定义之被定义项在称谓上并不统一而稍显混乱，如（1）（6）（9）称之为"犯罪情节"，而多数则称之为"刑法中的情节"。笔者认同后一见解，原因在于，若称为犯罪情节，那么在"犯罪情节"这一语词中，"情节"为中心词，"犯罪"系对情节进行限定之定语，如此，犯罪情节应当以犯罪成立为前提，但显而易见的是，刑法中的情节并不仅仅限于使犯罪成立之入罪情节及犯罪成立后影响量刑之量刑情节，还应包括使行为出罪之出罪情节，例如，刑法第13条但书规定之情节便属出罪情节。并且从前一见解之定义表述中（"影响刑罚……有无……"）也可以看出，其中应当包含了出罪情节，故其将被定义项谓为"犯罪情节"并不准确。其次涉及的问题是，刑法中的情节是否应包含行刑情节？从以上各定义来看，多数认为只限于影响"定罪和量刑"的情节，而不包含行刑情节。对此，笔者的见解是，刑法中的情节应当包含行刑情节，理由在于，刑法是认定犯罪成

---

① 姜伟：《犯罪形态通论》，法律出版社1994年版，第122页。
② 朱宗雄：《论情节对定罪的意义》，《法学评论》1994年第5期。
③ 李翔：《情节犯研究》，上海交通大学出版社2006年版，第9页。
④ 廖瑜：《论犯罪情节》，西南政法大学博士学位论文（2009），第29页。

立条件和适用刑罚标准的法律规范总和，虽然刑法执行主要由刑事执行法调整，而刑事执行法并不属于实体刑法之范畴，但是不容否认的是，刑罚的执行仍然包含有刑罚适用之内容，且从我国刑法的规定来看，其中也确实规定了减刑、假释、缓刑等制度适用所依据的相关情节。[①] 因此，刑法中的情节应当包含影响行刑的情节。

在确定刑法中的情节的名称及外延之后，据此审视上述有关刑法中的情节概念，第一种定义虽立足于情节的一般含义，但因其并未准确把握刑法中的情节之外延，使得其情节概念仅涵盖入罪情节及量刑情节，而将出罪情节及行刑情节排除在外，由此导致称谓上的偏差。此外，刑法中情节的（2）（4）（6）（7）（9）定义也同样存在概念不周延之缺陷，未能涵盖刑法中的所有情节或者导致称谓（即被定义项）与定义项并不相符，由此给情节所下的定义也势必欠缺准确性，因为这样至少不能反映情节的内在联系或其共性。至于刑法中情节的（3）（5）（8）定义是否合理，笔者将在澄清以下问题后予以评析。

三、刑法中情节的本质特征

概念的任务在于揭示事物的本质，而构成事物本质之内涵系为该事物所普遍享有而又不为其他事物所有，决定其存在和发展的内在根据。[②] 事物的本质具有多元性及多层次性之特征，不同学科面临着不同的问题，因而各有特定的研究任务，就特定学科领域中的概念本质而言，研究者所揭示的本质以能够合理解释该学科领域中的相关问题为

---

① 当然，这并不代表笔者认同刑法典中的规定都是刑法规范（刑法典中有不少规范不属于刑法规范，如第48条第2款、第79条、第82条等等），于此意在强调刑罚执行中某些问题仍然还是属于适用刑罚之内容。

② 陈荣飞、肖敏：《犯罪本质新界说》，载赵秉志主编：《刑法论丛》，法律出版社2011年第2卷（总第26卷），第5—6页。

已足。面对事物多元及多层次的本质，把握其中某一层次的本质是我们把握其他层次本质的突破口，而我们知道，事物在现象层面的本质也即其本质特征最易为我们所把握，因为现象是"事物在发展、变化中所表现的外部的形态和联系"[1]，故其能够为人们的感性认识所直接把握。准此，欲界定刑法中的情节概念，首先得弄清刑法的概念及研究任务。在我国刑法学界，通行的见解是刑法是规定犯罪、刑事责任和刑罚的法律。[2] 但笔者认为，该定义只揭示了刑法的共性而并未反映其特性，依据该定义并不能将作为实体法的刑法与刑事程序法、刑事执行法等部门法区别开来，故并未揭示刑法的本质，有关刑法的科学定义，笔者赞同将刑法定义为"规定犯罪成立条件与适用刑罚标准的法律规范的总和"。[3] 据此可知，刑法学以研究犯罪成立标准和刑罚适用标准为己任，目的在于合理追究罪犯的刑事责任进而实现刑事正义。刑事责任实现的动态过程表现为定罪、量刑和行刑三大环节。在揭示刑法的特性及任务之后，那么刑法中的情节之本质特征（即其在现象层面的共性与特性）就不难把握了。

首先，依据前述情节的一般定义也即其语义学定义可知，情节系一种事实，由于人的行为具有特殊性，它是主客观的统一体，故围绕犯罪行为所涉及的情节，当包含主观和客观两个方面的事实。

其次，由于刑事责任的实现存在定罪、量刑和行刑三大环节，由此可知，刑法中情节的共性主要表现在其功能上，即对定罪、量刑或行刑发生作用或产生影响，刑法中的情节无一例外地不对这三大环节中的某一个或某几个环节发生作用，而但凡对刑事责任实现环节不产生作用的其他一切事实必定不能成为刑法中的情节。此为刑法中的情节之共性。

---

[1] 中国社会科学院语言研究所编：《现代汉语词典》，商务印书馆 2005 年版，第 1480 页。
[2] 高铭暄、马克昌主编：《刑法学》，北京大学出版社、高等教育出版社 2000 年版，第 9 页。
[3] 陈忠林主编：《刑法学》（上），法律出版社 2006 年版，第 2 页。

最后，依据对事物本质之界定可知，事物的本质除了反映其共性外，还必须进一步审视该共性是否为某事物区别于其他一切事物的特性。因此，需要解决的问题是，对定罪、量刑或行刑产生影响的各种主观事实是否必为刑法中的情节？显然，实际并非如此，因为在刑法中，犯罪构成要件也决定着行为的罪与非罪、此罪与彼罪甚或罪轻与罪重。但在理论上，情节并不包含犯罪构成要件及要件之要素，更非与犯罪构成要件及要素属同一概念，对此，意大利刑法学家帕多瓦尼先生曾指出："不应该或不可能成为犯罪的构成要件，是犯罪情节的典型特征。"[①] 此外，在立法上，有些国家的刑法典已对二者进行了明确的界分，如《德国刑法典》第46条有关量刑的基本原则之规定即明确指出："属于法定犯罪构成事实的，可不考虑"，《意大利刑法典》第61条（普通加重情节）和第62条（普通减轻情节）条文中也都明确有"下列情节，当不属于犯罪构成要件"之规定。事实上，这也是刑法中禁止重复评价原则的核心内容，因为禁止重复评价原则在刑法上最普遍的用法就是，属于构成犯罪之要件，不得再作为个案量刑时考虑的要素。[②] 由此可见，在界定刑法中的情节概念时，务必将构成要件及要素排除在定义内容之外。[③]

综上所析，刑法中的情节可定义为犯罪构成要件及要素以外的对定罪、量刑或行刑产生影响的各种主客观事实。该定义因反映了情节的共性及特性，故揭示了刑法中情节在现象层面的本质。当然如前所析，事物本质具有多元性和多层次性，多元是基于不同层次观察所表现出来的多元，上述定义揭示的是刑法情节在现象层面的本质，据此

---

① 杜里奥·帕多瓦尼：《意大利刑法学原理》，陈忠林译，法律出版社1998年版，第268页。
② 黄荣坚：《刑法问题与利益思考》，中国人民大学出版社2009年版，第204页。
③ 不过就此还需要特别注意的是，由于犯罪构成要件是由系列要素构成，而要素之下又存在系列事实，如若其中的某些事实（如情节犯中的某些特定情节、数额犯的数额、主体未成年或年满75周岁、反映罪过程度的事实，等等）具有独立评价的意义，则可以成为刑法中的情节。

还可以进一步揭示其更深层次的本质，即揭示决定情节本质特征背后的本质。笔者以为，欲揭示情节更深层次的本质所要解答的问题是，刑法中的情节何以能够影响定罪、量刑或行刑？换言之，即是揭示决定本质特征背后之原因，而这又涉及对犯罪行为的内在结构乃至作为刑法理论根基的行为概念的科学理解。

第二节　刑法中的行为概念

犯罪系行为，无行为则无犯罪。"行为，系一切犯罪的共通基础"[①]，"是犯罪特征的所有其他问题讨论的出发点"[②]，"犯罪是行为，这是现代刑法中犯罪的本质"[③]。因之，行为概念成为探讨一切刑法问题的逻辑始点。刑法中的行为概念受黑格尔哲学的影响而产生，自后刑法理论界就何谓刑法中的行为概念展开了逾一个半世纪的大讨论，迄今形成了形形色色的行为理论，较具影响力的主要有：因果行为论、目的行为论、社会行为论和人格行为论等等。

刑法中的行为概念之所以歧见纷呈、阋讼经久不衰，由来于刑法学科面临着系列特殊问题。笔者认为，就刑法体系之两大组成部分——犯罪论和刑罚论——而言，其中的焦点问题大体有两个：一是如何合理地解释刑法中的某些特殊行为如不作为行为、过失行为等的行为性问题。二是由于刑事责任的实现系围绕着犯罪行为而展开，其中在量刑环节，对犯罪分子决定刑罚所依据的事实、性质、情节以及对社会的危害程度等无一例外均受犯罪行为之限制，即均为"犯罪

[①] 陈朴生：《刑法专题研究》，台湾三民书局1988年版，第94页。
[②] 汉斯·海因里希·耶赛克、托马斯·魏根特：《德国刑法教科书》，徐久生译，中国法制出版社2001年版，第267页。
[③] 泷川幸辰：《犯罪论序说》，王泰译，法律出版社2005年版，第20页。

的"事实、"犯罪的"性质、"犯罪的"情节以及"犯罪"对社会的危害程度。可是综观世界各国的刑事立法，均毫无例外地将犯罪分子的某些罪前罪后表现，如自首、坦白、立功、累犯等，作为量刑情节（有些也是行刑情节）加以考量，那么犯罪分子的这些罪前罪后表现何以能够为犯罪行为所包容呢？这也是刑法中的行为概念必须解决的问题。不过，过往刑法理论中的行为学说多将注意力聚焦于前一问题，而对后一同样重要的刑法基本问题有所忽视。笔者认为，科学的行为概念必须能同时合理地诠解上述两大基本问题，甚或可言，这两大问题也是检验刑法行为概念科学与否的核心性标准，堪称试金石。

以第一个问题去检验现有各行为学说的优劣得失之析论可谓难以计数，在众多研究者的相互辩难中，对某些行为学说之缺陷基本已经达成共识。如因果行为论由于强调行为的有体性，故难以解释不作为的行为性；目的行为论由于强调行为的目的性，故难以解释过失行为的行为性；社会行为论如若仅强调行为的社会性而忽略其有意性，则无从解释同样具有社会意义的意外事件和不可抗力何以不是行为，若强调行为的社会性的同时也注重其有意性，则无从解释疏忽大意过失行为的行为性。依据第二个问题去审视上述各行为学说，除人格行为论外，上述任何一种行为理论均无法解释犯罪人罪前罪后的某些表现何以能够纳入犯罪行为之范畴，据此可知，人格行为论是破解上述两核心性论题的一把钥匙。

人格行为论最先由日本学者团藤重光提出，得到了其弟子大塚仁、日冲宪郎等学者的支持，德国刑法学者阿图尔·考夫曼（Arthur Kaufmann）也提出了类似的观点，此外，德国刑法学大家洛克辛（Claus Roxin）也持人格行为论。在人格行为论者看来，人类是以物质、生命、心理和精神而构成的综合性存在，所以人类的行为也应从人类的综合要素考虑和认识出发。这种综合性要素即为人格，它是人类区别于动物的决定性因素。① 行为就是在人格和环境的相互作用中由行为人的主体性态度所实施的。② 人格行为论在责任观上体现为人格责任论，在人格责任体系中，存在犯罪行为和人格形成两大序列的责任，其中，行为责任是第一位的，人格形成责任居次。这样，无论是不作为和过失行为的行为性问题，还是犯罪行为何以能够包容行为人的罪前罪后表现的问题，答案均自在其中。因为它们都体现了行为人的人格态度或是行为人人格的发现或客观化，可见，人格行为论在上述核心性论题的诠释上表现出了其他行为学说所不具有的理论张力和超强解释力。不过令人遗憾的是，在人格行为论的论证体系中，虽然强调现实化行为的优位性，但对于"现实化的行为是什么"的问题实际却并未投入理论所期许的关注，反倒一味地强调行为人的人格形成过程，给人的印象是定罪的重心并非现实化的行为而系行为人的人格形成过程。因此，优位的现实化行为在其论证体系中实际并未获得与之相称的理论地位，由此难免招致理论界的诟责。如有学者指出，过分地强调行为人的人格形成过程，在理论和实践中都可能导致将定罪的重心从行为转向行为人人格的形成过程，并且最终将行为人的生活方式作为定罪依据的危险。③ 因此，对于人格行为论中的相关问题还有必要做进一步的澄清。

有关现实化的行为概念，笔者赞同此般论证思路及论证结论：人的活动（行为）是人的存在和表现形式，而劳动乃人类的特有活动，也是人类最基本的存在和表现形式。劳动的构成要素包含：劳动者（或劳动主体）要素、目的性要素、劳动对象要素和劳动资料（或工具）要素，由此归纳出行为的诸要素，此外还应结合现代心理学的相关研究成果。现代心理学的研究表明，意志集中地体现出人的心理活

---

① 李在祥：《韩国刑法总论》，韩相敦译，中国人民大学出版社2005年版，第76页。
② 大塚仁：《刑法概说（总论）》，冯军译，中国人民大学出版社2003年版，第100页。
③ 陈忠林：《意大利刑法纲要》，中国人民大学出版社1999年版，第90—91页。

动的自觉能动性，是内部意识向外部动作转化的决定性因素，也是人的行为与动物行为相区别的根本性标志[①]，故其在行为要件中居于核心地位。借此抽象出现实化的行为概念，行为当是主体控制或者应该控制的客观条件作用于特定对象的存在状态的过程。该行为理论能够合理地诠解现实化层面所有类型行为的行为性。[②] 不过，如前所述，事物的本质虽然具有多元性和多层次的特点，但因不同的学科面临着不同的问题，就特定学科领域中的概念本质而言，研究者所揭示的本质以能够合理诠解该学科领域内的相关问题为已足。犯罪与刑罚系刑法学中的两大最基本范畴，故刑法中的行为概念除了能合理地解释现实化层面中的各种类型的犯罪行为外，还必须兼顾刑罚论中的相关问题，由此决定了在刑法行为本质的认识上还必须做深层掘进。

由于行为的意志要素在行为诸要素中居核心地位，而意志要素在犯罪构成中属主观要件的内容，故犯罪的主观要件（罪过）也当在犯罪构成中居核心地位。罪过也即主观恶性，乃主体对刑法所保护的价值之敌视、蔑视或漠视的心理状态。行为系主观客观化的过程，犯罪行为则是犯罪主体主观罪过的客观化，或者说是主观罪过外化为客观危害的过程。至于主体何以会产生主观罪过也即行为更深一层次的本质问题，现代心理学及刑事实证学派的开拓者们的研究成果已经为我们指明了方向。在普通心理学中，人的内在心理现象被划分为了"心理过程（含知、情、意）"和"个性（或人格）"两大组成部分。二者的关系是，主体已经形成的个性制约着心理过程，并在心理活动过程中得到体现，从而对心理过程产生重要影响，使之带有个人独有的特

---

① 曹日昌：《普通心理学》，人民教育出版社2003年版，第403页。
② 该行为理论最先由我国刑法学者陈忠林教授提出，笔者所以认同的原因在于，该行为理论能够从根本上解答"不作为行为较之于作为行为、过失行为较之于故意行为何以会多出一义务要件的问题"，进而合理地诠解不作为行为和过失行为的行为性。具体阐证过程参见陈荣飞：《不纯正不作为犯的基本问题研究》，法律出版社2010年版，第31—56页。

征。① 可见，人格成为行为心理过程之决定性力量，因而也构成了行为在该层次上的本质。事实上，人格构成行为深层次的决定力量，在刑事法领域也早已为刑事实证学派的开拓者们掘发，如实证学派的著名代表人物加罗法洛曾谓："在罪犯中存在着某种使他们区别于普通人的心理异常。"② 而刑事实证学派的另一代表人物德国刑法学家李斯特则进一步指出，罪责（即罪过。——笔者注）判断包容了行为人的所有个性；在特征中揭开的危险性，作为缺乏动机过程的基础和解释，甚至成为罪责要素。呈现在我们面前的，是从反映行为人个性的有责行为的意义中推导出罪责概念的实质内涵；它存在于可从已实施的行为（反社会行为）中看出行为人的反社会思想之中。只有将行为人危险性考虑进去的罪责观能在普通犯罪行为学说与普通犯罪人学说之间架起一座桥梁，并能解释，为何社会对习惯犯的犯罪行为做出的刑法反应要比对偶犯的犯罪行为更为严厉。③ 可见，罪过乃犯罪主体人格（个性）之征表。据此，在犯罪行为更深一层次的本质上，笔者赞成人格行为论，即认同主体的主观罪过是犯罪主体人格的征表。

"人格"一词在心理学中有着丰富的内涵，不同心理学者往往有不同的解释。如我国著名心理学家黄希庭先生认为，人格是个体在行为上的内部倾向，它表现为个体适应环境时在能力、情绪、需要、动机、兴趣、态度、价值观、气质、性格和体质等方面的整合，是具有动力一致性和连续性的自我，是个体在社会化过程中形成的给人以特色的

---

① 叶奕乾、何存道、梁宁建编著：《普通心理学》（第四版），华东师范大学出版社 2010 年版，第 2 页。我国著名心理学家黄希庭先生将心理现象划分为：心理过程、心理状态、心理特征，心理过程即知、情、意，心理状态是指心理活动在一段时间里表现出的相对稳定的持续状态，心理特征则是指一个人的心理过程进行时经常表现出来的稳定特点（参见黄希庭：《心理学导论》，人民教育出版社 1991 年版，第 1 页以下）。从其对人格的定义来看（见下文），他所指称的心理状态和心理特征实属人格范畴。

② 加罗法洛：《犯罪学》，耿伟、王新译，中国大百科全书出版社 1996 年版，第 11 页。

③ 李斯特：《德国刑法教科书》，徐久生译，法律出版社 2006 年版，第 261—262 页。

心身组织。人格包含四个主要方面：整体的人、稳定的自我、独特性的个人、具有心身组织的社会化对象。[①] 我国台湾心理学家杨国枢先生则将人格定义为：人格是个体与其环境交互作用的过程中所形成的一种独特的身心组织，而此一变动缓慢的组织使个体适应环境时，在需要、动机、兴趣、态度、价值观念、气质、性向、外形及生理等诸方面，各有其不同于其他之处。[②] 我国第一部大型心理学词典——《心理学大词典》——对人格的定义是："个性又称人格。指一个人的整个精神面貌，即具有一定倾向性的心理特征的总和。个性结构是多层次、多侧面的，由复杂的心理特征的独特结合构成的整体。这些层次有：（1）完成某些活动的潜在可能性的特征，即能力；（2）心理活动的动力特征，即气质；（3）完成活动任务的态度和行为方式方面的特征，即性格；（4）活动倾向方面的特征，如动机、兴趣、理想、信念等。这些特征不是孤立存在的，是错综复杂交互联系，有机结合成一个整体，对人的行为进行调节和控制的。"[③] 虽然人格的定义在心理学中存在诸多不同见解，但对于人格的某些特征及结构还是达成了某些共识，如认为人格具有稳定性、整体性、独特性等特征，人格的内容包括需要、态度、动机、兴趣、理想、信念、世界观、价值观、能力、气质、性格等等。

由上可知，犯罪主体的人格就是其独特的身心组织适应社会环境时，在需要、动机、兴趣、态度、能力、价值观等等方面偏离常人的反社会倾向。由于人格也为人所共有及特有，故人格行为论准确地揭示了行为在这一层次的本质。由此便不难解释罪犯的某些罪前、罪后表现何以能够为犯罪行为所包容了。因为犯罪主体的人格是一个综合性的判断，需多方考量，故在定罪量刑时，为准确把握犯罪主体的人

[①] 黄希庭：《人格心理学》，浙江教育出版社 2002 年版，第 8 页。
[②] 陈中庚、张雨新：《人格心理学》，辽宁人民出版社 1986 年版，第 48—49 页。
[③] 朱智贤主编：《心理学大词典》，北京师范大学出版社 1989 年版，第 225 页。

格，我们就不得不"瞻前顾后"，而这种驻足于现实化的行为兼顾行为前后主体相关情状的做法，并不意味着定罪量刑所依据的是行为以外的事实，只是为了全面审度主体之人格进而准确把握行为的内容，最终实现定罪量刑的合理化。由此也诠解了某些能够反映犯罪主体人格的罪前罪后表现（如罪犯的一贯表现、自首、立功、坦白等）何以能够为犯罪行为所包容而成为"犯罪的"情节进而影响量刑之理论难题。

综上所述，立足于刑事实体法场域，犯罪行为之本质层次包含客观、心理过程以及人格三个层面，并且通过上述行为的定义可知，行为在客观方面的完整内容包含行为所依赖的客观条件（即行为的手段或方法）、行为对象以及行为后果（即行为对象在手段或方法的作用下所发生的状态改变）等内容，而主观要件则包含知、情、意三个要素，主体要素则包含能力、动机、态度、需要、兴趣、理想、信念、世界观、气质、性格等内容。那么作为量刑情节，则是在行为已成立犯罪或者说已经完成质变的前提下，剩余因素在这些方面量上的增减。在本书中，笔者便拟依据犯罪本质的这三个层次，将酌定量刑情节分为三大类，即反映犯罪主体人格的酌定量刑情节、反映主体主观恶性程度的酌定量刑情节和反映行为客观危害的酌定量刑情节，然后就每一本质层次中所包含的相关基本范畴展开研究。

第三节　刑法中的情节之定义及特定类型

一、刑法中的情节之定义

依据以上对行为不同层次本质的揭示可知，犯罪行为的发生机制或内在结构是：

犯罪主体人格 ⟹(征表) 主观恶性（主观罪过）⟹(外化) 客观危害

我们知道，在行为的该结构体系中，任一层次结构的变化均会影响到作为整体的行为的社会危害性的大小或有无，进而影响刑事责任的轻重有无，这也是刑法中的情节之功能性特征。综上所述，立足于刑法学场域，就不难给刑法中的情节下一个全面的定义了，**刑法中的情节当是指犯罪构成要件以外的反映行为的客观危害、行为人的主观恶性或者人格（人身危险性），对定罪、量刑或者行刑产生影响的各种主客观事实**。据此审视上述刑法中情节的（3）（5）（8）种定义合理与否便不在话下了，这三种定义由于并未准确把握犯罪行为的内在结构，且还将原本属于客观危害、主观恶性和人格上位概念的社会危害性混同于与它们处于同一层级的概念，故均不具合理性。

二、刑法中情节的类型[①]

以情节在刑事责任实现过程中的不同功能为标准，可以将刑法中的情节分为定罪情节、量刑情节和行刑情节，以下将分别界定各自的意涵。

（一）定罪情节

所谓定罪情节，是指犯罪构成要件及要素以外的，对行为的罪与非罪或者此罪与彼罪产生影响的各种主客观事实。依据情节对罪之有无以及犯罪成立后对罪质的不同影响，又可以将定罪情节分为出罪情节、入罪情节和转化情节。

---

① 如上所述，依据犯罪行为之本质层次，可以将情节区分为反映客观危害的情节、反映主体主观恶性、人身危险性的情节。

1. 出罪情节

所谓出罪情节是指犯罪构成要件及要素以外的，使行为出罪的各种主客观事实。出罪情节的特征是行为如若不具备该情节即构成犯罪，而一旦具备该情节则不构成犯罪。此种情节往往是当行为除却该情节时，其社会危害性恰处于罪与非罪的临界区域，而该情节本身又具有消减社会危害性之功能。出罪情节依据刑法的规定或是来自刑法理论和刑事司法实务经验，又有以下类型：

（1）我国刑法第13条"但书"规定之情节，简称但书情节。我国刑法第13条"但书"规定："但是情节显著轻微危害不大的，不认为是犯罪。"其中的情节表明，如若不考虑情节所致的行为的不大社会危害，那么该行为就构成犯罪，换言之，不考虑相关情节，行为此时是符合特定罪的犯罪构成的，而但书情节因显著影响行为整体的社会危害性，由此使得行为出罪。不过需要注意的是，但书情节未必是指某一具体的情节，而可能是对多个具体情节经多方综合评价的结果。

（2）刑法分则中规定的出罪情节。刑法分则中规定的出罪情节是指依据刑法分则规范、司法解释之规定或者刑法理论之归纳总结的使行为出罪化的情节。这种情节从某种意义上可以说也是但书在个罪中的具体运用，此种类型的情节在数量上不少，主要存在三类：①刑法分则规范规定的出罪情节，如刑法第395条第2款规定的"国家工作人员在境外的存款，应当依照国家规定申报。数额较大、隐瞒不报的，处二年以下有期徒刑或者拘役；情节较轻的，由其所在单位或者上级主管机关酌情给予行政处分"。如我国刑法第449条有关"特殊缓刑"的规定："在战时，对被判处三年以下有期徒刑没有现实危险宣告缓刑的犯罪军人，允许其戴罪立功，确有立功表现时，可以撤销原判刑罚，不以犯罪论处。"②依据司法解释明确规定的出罪情节。如最高人民法院于2005年12月12日发布的《关于审理未成年人刑事案件具体应用法律若干问题的解释》第6条规定："已满十四周岁不满十六周岁的人偶尔与幼女发生性行为，情节轻微、未造成严重后果的，不认为是犯罪。"此外，该解释第 7 条、第 9 条也有出罪情节的规定。③刑法理论中归纳总结的个罪的某些出罪情节。如我国刑法理论通说认为，以下情形一般不以重婚罪处理：对于有配偶的妇女被拐卖后重婚的；因遭受自然灾害、生活难以维持，被迫外流谋生而重婚的；婚后一直受虐待，被迫外逃而重婚的；因反抗包办买卖婚姻而外逃，在包办婚姻关系解除前而重婚的；因配偶长期外出，生死下落不明，家庭生活发生严重困难而重婚的。①

2. 入罪情节

入罪情节是指犯罪构成要件及要素以外的、使行为入罪的各种主客观事实。此种类型的情节大致可以分为如下两类：①在罪状中表述为"情节严重""情节恶劣"或者"情节较轻"等，其中的某些特定情节便属此种类型，此类情节为数甚多，如刑法第 246 条第 1 款规定："以暴力或者其他方法公然侮辱他人或者捏造事实诽谤他人，情节严重的，处三年以下有期徒刑、拘役、管制或者剥夺政治权利。"又如刑法第 261 条规定："对于年老、年幼、患病或者其他没有独立生活能力的人，负有扶养义务而拒绝扶养，情节恶劣的，处五年以下有期徒刑、拘役或者管制。"再如刑法第 233 条规定："过失致人死亡的，处三年以上七年以下有期徒刑；情节较轻的，处三年以下有期徒刑。本法另有规定的，依照规定。"如此等等。不过需要注意的是，并非罪状表述为"情节严重""情节恶劣"或者"情节较轻"之情节一概为入罪情节，只有在适用最轻档次的法定刑情形中存在此等描述，且仅限于对罪与非罪具有决定性的情节，换言之，如果是在非最轻档次的法定刑适用情形中或者虽属最轻档次法定刑适用情形但对罪与非罪不发生影响的

---

① 高铭暄、马克昌主编：《刑法学》（第七版），北京大学出版社、高等教育出版社 2016 年版，第 486 页。

情节均不属于入罪情节，此种类型的情节乃后文将论及的量刑情节。②在数额犯中的犯罪成立所必须达到的"数额"情节，数额犯在我国刑法分则中也为数众多，如刑法第140条有关生产、销售伪劣产品罪所规定的："生产者、销售者在产品中掺杂、掺假，以假充真，以次充好或者以不合格产品冒充合格产品，销售金额五万元以上不满二十万元的，处二年以下有期徒刑或者拘役，并处或者单处销售金额百分之五十以上二倍以下罚金……"，又如刑法第348条有关非法持有毒品罪所规定的："……非法持有鸦片二百克以上不满一千克、海洛因或者甲基苯丙胺十克以上不满五十克或者其他毒品数量较大的，处三年以下有期徒刑、拘役或者管制，并处罚金……"，其中，销售金额五万元，鸦片二百克、海洛因或者甲基苯丙胺十克，均属于定罪情节。

3. 转化情节

所谓转化情节是指能够使行为的性质由此罪转化为彼罪的情节。从其概念可知，此种类型的情节并不影响行为的罪与非罪，而是对行为成立此罪或彼罪发生影响，换言之，当行为不具有此种情节时成立此罪，而一旦具有此种情节则行为的性质将随之变化，即转化为性质迥异的他罪。转化情节由刑法明文规定或在司法解释中加以规定，此类情节也为数不少，如刑法第247条规定："司法工作人员对犯罪嫌疑人、被告人实行刑讯逼供或者使用暴力逼取证人证言……致人伤残、死亡的，依照本法第二百三十四条、第二百三十二条的规定定罪从重处罚。"此外刑法第238条第2款、第248条第1款、第292条第2款、第333条第2款等也规定有类似的转化情节。再如最高人民法院于2002年11月4日发布的《关于审理偷税抗税刑事案件具体应用法律若干问题的解释》第6条规定："实施抗税行为致人重伤、死亡，构成故意伤害罪、故意杀人罪的，分别依照刑法第二百三十四条第二款、第二百三十二条的规定定罪处罚。"可见，这种类型的转化情节一般为"致人重伤、死亡"或者"致人伤残、死亡"。再如刑法第241条第5款规定："收买被拐卖的妇女、儿童又出卖的，依照本法第二百四十条的规定定罪处罚。"还有如根据1998年5月9日《最高人民法院关于审理挪用公款案件具体应用法律若干问题的解释》第6条规定，行为人"携带挪用的公款潜逃的"，对其携带挪用的公款部分，以贪污罪定罪处罚。其中"携带挪用的公款潜逃"便属于转化情节，此外，2003年11月13日最高人民法院发布的《全国法院审理经济犯罪案件工作座谈会纪要》"（八）挪用公款转化为贪污的认定"还规定了其他的转化情节。

（二）量刑情节

量刑情节又称为刑罚裁量情节，是指定罪情节以外的，法官在刑罚裁量环节应当考量的、据以决定刑罚轻重或者免于刑罚处罚的各种主客观事实。不同于定罪环节影响行为之罪与非罪或者此罪与彼罪的定罪情节，量刑情节影响的是对罪犯处刑的轻重或者免于刑罚处罚。不过，由于量刑情节属刑法中的情节之一，故与其他情节一样，是行为的客观危害、主观恶性或者行为人人身危险性的反映，如预备犯和未遂犯是反映犯罪行为的客观危害较之于既遂犯通常较小的量刑情节；积极追求危害社会结果发生的心理（希望）是反映行为人主观恶性较大的量刑情节，而放任危害社会结果发生的心理，在主观恶性上则相对较小；自首、坦白、积极赔偿被害人损失等是反映行为人人身危险性较小（属犯罪主体人格之内容）的量刑情节，而累犯、前科劣迹等则是反映行为人人身危险性较大的量刑情节。当然更多的情节往往并不仅仅反映犯罪行为某一层次的本质，而可能是同时反映犯罪行为数层次之本质，如杀人碎尸、杀害孕妇、勾结军警人员进行武装叛乱暴乱、持枪抢劫等，中止犯、积极赔偿、从犯、胁从犯等便属此类量刑情节。

量刑情节依据其功能，可区分为从重处罚情节、从轻处罚情节、减轻处罚情节以及免除刑罚处罚情节，依据刑法第62条之规定："犯罪分子具有本法规定的从重处罚、从轻处罚情节的，应当在法定刑的限度以内判处刑罚。"第63条规定："犯罪分子具有本法规定的减轻处罚情节的，应当在法定刑以下判处刑罚；本法规定有数个量刑幅度的，应当在法定量刑幅度的下一个量刑幅度内判处刑罚。"以及第37条规定："对于犯罪情节轻微不需要判处刑罚的，可以免予刑事处罚，但是可以根据案件的不同情况，予以训诫或者责令具结悔过、赔礼道歉、赔偿损失，或者由主管部门予以行政处罚或者行政处分。"据此可知，从重处罚情节是指导致某具体犯罪行为在与其相对应的具体法定刑幅度内适用较重刑罚的情节；从轻处罚情节是指导致某具体犯罪行为在与其相对应的具体法定刑幅度内适用较轻刑罚的情节；减轻处罚情节则是指导致某具体犯罪行为（当除却该情节时）在与其相对应的具体法定刑之下适用较轻刑罚的情节；免除刑罚处罚情节是指导致对犯罪行为免予刑罚处罚的情节。

依据量刑情节存在的不同时间界域，可以将其区分为罪前情节、罪中情节和罪后情节，所谓罪前情节是指先于犯罪行为而存在的反映罪犯人身危险性进而影响量刑的情节，如犯罪人的一贯表现、有无前科劣迹等；罪中情节是指定罪情节以外反映犯罪行为的客观危害或者罪犯主观恶性或人身危险性进而影响量刑的情节，如犯罪的动机、犯罪的目的、侵犯客体、防卫过当和避险过当等；罪后情节则是指犯罪行为结束后反映犯罪行为的客观危害和罪犯人身危险性进而影响量刑的情节，如自首、坦白、立功、赔偿损失、毁灭罪证等。

此外，依据情节与刑法规范之间的不同关系，可以将量刑情节区分为法定量刑情节和酌定量刑情节，有关二者的概念及界分，笔者将在后文予以详细界定。

（三）行刑情节

所谓行刑情节是指对罪犯判处刑罚后，导致刑罚减轻、假释或者撤销假释的情节。对于行刑情节需要注意的是，由于它是出现在判处刑罚之后罪犯的表现，故与定罪情节和量刑情节略有区别，它往往只反映罪犯的人身危险性而对犯罪行为的客观危害及罪犯的主观恶性不发生影响，且考察各类行刑情节，可以发现，除了在假释考验期内违反刑法第86条第3款规定外，其他多数均为罪犯的积极表现，即反映罪犯人身危险性相对较轻的情节，如有悔改表现、认真遵守监规、接受教育改造、立功等，故在功能上多为有利于罪犯的情节，换言之，除了违反刑法第86条第3款之规定不利于罪犯外，其他即便反映行为人人身危险性的主客观事实也不会引起宣告刑的加重。

第四节　酌定量刑情节的概念及特征

一、酌定量刑情节的定义

法定量刑情节与酌定量刑情节是量刑情节之下的相互对举的一对概念，其中任一概念的界定必须以明确对方之意涵为前提，故欲界定酌定量刑情节，就不能脱离法定量刑情节的概念。有关法定量刑情节和酌定量刑情节的概念及区分标准，学界主要存在如下见解：

（1）认为法定量刑情节与酌定量刑情节之划分是以量刑情节之量刑功能是否具有法律规定为标准。法定量刑情节是指刑法规定的应当或可以从轻、减轻、免除处罚的情节和从重、加重处罚的情节；酌定量刑情节，又称裁判情节，是指法定量刑情节以外的由审判人员灵活掌握的影响对犯罪人处刑轻重的情节。[1]

（2）认为法定量刑情节与酌定量刑情节之划分是以刑法对量刑情

---

[1] 高铭暄主编：《刑法学原理》（第三卷），中国人民大学出版社1994年版，第247—248页。

节是否做了明文具体的规定为标准。法定量刑情节是指法律明文具体规定的,量刑时必须考虑的各种情节;酌定量刑情节是指我国刑法认可的,从审判实践经验中总结出来的,对行为的社会危害性和行为人的人身危险性程度具有影响的,在量刑时灵活掌握、酌情适用的各种事实情况。①

（3）认为依据法律是否明文规定为标准将量刑情节划分为法定量刑情节和酌定量刑情节带有很强的人为性,很不具科学性,酌定量刑情节与法定量刑情节并不完全对立,一个情节既可以是法定量刑情节也可以是酌定量刑情节,并指出,法律明文规定的量刑情节固然是法定量刑情节,但酌定量刑情节并不等于无法律明文规定,即不排除法定性,它是体现具体犯罪的特性和犯罪人特性的事实,也就是案件个性的事实。②

笔者认为,欲合理界定法定量刑情节和酌定量刑情节的概念,必须明晰如下问题：

（1）如上所析,概念必须揭示事物的本质,而构成事物本质之内涵系为该事物所普遍享有而又不为其他事物享有、决定其存在和发展的内在根据,即必须反映该事物内部之共性及与其他事物相比较的特性。

（2）情节的内容及其功能是否具有法定性与司法实务对情节的适用是否具有实定法依据是两个迥然有别的问题。法定量刑情节的适用具有实定法依据,这一点在刑法学界不曾有任何疑义,另据我国刑法第 61 条规定的"犯罪的情节",理论见解一致认为,它与刑法学上的"量刑情节"属同一概念,泛指能够说明犯罪行为的社会危害性程度,

---

① 马克昌主编：《刑罚通论》,武汉大学出版社 2002 年版,第 331、358 页。
② 房清侠：《酌定量刑情节非法定化的反思》,《河北法学》2001 年第 4 期。不过颇令人费解的是,论者在其另一篇文章中却又指称,酌定量刑情节是"法定情节以外的,由审判机关具体掌握酌情适用的情节"。参见房清侠：《酌定量刑情节的学理研究》,《法学家》2001 年第 5 期。

又不属于犯罪构成要件事实的一切情节[①]，一切情节显然涵括了法定量刑情节与酌定量刑情节。此外，刑法第 63 条第 2 款还规定："犯罪分子虽然不具有本法规定的减轻处罚情节，但是根据案件的特殊情况，经最高人民法院核准，也可以在法定刑以下判处刑罚"，对于此处的"案件的特殊情况"，无论研究者对酌定量刑情节持何等见解，就是指（或者至少应包含）酌定量刑情节。因此，从刑法规范中发掘出来的酌定量刑情节对其适用理所当然地具有规范依据。那么，在刑法规范之外是否存在酌定量刑情节，或者说是否存在对其适用没有规范依据的酌定量刑情节呢？答案是否定的，因为依据我国刑法第 61 条规定："对于犯罪分子决定刑罚的时候，应当根据犯罪的事实、犯罪的性质、情节和对于社会的危害程度，依照本法的有关规定判处。"该条规定通常被刑法理论界归纳为"以案件事实为依据，以刑法规定为准绳"之一般量刑原则，可见，法官对影响量刑的任何案件事实的运用必须有刑法规范依据，否则便违背了量刑的一般原则。因此，无论是对酌定量刑情节抑或是法定量刑情节的适用均毫无例外地具有规范依据，这也是法定量刑情节与酌定量刑情节的共性之一。不过，就酌定量刑情节而言，只能从上述刑法有关情节的规定中推导出其中应当包含酌定量刑情节之结论，对于酌定量刑情节的具体类型及其量刑功能，在刑法的现有规定中均无从知晓，其具体类型及量刑功能诚如通说之论见，只能于刑事审判实践中采撷并借由理论归纳总结。但法定量刑情节却非如此，笔者认为，这正是酌定量刑情节与法定量刑情节之本质区别所在。

（3）酌定量刑情节之酌情是指酌情是否适用还是酌情如何适用？"酌情是否适用"意味着司法者在量刑时对于酌定量刑情节可以予以考量也可将其弃于脑后不予考虑；而"酌情如何适用"则是司法者在对

[①] 高铭暄、马克昌主编：《刑法学》（上编），中国法制出版社 1999 年版，第 467 页。

酌定量刑情节必须考量的前提下如何具体适用的问题。对此，有论者认为，酌定量刑情节之酌定性既包括斟酌决定是否适用这一情节，也包括斟酌决定如何适用这一情节两方面。[①]笔者以为，此种见解值得商榷，因为经由前文分析可知，酌定量刑情节作为量刑情节之一种类型，与法定量刑情节一样反映犯罪行为的客观危害、罪犯的主观恶性或者人身危险性，既然法定量刑情节要求法官在量刑时必须予以考量，那么酌定量刑情节当然也不应例外，否则，对其忽视必将产生与无视法定量刑情节同样的后果。因此，欲实现量刑上的公正合理必须对酌定量刑情节加以充分地考量，否则，若做前种界定必定难以实现量刑上的公正合理，酌定量刑情节也势必沦为法官恣意裁量刑罚之"护身符"。对此，我国已有司法解释做出了明确规定，2014年1月1日起施行的《最高人民法院关于常见犯罪的量刑指导意见》"三、常见量刑情节的适用"规定，"量刑时要充分考虑各种法定和酌定量刑情节，根据案件的全部犯罪事实以及量刑情节的不同情形，依法确定量刑情节的适用及其调节比例。……具体确定各个量刑情节的调节比例时，应当综合平衡调节幅度与实际增减刑罚量的关系，确保罪责刑相适应。"依据该规定可知，法官在量刑必须考虑酌定量刑情节，酌定量刑情节之酌定系酌定如何适用而非酌定是否适用的问题。

（4）法定量刑情节与酌定量刑情节是对量刑情节分类的结果，基于逻辑分类学的基本原理，同一分类标准下的各子项之间应当保持相互独立，不能存在重合、交叉或者包容的关系，酌定量刑情节与法定量刑情节因系同一范畴内的一对矛盾体，故一方外延的扩张必然挤压另一方的存在界域，即二者在量上是一种互为消长的反比关系。

在明确如上问题后，据此审视上述有关法定量刑情节和酌定量刑情节的概念可知，上述第一种观点所采取的是从刑法明文规定的量刑

---

① 蒋明：《量刑情节研究》，中国方正出版社2004年版，第131页。

功能视角对法定量刑情节的概念进行界定,而对酌定量刑情节则采取除外描述的形式进行界定,那么该概念是否揭示了各自的本质呢?在笔者看来,此种见解并未揭示二者之本质,缘由就在刑法第63条第2款之规定,如前所述,该款规定的"案件的特殊情况"就是指(或者至少包含)酌定量刑情节,但刑法却明确规定了"可以在法定刑以下判处刑罚"之量刑功能,故依据此种见解并不能区分法定量刑情节与酌定量刑情节。第二种见解将法定量刑情节界定为"法律明文具体规定的,量刑时必须考虑的各种情节",其中的"明文具体规定"应达到何等程度,语焉不详,而对酌定量刑情节的界定虽然较为详细,但显然,"刑法认可""反映行为的社会危害性及行为人的人身危险性""从审判实践经验中总结而来",只揭示了酌定量刑情节的共性,但该共性却并非为酌定量刑情节之特性,法定量刑情节事实也完全具备上述特征。并且"灵活掌握、酌情适用"并未明确回答"酌情是否适用还是酌情如何适用"之问题。故也未揭示法定量刑情节和酌定量刑情节之本质。而第三种观点由于否定酌定量刑情节与法定量刑情节是对举关系的概念,从论者"法律明文规定的量刑情节固然是法定量刑情节","但酌定量刑情节也不排除法定性"以及"酌定量刑情节是案件个性的事实"之表述来看,论者认为,法定量刑情节与酌定量刑情节并非量刑情节之下的逻辑分类,前者是刑法的抽象规定,而后者则是前者在个案中的具体表现。那么,对法定量刑情节与酌定量刑情节的关系做此种理解是否合理呢?笔者认为,此等论见不具合理性。不可否认,在司法实践中法官对法定量刑情节的适用也同样存在自由裁量的空间[1],但相对于法官对酌定量刑情节的适用而言,这种自由裁量的

---

[1] 例如,作为法定量刑情节的自首,在现实中存在很多具体情形,如存在罪行尚未被发现的自首及走投无路的自首、如实供述的自首及翻供后又如实供述的自首等,这些不同的情形往往对量刑产生程度不等的影响,但刑法并未当然也无法对此再做出详尽的规定,此时只能交由法官裁量。

空间要狭小很多，因此，主张法定量刑情节也是酌定量刑情节（或者相反），有意模糊酌定量刑情节与法定量刑情节间原本应有的界限之认识，不仅有悖于规范事实，而且回避了酌定量刑情节的固有缺陷，根本无助于刑法理论对酌定量刑情节做深入细致的探究，在刑事立法实践中也势必形成立法惰性，无助于推促立法机构在将来的立法中对酌定量刑情节的适用进行有效限制。

经由上述评析可知，法定量刑情节和酌定量刑情节共同之处在于，因都属于刑法中的情节类型，故都反映犯罪行为的客观危害、罪犯主观恶性或者人身危险性，对它们的适用都存在刑法规范依据，都是法官在刑罚裁量时必须考量的事实；二者的不同之处则在于，刑法对法定量刑情节的类型和量刑功能均做了详细的规定，而对于酌定量刑情节的具体类型及相对应的量刑功能，刑法规范并未做出明文规定，这是二者的本质区别所在。由于刑法规范未明文规定酌定量刑情节的具体类型及其相应的量刑功能，那么它们源自何处？理论和实务如何据以把握？对此，笔者认同通行之见解，即认为它们源于对审判实践、经验理论的提炼。据此，就不难给法定量刑情节和酌定量刑情节下定义了，所谓法定量刑情节是指定罪情节和行刑情节以外的，刑法规范对其具体类型及其相应的量刑功能均做出明文规定的情节；而所谓酌定量刑情节则是指定罪情节和行刑情节以外的，源于审判实践并为刑法所认可但未明确规定其具体类型及相应的量刑功能，法官在量刑时应当酌情适用的情节。

二、酌定量刑情节的特征

通过上述对酌定量刑情节概念的界定可知，与法定量刑情节相比，酌定量刑情节具有如下特征：

(一) 刑法未做明文规定

刑法对酌定量刑情节未做明文规定是指刑法规范对酌定量刑情节的具体类型及其相应的量刑功能未做明文规定，这是酌定量刑情节与法定量刑情节最显著的区别。在此还需强调的是，刑法对酌定量刑情节的类型和量刑功能未做规定，并不意味着刑法对酌定量刑情节完全没有规定，如若完全未做规定，受罪刑法定原则之约束，那么司法实践对其适用就缺乏规范依据而不具合法性，这显然有悖于事实。因此，不能将刑法是否明文规定了酌定量刑情节的具体类型及其相应的量刑功能的问题混同于司法实践对酌定量刑情节适用是否具有刑法规范依据问题，将这两个问题混同将导致或是彻底否定酌定量刑情节存在的合法性，或是否定法定量刑情节与酌定量刑情节之间原本应有的界限，进而导致理论上的混错。刑法规范无论对法定量刑情节还是酌定量刑情节都做出了规定，只是在规定上的详略程度有所不同而已。至于刑法规范何以未对酌定量刑情节的具体类型及其相应的量刑功能做出明文规定，笔者认为，主要是囿于理论认识、立法技术或其他方面的原因，有关这一问题，笔者将于后文详加论述。

(二) 来源于审判实践

所谓酌定量刑情节来源于审判实践是指这种情节在刑事审判实践中已经出现，但刑法规范对其具体类型及其相应的量刑功能未予明确规定。于此需要明确的是，酌定量刑情节来源于审判实践，并不意味着酌定量刑情节原本并不存在，是审判实践创设了这种类型的情节，而是指酌定量刑情节作为一种客观事物先于审判实践而存在于具体案件中，只是随着理论研究水平及司法实务认识水平的提升，此种类型的情节逐渐被人们认识和把握。我国有研究者指出，在定罪以后，法官的刑事自由裁量权主要表现在运用量刑情节来具体确定行为人的刑罚。而包含酌定量刑情节在内的所有量刑情节都是客观存在的，是不依赖于法官主观认知状况的。据此认为酌定量刑情节并非来源于审判实践。①笔者认为，酌定量刑情节来源于审判实践是从其原初意义上来说的，换言之，就人类社会特定阶段存在的酌定量刑情节而言，它们的最初来源是审判实践，但这并不意味着法官面对任何一个具体案件均会发现新的酌定量刑情节。可见，在认识来源上酌定量刑情节最初源于审判实践，与具体案件中存在的酌定量刑情节不依赖于法官的主观认知状况，二者并不存在矛盾。

（三）法官在量刑时必须予以考量

酌定量刑情节概念中"酌情适用"不是酌情是否适用的问题，而是法官在量刑时必须适用，就中缘由在于，如前所述，酌定量刑情节作为刑法中的情节之一种类型，与其他类型的情节一样，反映了犯罪行为的客观危害、罪犯的主观恶性或其人身危险性。故欲实现量刑公正，对酌定量刑情节必须予以全面审视，否则量刑结果必然有失公允。酌定量刑情节之酌情适用是由于刑法规对其类型和量刑功能未予明确规定，法官在适用时，到底是应该从重、从轻、减轻或是免除处罚，以及从重、从轻、减轻处罚的幅度等，只能由法官酌情裁量。由此可见，法官对酌定量刑情节的适用较之于对法定量刑情节的适用在自由裁量的空间上，前者远大于后者，因此，如何迫使法官必须充分考量酌定量刑情节并有效限制法官在酌定量刑情节适用上的裁量空间，防止司法腐败，最终实现量刑上的公正合理，便成为研究酌定量刑情节必须解决的核心性问题。

---

① 王利宾：《酌定量刑情节规范适用研究》，上海社会科学院出版社2010年版，第11页。

第二章　反映犯罪主体人格之酌定量刑情节

如上所述，犯罪主体的人格就是犯罪主体独特的身心组织适应社会环境时，在需要、动机、兴趣、态度、能力、价值观等方面偏离常人的反社会倾向，系罪犯深层次的心理因素，其对定罪和量刑可能产生影响。考察世界各主要国家的刑事立法，可以发现，只有少量国家的刑事立法明确规定了法官在量刑时必须考察犯罪主体的人格，其中《希腊刑法典》规定得最为详尽，该法第79条（刑罚的司法裁量）规定："1.在法律规定的限度内量刑时，法院应当考虑：……b）行为人的人格。……3.在评价行为人的人格时，法院尤其应当注意衡量在行为实施过程中所表现出来的行为人的犯罪意向的程度。为了准确地认定，应当考察下列情节：a）导致其实施犯罪的原因、行为的动机和所追求的目的；b）体质和发育程度；c）个人境况、社会环境和以往表现；d）行为中的行为表现和行为后的行为表现，尤其是显示其悔悟和纠正行为后果的意愿的行为表现。基于民族仇恨、种族仇恨、宗教仇恨或者被害人不同的性取向而实施犯罪行为的，是加重处罚情节。"不过，多数国家的刑事立法虽然没有明确规定要考察行为人的人格，但是对人格中所包含的一些基本因素，如动机、态度、能力、品行和一贯表现等则多有明确规定。本章中，笔者便拟对反映犯罪主体人格或其人身危险性的若干酌定量刑情节展开研讨。

第一节 犯罪动机

一、犯罪动机的概念

（一）心理学中的动机

犯罪动机乃动机之一种类型，而动机系心理学中的一个重要范畴。不过在心理学中，不同的心理学者对动机概念往往存在不同的表述。如认为，动机是一个过程，它以某种方式引发、促进、保持和中止指向目标的行为[1]；或认为，动机是由一种目标或对象所引导、激发和维持的个体活动的内在心理过程或内部动力[2]；或认为，是一种作用于有机体或有机体内部，发动并指引行为的力[3]；又或认为，动机是指发动、指引和维持躯体和心理活动的内部过程[4]；如此等等。不过，虽然存在各种不同的看法，但一般还是认为，动机是一个解释性的概念，即为个体为何会这样或那样行为提供解释，且强调动机是一种内部心理过程，而不是心理活动的结果。动机具有以下几项功能：（1）激活或起动功能，即具有推促个体发动行为的作用。（2）指向功能，动机不仅能激发行为，而且能将行为指向一定的对象或目标。（3）激励功能，动机对行为具有维持和加强的作用，因而使行为具有坚持性，行为的坚持性往往由个体的活动与他所预期的目标的一致程度所决定。[5] 因此，

---

[1] 艾森克：《心理学：一条整合的途径》，阎巩固译，华东师范大学出版社 2000 年版，第 792 页。

[2] 彭聃龄主编：《普通心理学》，北京师范大学出版社 2001 年版，第 320 页。

[3] 皮特里：《动机心理学》（第五版），郭本禹等译，陕西师范大学出版社 2005 年版，第 12 页。

[4] 孟昭兰主编：《普通心理学》，北京大学出版社 1996 年版，第 358 页。

[5] 彭聃龄主编：《普通心理学》，北京师范大学出版社 2001 年版，第 320—321 页；叶奕乾、何存道、梁宁建编著：《普通心理学》（第四版），华东师范大学出版社 2010 年版，第 273—274 页。

动机便与行为的起动、指向、强度及持久性直接相连。[1]

　　动机虽然具有发动行为的功能,但是动机作为个性(人格)中最为活跃的因素之一,其本身的产生也需要具备相关条件,这些条件包括内在条件和外在条件。引起动机的内在条件是需要,需要是指"人脑对生理需求和社会需求的反映"[2],或是指"有机体内部的一种不平衡状态"[3]。离开需要,动机将无从产生,不过比较微弱的需要通常还是难以产生行为动机,只有当需要在强度上达到一定水平,并且有满足需要的对象存在时才引发动机。驱使个体产生动机的外部条件称为诱因,诱因可区分为正诱因和负诱因,凡是个体因趋向或接受它而得到满足时,这种诱因称为正诱因,凡是个体因逃离或躲避它而得到满足时,这种诱因称为负诱因。在动机的内在条件和外在条件各自所起的作用上,心理学家所强调的侧面是有所不同的,即所谓"拉"和"推"的理论。"拉"的理论强调动机中环境的作用,"推"的理论强调动机中个体的内部力量。一般认为,有些动机形成时需要的作用强些,有些动机形成时诱因的作用强些。[4] 在心理学中,有关动机的实质到底为何的问题,心理学家们提出了多种理论解说,主要有本能论、驱力理论、唤醒理论、诱因理论、期待价值理论、动机的归因理论、自我决定理论、自我功效理论和成就目标理论等等。[5]

　　依据不同标准可以对动机进行不同的分类,如根据动机的起源,可分为生理性动机和社会性动机;根据影响范围和持续时间,可分为长远的、概括的动机和暂时的、具体的动机;根据动机的性质和社会

---

[1] 约翰·P.霍斯顿:《动机心理学》,孟继群等译,辽宁人民出版社1990年版,第3—4页。
[2] 叶奕乾、何存道、梁宁建编著:《普通心理学》(第四版),华东师范大学出版社2010年版,第265页。
[3] 彭聃龄主编:《普通心理学》,北京师范大学出版社2001年版,第321页。
[4] 叶奕乾、何存道、梁宁建编著:《普通心理学》(第四版),华东师范大学出版社2010年版,第272—273页。
[5] 彭聃龄主编:《普通心理学》,北京师范大学出版社2001年版,第329—335页。

价值，可分为高尚动机和低级动机；根据动机对活动作用的大小，可分为主导动机和辅助动机；根据动机的意识性，可分为意识动机和潜意识动机。①

（二）犯罪动机

心理学有关动机的研究是我们把握犯罪动机的前提和基础，还需注意的是，犯罪动机也为犯罪心理学所特别关注，因此，在界定犯罪动机时也不应忽视犯罪心理学对犯罪动机的研究。由于犯罪心理学中研究的犯罪与刑法学中的犯罪具有一致性②，故笔者拟将犯罪心理学者对犯罪动机的界定与刑法学者对犯罪动机的界定一并辨析。在犯罪心理学和刑法学中，有关犯罪动机的概念存在如下代表性见解：（1）犯罪动机是驱使犯罪人实施犯罪行为的内心起因。它是在外界诱因的刺激下和主体不能以社会规范抑制其强烈、畸变需要的基础上产生的。③（2）犯罪动机是指推动或者促使个人实施犯罪行为的内部动力。④（3）犯罪动机是激起和推动犯罪人实施犯罪行为的动因。⑤（4）犯罪动机，是指刺激犯罪人实施犯罪行为以达到犯罪目的的内心冲动或者内心起因。⑥（5）犯罪动机是刺激、促使犯罪人实施犯罪行为的内心起因或思想活动，它回答犯罪人基于何种心理原因实施犯罪行为，说明实施犯罪行为对行为人的心理愿望具有什么意义。⑦

犯罪动机系动机之一种类型，故对其界定应当以心理学中有关动

---

① 叶奕乾、何存道、梁宁建编著：《普通心理学》（第四版），华东师范大学出版社2010年版，第274—282页。
② 罗大华、何为民主编：《犯罪心理学》，中国政法大学出版社2007年版，第23—24页。
③ 罗大华、何为民主编：《犯罪心理学》，中国政法大学出版社2007年版，第77页。
④ 梅传强主编：《犯罪心理学》，法律出版社2010年版，第72页。
⑤ 邱国梁：《犯罪动机论》，法律出版社1988年版，第27页。
⑥ 高铭暄、马克昌主编：《刑法学》，法律出版社、高等教育出版社2010年版，第129页。
⑦ 苏惠渔主编：《刑法学》，中国政法大学出版社2007年版，第111—112页。

机的认识为基础,如上所述,在功能方面,动机对行为具有起动、指向、激励等方面的功能。上述犯罪动机的概念都突出了犯罪动机的功能,但很显然,多数强调的是动机的第一项功能,即起动功能,少量也注意到了动机的激励功能,而忽视了其指引功能。在笔者看来,忽视犯罪动机的指引功能将使得犯罪动机与犯罪目的之间缺乏关联[①],而这又将导致我国刑法学界通说所认为的犯罪动机只存在直接故意犯罪中之论断缺乏理据,故在定义犯罪动机时应全面考察动机的各项功能。基此,笔者认为,如若严格依据心理学有关动机的认识,那么犯罪动机可以做如此定义,即是激发、指引和推动犯罪人实施犯罪行为的内部动力。较之于其他犯罪动机之定义,此定义由于还强调犯罪动机的指引功能,故犯罪动机无疑与犯罪目的密不可分,而如所周知,犯罪目的只存在于直接故意犯罪中,因此犯罪动机也就只存在于直接故意犯罪之中,这也是我国刑法理论中的多数说。[②]

不过,在我国刑法学界也有学者认为,犯罪动机并非只在直接故意犯罪中有,指出:"间接故意犯罪和过于自信犯罪的行为人,尽管不具有希望通过犯罪行为本身去导致危害结果发生的心理态度,不存在犯罪的目的,然而,他们对于自己的行为可能导致危害结果的发生,都是有预见的。摆在他们面前的,是可供选择的两种情况:要么积极排除危害结果发生的可能性,坚决防止触犯刑律;要么对危害结果的发生持放任或轻信能够避免的态度,甘冒触犯刑律的风险。在这种得失两可的场合,行为人舍弃前者而选择后者,必然是基于一定内心起因的推动。……所以,作为推动行为人实施犯罪行为的内心起因——动机,无论在直接故意或者间接故意和过于自信过失犯罪中,都是存

[①] 动机的整体就好比汽车的引擎和方向盘,仅强调其起动和激励功能而忽视指引功能,动机就成了没有方向盘的汽车。

[②] 高铭暄、马克昌主编:《刑法学》,法律出版社、高等教育出版社2010年版,第131页。

在的。"① 即认为，除无认识的过失犯罪外，直接故意犯罪、间接故意犯罪和有认识的过失犯罪都存在犯罪动机。笔者以为，若严格按照上述犯罪动机的定义来判断，此等见解不具合理性。不过在笔者看来，此一论见又并非一无是处、毫无刑法研究价值，个中缘由在于：已如前述，在心理学中，动机是一个解释性的概念，即解释行为人为何实施行为，就此等意义而言，任何行为的实施都必然有其原因，即都必定存在动机，不管是直接故意犯罪还是间接故意犯罪，是有认识的过失犯罪还是无认识的过失犯罪②，概莫能外。因此，正如我国台湾学者蔡墩铭先生所指出的，"行为之实施，均有其动机，无动机则无行为"③。不过，尽管在间接故意犯罪和过失犯罪中也同样存在动机，但严格说来，将这种动机称为犯罪动机却并非妥当，现实中不乏基于良好动机却最终构成违法乃至犯罪行为的事例，即俗话所说的"好心干坏事"。具体以防卫过当和避险过当为例，依据通说，防卫过当和避险过当的主观罪过只能是间接故意或者过失，防卫过当和正当防卫、避险过当和紧急避险在主观上须是为使国家、公共利益，本人或者他人的人身、财产和其他权利免受正在进行的不法侵害或免受正在发生的危险。因此，防卫过当和避险过当的动机分别是出于正当防卫和紧急避险，而将这种动机称为被刑法所否定的犯罪动机显非适切。④ 不过，我们不能否定的事实是，这些动机对量刑会产生影响，亦即在间接故意犯罪和过失犯罪中，研究其动机仍然具有刑法价值，对此，即便持通说的

---

① 曾宪信、江任天、朱继良：《犯罪构成论》，武汉大学出版社1988年版，第105—106页。
② 在无认识（疏忽大意）的过失犯罪中也存在动机，因为如上所述，根据动机的意识性，动机可分为意识动机和潜意识动机，而无认识（疏忽大意）的过失犯罪之动机便属于一种潜意识动机。
③ 蔡墩铭：《犯罪心理学》（上），台湾黎明文化事业公司1979年版，第21页。
④ 即便在间接故意犯罪中的为了一个犯罪目的而放任另一危害结果发生之情形，此种动机相对于间接故意犯罪而言也非严格意义上的犯罪动机，因为这种动机仍然只有起动和维持功能而无指引功能。

论者也当不存在疑义,并且我们可以看到,多数论者在探讨犯罪动机这种量刑情节时也将此等动机未做区分地统称为犯罪动机。有鉴于动机在不同犯罪类型中的存在形式,同时联想到刑法中存在许多"真正(纯正)"与"不真正(不纯正)"的相对概念[①],笔者拟将存在于犯罪行为中的动机区分为"真正(纯正)的犯罪动机"和"不真正(不纯正)的犯罪动机",真正的犯罪动机也即上述仅存在于直接故意犯罪中的动机,也可称为狭义的犯罪动机,而不真正的犯罪动机则是指存在于间接故意犯罪和过失犯罪中的动机,二者统称为广义的犯罪动机。由于间接故意犯罪和过失犯罪不存在犯罪目的,又因真正的犯罪动机与犯罪目的密不可分,而与犯罪目的密切相关的是动机的指引功能,因此,广义的犯罪动机欲包容真正的犯罪动机与不真正的犯罪动机,那么在定义中就应当去除动机的指引功能,如此,广义的犯罪动机便可定义为:激发和推动犯罪人实施犯罪行为的内部动力。[②] 本部分内容所探讨的犯罪动机即属于广义的犯罪动机。[③]

在界定犯罪动机的概念之后,还有一个问题有待澄清,那就是犯罪动机能否成为犯罪构成要件中的要素。依据禁止重复评价原则,属于构成犯罪之要件(或要素),不得再作为个案量刑时考虑的因素,故研究作为量刑情节的犯罪动机时也不得回避这一问题。对此,我国刑法理论通说认为,犯罪动机侧重于影响量刑,但在特定情况下也影响定罪,这些特定情况包括刑法第13条"但书"之规定以及刑法分则规定的以情

[①] 如"真正(纯正)不作为犯"和"不真正(不纯正)不作为犯","真正(纯正)身份犯"和"不真正(不纯正)身份犯","真正(纯正)目的犯"和"不真正(不纯正)目的犯",等等。

[②] 由此可见,我国刑法理论界通说在探讨犯罪动机时事实上混淆了狭义上的犯罪动机与广义上的犯罪动机,通说所定义的犯罪动机实指广义的犯罪动机(未表明动机的指引功能),而认为犯罪动机只存在于直接故意犯罪中显然指的是狭义的犯罪动机。

[③] 需要注意的是,广义的犯罪动机未必就只具有负价值,其中也包含一些值得宽宥的具有正向价值的犯罪动机。

节是否严重或恶劣作为区分罪与非罪标准的情节犯。[①] 不容否认，犯罪动机在这些情形中的确会对定罪产生影响，但笔者认为，通说所归纳的其实是这样的一种情形，即在具体个案中，当去除犯罪动机时，行为的社会危害性处于罪与非罪的临界区域，而当加入被告人所具有的特定动机时，此时往往会影响行为的罪与非罪。我们还可以发现，这种临界区域并非为情节犯所独有，所有类型的犯罪都存在这样的区域，且犯罪动机在这种情况下也并非只具有出罪功能（如符合刑法第 13 条"但书"之规定），也可能有入罪功能（如不良动机）。并且在笔者看来，此种情形也非为犯罪动机所特有，可以说，所有在通常情况下只影响量刑的情节，在这种特殊情形中都会转化为影响定罪的情节。由此可见，这种对定罪产生影响的犯罪动机因只存在于具体个案之中而并非一般性地影响定罪的因素，且与其他情节相比并不具有特殊性，故不能成为犯罪构成要件中的要素，连选择性要素都谈不上。

那么在我国刑法中，犯罪动机能否成为犯罪构成要件中的选择性要素呢？笔者认为，有关此一问题我国有刑法研究者早有论述，其指出，犯罪动机虽然不是所有犯罪构成必须具备的要件，但却是构成某些犯罪的必要条件，在某些犯罪中，它决定和影响着犯罪的性质。有些犯罪我国刑法虽然都标明了必须"以营利为目的"、以"泄愤报复或其他个人目的"或者"意图陷害他人或者隐匿罪证的"才能构成，但刑法所标明的这些犯罪目的，实际上是犯罪的动机。[②] 笔者认同此一洞见，因为从严谨的犯罪目的与犯罪动机概念出发，此类所谓的"目的"并非作为直接故意意志因素的犯罪目的，而是作为这类犯罪行为动因的犯罪动机。因此在诸如侵犯著作权罪，销售侵权复制品罪，赌博罪，走私淫秽物品罪，破坏生产经营罪，伪证罪，高利转贷罪，非法转

[①] 高铭暄、马克昌主编：《刑法学》，法律出版社、高等教育出版社 2010 年版，第 131—132 页。
[②] 余欣喜：《犯罪动机应是犯罪构成的选择要件》，《西北政法学院学报》1988 年第 1 期。

让、倒卖土地使用权罪，倒卖文物罪，制作、复制、出版、贩卖、传播淫秽物品牟利罪，对非国家工作人员行贿罪，行贿罪，单位行贿罪，对单位行贿罪等犯罪中，是否具有特定的犯罪动机，如"营利""牟利""传播""泄愤报复""陷害他人或者隐匿罪证""为谋取不正当利益"等，将决定着行为的罪与非罪。故在此类罪中，特定的犯罪动机是必备要素[①]，因而这类特定犯罪动机在量刑时不能成为量刑情节。

二、犯罪动机影响量刑依据及其量刑功能

犯罪动机何以能够影响量刑？如前所述，犯罪的社会危害性是行为的客观危害、行为人的主观恶性和人格（人身危险性）的综合反映，其中任何一个因素的变化都会影响到作为整体的犯罪的社会危害性。因此，探讨犯罪动机影响量刑的根据，先得确定犯罪动机在犯罪本质层级中的归属。翻开我国的刑法教科书，可以发现，几乎无一例外地将犯罪动机置于犯罪的主观要件中加以探讨。笔者认为，我国刑法学界有关犯罪动机在犯罪构成要件中的定位深值商榷，理由在于：在心理学中，人的内在心理现象被分为了心理过程和人格（个性）两大层次，而在人格层次上，又被区分为了个性心理特征和个性倾向性。其中，个性倾向性是人进行活动的基本动力，是个性结构中最为活跃的因素，它决定着

[①] 在《德国刑法典》中，犯罪动机也是选择性要素，譬如，《德国刑法典》中分设谋杀罪与一般的故意杀人罪，而二者的区分标准便是犯罪动机的不同。《德国刑法典》第211条（谋杀）（2）规定："谋杀者是指出于杀人嗜好、性欲的满足、贪财或其他卑劣动机，以阴险、残暴或危害公共安全的方法，或意图实现或掩盖其他犯罪行为而杀人的人。""（1）谋杀者处终身自由刑。"普通故意杀人罪的法定刑要轻于谋杀罪。该法第212条（故意杀人）规定："（1）非谋杀而故意杀人的，处5年以上自由刑。（2）情节特别严重的，处终身自由刑。"在我国台湾地区所谓的刑法典中，也有些犯罪以犯罪动机为犯罪的成立要件，如其第320条规定的财物取得，第204条意图供伪造变造有价证券之用而制造交付或收受器械原料之罪。我国台湾刑法学者韩忠谟先生就此类犯罪还指出，"现时刑法理论以此等意图列为犯罪成立要件后，与各该犯罪类型之违法性大小轻重密切关系，已成为犯罪构成之主观违法要素，非复通常之犯罪动机可比矣"（参见韩忠谟：《刑法原理》，中国政法大学出版社2002年版，第149页）。

人对现实的态度，决定着人对认识活动对象的趋向和选择。动机便属于个性倾向性之内容。[1] 而与人格层面相对应的犯罪构成要件应是犯罪的主体要件，故作为构成要素的犯罪动机就应当属于犯罪主体要件中的要素。[2] 因此，从其在犯罪本质层次中的归属来说，犯罪动机应当主要是反映犯罪主体人格之因素，而研究者们所认为的是主要反映与行为心理过程层面相对应的主观恶性（或者说罪过）程度的因素。当然，由于行为构成要件及要素之间是一个有机联系的整体，居于某一本质层次的因素除了对本层次发生影响外，也往往会波及行为的其他本质层次，因此，犯罪动机除了主要反映罪犯人格外，对心理过程层面的认识、情绪情感、意志通常也会产生一定程度的影响。犯罪动机在犯罪行为本质层次中的定位也构成了其影响量刑的根据。

在域外刑法典中，明确规定犯罪动机作为量刑情节的立法也不乏其例，如《德国刑法典》第46条（量刑的基本原则）规定："法院在量刑时，应权衡对行为人有利和不利的情况。特别应注意下列事项：行为人的行为动机和目的，……"《奥地利联邦共和国刑法典》第34条（特别的减轻事由）规定："行为人具备下列情形之一的，构成特别之减轻刑罚事由：……3. 行为是基于应受尊重的动机实施的，……"《意大利刑法典》第61条（普通加重情节）规定："下列情节，当不属于犯罪构成要件或者特别加重情节时，使犯罪变得较为严重：1）出于卑劣的或者无聊的理由实施行为的；2）为执行或者掩盖另一犯罪而实施犯罪的，为使自己或其他人获得或者保有犯罪产物、收益或代价的，或者为使另一犯罪不受处罚而实施犯罪的；……"该法第62条（一般减轻条款）规定："下列各种情形，如非犯罪构成要件，或减轻刑罚之

---

[1] 叶奕乾、何存道、梁宁建编著：《普通心理学》（第四版），华东师范大学出版社2010年版，第263页。

[2] 意大利刑法学界也认为，犯罪动机"对主体人格的认定具有极大的价值"（陈忠林：《意大利刑法纲要》，中国人民大学出版社1999年版，第252页）。

特别原因者，均属减轻刑罚之一般原因：一、由于在道义上或社会上值得特别嘉许之动机而犯罪者……"① 该法第133条（刑之轻重）第2款规定："法官应斟酌下列有关行为人之犯罪性质：一、犯罪之动机及行为人之性格。……"《俄罗斯联邦刑法典》也规定了一些特殊的犯罪动机作为减轻或加重刑罚的情节，例如"出于同情的动机"（第61条第5项），"出于民族的、种族的、宗教的仇恨或敌视的动机"（第63条第6项）。此外，韩国刑法第51条第3项，我国台湾地区所谓的刑法典第57条第1项，我国澳门地区刑法典第65条第2款（c）项等明确规定了法官在量刑时应当考量犯罪动机。而在我国现行刑法中并未对作为量刑情节的犯罪动机做出明确规定，犯罪动机因此还是仅作为一种酌定量刑情节。尽管如此，但它已经出现在我国的相关司法解释中，例如，2010年2月8日最高人民法院发布的《关于贯彻宽严相济刑事政策的若干意见》，该意见的第19、20、21、22条对不同类型的犯罪均明确要求，在量刑时应当考虑犯罪的动机；还有最高人民法院于2014年1月1日起施行的《最高人民法院关于常见犯罪的量刑指导意见》"三、常见量刑情节的适用"中的第1条有关未成年人犯罪的量刑，也明确要求应当考虑其实施犯罪的动机。

　　从上述立法和司法解释中我们可以看到，有关犯罪动机的规定都较为笼统分散，因此还有必要探讨其具体量刑功能，当然，这里所谓的具体量刑功能也只能说是相对的具体，因为，每一种犯罪的动机都可谓千差万别。以常见的故意杀人罪、盗窃罪为例，故意杀人罪的犯罪动机可能有贪财、义愤、奸情、仇恨、报复、掩盖罪行或者极端的嫉妒心理等，而盗窃罪的犯罪动机则可能是享乐、妒忌、饥寒、逞能等。不过，虽然不同罪的犯罪动机可能存在这样或那样的差异，但其

---

① 2001年意大利刑法草案第66条（减轻情节）规定："（1）行为出于有特别道义或社会价值的动机。……"

中也并非毫无规律可循。笔者以为，对于犯罪动机的量刑功能可以从两个方面加以确定：一是引发犯罪动机的缘由，二是犯罪动机的正负价值向度。

如上所述，引发犯罪动机的缘由，有内部条件和外部条件，内部条件是需要，外部条件是诱因。动机是需求的直接体现，反映了需求的强度和实现愿望的迫切性。在犯罪心理学中，根据需要内容的不同，将犯罪动机区分为不同的类型，主要有物欲型犯罪动机、性欲型犯罪动机、权欲型犯罪动机、信仰型犯罪动机和集合型犯罪动机，每一种动机之下又有不同的结构特征。[①] 犯罪动机多数是在犯罪人自身需要的基础上形成的，但也有少量主要是由外部诱因所引起，不过多数犯罪动机是在犯罪人的需要和外在诱因交互作用下产生的。需要和外在诱因可以作为判断动机强弱的考量因素，一般而言，需要越强烈，外在诱因之诱惑越大，行为人的意志越薄弱，犯罪动机就越强烈，那么量刑往往就相对较重，反之则较轻。有关外在诱因需要注意的是，如果这种诱因系他人（含被害人和第三人）有过错的行为，也可以在一定程度上减轻行为人的刑事责任。

此外，从伦理道德评价的角度来说，犯罪动机在价值上存在善、恶以及价值中性之定分。[②] 英国功利主义哲学家、法学家边沁认为，动机可以分为以下四种：纯社会动机，善行；半社会动机，对名誉的酷爱、友谊的愿望、宗教信仰；反社会动机，与社会格格不入；个人动机，感官享受、权力欲望、金钱嗜好、自我保护愿望。[③] 在这些不同类型的犯罪动机中，对量刑轻重产生影响的是善的动机与恶的动机，诚

---

① 罗大华主编：《犯罪心理学》，中国政法大学出版社2007年版，第118、159—185页。
② 需要注意的是，不能望文生义，认为犯罪是恶的，故犯罪的动机必定是恶的动机，因为推动罪犯实施犯罪的原因千差万别，其中不乏值得矜悯或宽宥的情形，哪怕在直接故意犯罪中也不乏其例。
③ 吉米·边沁：《立法理论》，李贵方等译，中国人民公安大学出版社2004年版，第302页。

如德国有学者所明确指出的，原则上，法官要使用社会伦理标准，评估犯罪动机在伦理与道德上的价值，以作为从重裁量或从轻裁量的依据。① 一般而言，善的动机与社会性动机、利他动机和高尚动机相关，而恶的动机与反社会性动机、利己动机和低级动机相关。不过，也不能将这种相关性绝对化，特别是"不应该将利己性动机统统都视为反社会性动机，因为维护个人的利益，在一般情况下不仅不与社会需要相对立，而且更是维护社会存在的条件"②。因此，在恶的动机中的利己动机应该是一种具有明显或严重的利己倾向，即将自己的利益视为高于一切，漠视社会公共利益和他人利益，而一般情况下的利己动机应该是价值中立的。当然，动机的善与恶都有程度之分，但若想对每一种犯罪基于动机的正负价值量度而制定一份精确的量刑表单也不现实，我们只能从较为宏观的角度来加以阐明。总的指导原则是，动机越是卑劣，量刑越重，反之，越是值得矜悯，量刑就越轻（在特殊情况下，甚至可以出罪）。对此，德国学者耶赛克和魏根特先生指出，"自私的动机一般会产生不利于行为人的后果，而利他的动机则会产生有利于行为人的后果。只要信仰犯或良心犯是出于'受人尊敬'的确信而行为的，属于利他动机"③。日本刑法学者大塚仁先生指出，"从社会的伦理规范的观点来看，犯罪行为出于恶劣的动机时责任就重，基于应予宽恕的动机时责任就轻。例如，基于利己的动机就与基于利他的、公益的动机相比责任更重，出于贪欲的卑劣动机时就与基于激情的动机和贫困的动机相比责任更重。"④ 美国学者乔治·P. 弗莱彻认为，"动机提供了一个区分故意行为是真的很坏还是不那么坏的基础。例如，一

---

① 林山田：《刑法通论（增订十版）》（下册），北京大学出版社2012年版，第353页。
② 陈忠林：《意大利刑法纲要》，中国人民大学出版社1999年版，第252页。
③ 汉斯·海因里希·耶赛克、托马斯·魏根特：《德国刑法教科书》，徐久生译，中国法制出版社2001年版，第1057页。
④ 大塚仁：《刑法概说（总论）》，冯军译，中国人民大学出版社2003年版，第410页。

个善良的或者卑劣的动机,在评价像杀人这样的犯罪上会起很重要的作用。……在盗窃案件中,人们普遍认为,为了物质享受而偷东西与为了避免饥饿而偷东西之间存在着区别"[1]。我国台湾刑法学家林山田先生也指出,"通常一个高尚而令人佩服的动机,或是一个利他的动机,或值得同情而可谅解的犯罪动机,都可以当作从轻裁量的依据。例如不满被害人贪赃枉法的行为,而萌生杀机,持刀行凶;或为了筹划病母的医疗费用而行窃。相反,行为人若系出于卑鄙龌龊的动机,自可当作从重裁量的依据"[2]。

此外,在量刑时还应特别关注一种犯罪动机类型,那就是迫于无奈之犯罪动机,因犯罪的实施系出于无可奈何,故值得谅解、矜悯,此种动机因之也可被称为"可谅解的动机"或者"值得矜悯的动机"。因此,基于此种类型的动机而实施的犯罪应当受到法律的宽宥,即在量刑时应当从宽处罚。不过,需要注意的是,这里所谓的"迫于无奈"并未达到使行为人完全丧失辨认能力或者控制能力之程度,否则就属于我国刑法第16条规定的意外事件或不可抗力了。换言之,在这种情况下,行为人还是存在一定程度的意志自由,即能够在实施合法行为还是非法行为之间进行选择。在我国现有立法中,有些迫于无奈或者可谅解的动机已经被法定化或者被司法解释明确,例如我国刑法第20条第2款有关防卫过当的规定,第21条第2款有关避险过当的规定,以及第38条有关胁从犯的规定。有的则虽未被立法明确,但在理论上还是予以肯定,如在重婚罪认定中,因遭受自然灾害外流谋生而重婚的;因配偶外出长期下落不明,造成家庭生活困难又与他人结婚的;被拐卖后再婚的;因强迫、包办婚姻或者婚后受虐待外逃而又与他人结婚的等,由于受客观条件所迫,且主观恶性较小,不以重婚罪论。除此之外,理论也一般认

---

[1] 乔治·P.弗莱彻:《刑法的基本概念》,蔡爱惠等译,中国政法大学出版社2004年版,第160—161页。

[2] 林山田:《刑法通论(增订十版)》(下册),北京大学出版社2012年版,第353页。

同，在财产性犯罪中，如果查明确系因家庭生活困难而实施犯罪的[1]，例如为了筹得医治其病妻的医药费而行窃；或因病失业，在饥寒交迫下，为求温饱而不得不行窃（饥寒起盗心），均可作为从轻裁量的依据。[2]还有对于作恶多端、为害一方的亲属或他人实施的"大义灭亲""为民除害"行为，或者对身患绝症、饱受病痛折磨的患者或者亲属实施所谓的"安乐死"，一般认为，主要由于行为人的犯罪动机具有可宽宥性因而属于情节较轻的故意杀人罪。近些年来，在我国司法实践中出现了一些此种类型的案件，例如，"孝子弑母案"[3]"李某抢劫求监案"[4]"尿毒症

---

[1] 对于物欲型犯罪动机，我国有学者进行过问卷调查，研究结果表明，即使表示所谓家庭生活有困难，实际情况也不尽然，多数是认为零用钱不够就是生活有困难，只有极少数罪犯确是因生活困难而导致犯罪。（罗大华主编：《犯罪心理学》，中国政法大学出版社2007年版，第160—161页）因此，对于到底是否因家庭生活困难而致犯罪，不能仅凭罪犯口述而应予查实。

[2] 林山田：《刑法通论（增订十版）》（下册），北京大学出版社2012年版，第353页。

[3] "孝子弑母案"有两起，其中一起的大概案情为：被告人邓明建，43岁，四川省阆中市金子乡人。照顾瘫痪在床的母亲（被害时73岁）18年，在病痛的煎熬下，邓母一再求死，并不断威逼邓明建为她买农药。在这期间，邓明建遭受了极大的精神与经济的双重压力。2011年5月16日，为求解脱的邓明建一时冲动帮母亲把农药瓶盖子拧开，母亲毅然喝下后与世长辞。2012年5月30日，广东省广州市番禺区人民法院宣判，邓明建构成故意杀人罪，被判处有期徒刑三年，缓刑四年。该案判决书明示：被告人邓明建行为构成故意杀人罪，但犯罪动机是在母亲积极要求和生活的重压下产生，确有值得宽宥之处，与其他严重危害社会的故意杀人行为有区别。主观恶性相对较小，社会危害性亦相对较轻。法院根据法定及酌定量刑情节，综合考虑其认罪悔罪态度等因素决定对被告人邓明建从轻处罚并适用缓刑。（参见范贞、卜晓虹：《他是"孝子"，还是"逆子"？——广州番禺"孝子"邓明建弑母案纪实》，2012年7月16日，中国法院网，http://www.chinacourt.org/article/detail/2012/07/id/535457.shtml）另一起"孝子弑母案"大概案情为：被告人杨九，云南籍广东东莞务工人员，2011年由于父亲与兄长均已去世，杨九遂将瘫痪多年、生活无法自理的母亲接到东莞一起生活，平时由杨九一人照顾母亲的生活起居。2014年1月18日18时许，杨九因生活困难，产生厌世情绪，持一把菜刀对母亲的后颈部砍了两刀，随用剃须刀片往自己的腹部划两刀，左手腕部位划一刀，导致二人受伤。次日11时，警方赶到杨九的出租屋将他母亲送院治疗，并将杨九带走审查。经法医鉴定，杨九母亲所受损伤为轻伤二级。2014年4月3日，东莞市检察院因为受害者只受轻伤、犯罪中止、自首等，加上考虑到他一个人在东莞无依无靠，多年独自照顾瘫痪的母亲，对其做出不起诉处理。（参见《观点中国：孝子弑母》，中国网，http://opinion.china.com.cn/event_3035_1.html）在笔者看来，本案中被告人的动机也不应忽视。

[4] 该案基本案情为：被告人李某，19岁，北京顺义农民，2007年8月因涉嫌抢劫罪被顺义检察院提起公诉，被判抢劫罪和抢夺罪，处有期徒刑7年，并处罚金6000元。法院审理时得知，李某患有严重的再生障碍性贫血，需要定期接受换血治疗，且费用很高，出于此原因，法院决定对其予以监外执行。李某办理完手续后带着病体离开了看守所。4个月后，2007年12月20日，在

女骗保求生案"[1]等，在这些案件中的被告人的动机都具有某种程度上的可宽宥性，因此，法官在定罪量刑时是应当考量行为人的此等动机的。

第二节 犯罪后的态度

一、犯罪后的态度概述

犯罪后的态度乃态度之类型，依据《现代汉语词典》的解释，态度是指"对于事情的看法和采取的行动"[2]，态度也是心理学中的范畴之一，在心理学中，态度的通常定义是"个体基于过去经验对其周围的人、事、物持有的比较持久而一致的心理准备状态或人格倾向"[3]。由此可见，从心理学的角度来看，态度在行为本质中属于人格之内容。根据态度的一般定义，我们可以将犯罪后的态度界定为：罪犯在犯罪后

（接上页）密云县一条公路上，李某以打车为名，将黑车司机任某骗至顺义区木林镇僻静处，随后掏出自制手枪向任某的腿击发，任某受惊后弃车逃跑，李某以1.5万元的价格将车辆销赃。归案后，李某称，第一次抢劫是为了筹钱看病，后来到了看守所，才知道能免费治疗，为获得治疗于是决定再次抢劫。2008年11月，顺义法院便做出判决，李大伟的抢劫罪名成立，且因其是在暂予监外执行期间犯新罪，应与原罪刑罚并罚，最终判处其有期徒刑18年，剥夺政治权利4年。听到自己被判决18年有期徒刑时，李某长舒了一口气，他为的就是这一刻。（参见《故意抢劫入狱只盼重病得医》，《新京报》2008年11月26日）

① 该案基本案情为：被告人聂水华，女，24岁，湖南衡山南岳镇人。2012年7月被查出患上尿毒症。为了求生，她用虚假的住院资料和发票，借用亲友、邻居的身份证、医保卡，套取了新型农村合作医疗补偿金42万余元。2013年9月12日，衡山县人民法院以诈骗罪判处聂水华有期徒刑六年，并处罚金10万元；哥哥聂志军因在假释期间被判处三年有期徒刑，并处罚金5000元。父亲聂炳光被判处有期徒刑二年，缓刑二年，并处罚金4000元。对涉案的亲友、邻居13人也分别判处二年有期徒刑至5000元罚金不等的刑罚。（参见《尿毒症女孩骗保42万求生16名亲友同获刑》，红网，http://hn.rednet.cn/c/2013/11/28/3210386.htm）

② 中国社会科学院语言研究所词典编辑室：《现代汉语词典》，商务印书馆2005年版，第1320页。

③ 林崇德、杨治良、黄希庭主编：《心理学大辞典》（上卷），上海教育出版社2004年版，第1217页。

对自己实施的犯罪行为所持有的较为持久而一致的看法和采取的行动。

犯罪后态度影响量刑在许多国家或地区的刑法典中都有明确的规定，例如，《德国刑法典》第46条（量刑的基本原则）第2款规定："法院在量刑时，应权衡对行为人有利和不利的情况。特别应注意下列事项：……行为后的态度，尤其是行为人为了补救损害所做的努力。……"《瑞士联邦刑法典》第64条规定："行为人因下列原因之一而行为的，法官可对其从轻处罚：……真诚悔悟，尤其是赔偿可指望其赔偿的损失；……"《葡萄牙刑法典》第71条（刑度的确定）第2款规定："在确定刑罚的数量时，法院应当考虑对行为人有利或不利的不属于构成要件的所有情节，尤其必须考虑下列情节：……e）实施行为之前与之后的行为，尤其是为弥补犯罪后果而实施的行为；……"该法第72条（刑罚的特别减轻）第2款还规定："在前款的适用中，尤其应当考虑下列情节：c）行为人实施显示其真诚悔悟的行为，特别是对所造成的损害尽其所能进行弥补的；……"《希腊刑法典》第79条（刑罚的司法裁量）第3款规定："在评价行为人的人格时，法院尤其应当注意衡量在行为实施过程中所表现出来的行为人的犯罪意向的程度。为了准确地认定，应当考察下列情节：……d）行为中的行为表现和行为后的行为表现，尤其是显示其悔悟和纠正行为后果的意愿的行为表现。"《韩国刑法典》第51条（量刑条件）规定："量刑应参酌下列事项：……4.犯罪后的情况。"此外，我国台湾地区所谓的刑法典第57条（刑罚之酌量）也规定："科刑时应以行为人之责任为基础，并审酌一切情状，尤应注意下列事项，为科刑轻重之标准：……十、犯罪后之态度。"

由于犯罪后的态度乃态度之一种类型，而态度属于人格之内容，在心理学中，为确定个体对某一事物的态度，心理学家提出了多种态度测量方法。主要有：纸笔法，如使用"利克特量表"及"瑟斯顿量表"等；假路线技术，系一种对付被试做出虚假反应，影响测量效度的方法；生理记录法，最常见的生理记录指标有皮电反应、肌电图、瞳孔的放大及收缩、心率及脑电波等；行为观察法，即通过观察被试者的行为，将其作为对该刺激物的态度指标。[①] 心理学中的上述测量态度的方法对于罪犯犯罪后态度的确定无疑具有帮助，不过我们可以看到，在量刑中无论是理论探讨还是刑事司法实务在确定罪犯对自己犯罪行为的态度时所采用的都可谓是行为观察法，而未见有采用其他方法的。在立法上，一些通常能够反映罪犯犯罪后态度的行为已上升为法定量刑情节，如自首、坦白、立功等，还有接下来将探讨的赔偿损失、退赃和认罪也属于通常能够反映罪犯犯罪后态度之行为，除此之外，能够反映罪犯犯罪后态度的行为还有：威胁被害人、毁灭罪证、赔礼道歉等。就现有的理论研究成果、技术水平以及司法状况而言，行为观察法较之于其他三种测量方法无疑更具优越性。主要表现为：一是因系以客观的行为为依据，故标准具有客观性；二是该标准在很大程度上得到了立法的认可，故适用时于法有据。当然采用行为观察法，并不意味着其他态度测量方法对罪犯犯罪后态度的测量毫无价值，譬如，属于生理记录法的测谎技术事实上已在司法实践中用以收集和审查口供。因此，不排除未来的司法实践在量刑时也运用生理记录法对罪犯犯罪后的态度进行测量，以准确把握其真实的态度，其他态度测量方法或许也同样如此。

　　不过在运用行为观察法确定罪犯犯罪后的态度时也应当十分谨慎，因为，态度乃主体的内在心理，它虽对行为具有引导乃至决定作用，但其与行为也非绝对的对应关系，现实中表里如一者有之，表里不一者也有之。职此之故，以行为作为衡量罪犯对所犯之罪的态度之指标时，应特别注意确定态度与行为相一致的条件，这些条件主要有：

---

① 林崇德、杨治良、黄希庭主编：《心理学大辞典》（下卷），上海教育出版社2004年版，第1217页。

(1) 态度的强度。态度越是强烈和明确，与之相呼应的行为表现便越是积极，此种情形下的态度与行为就越可能相一致。譬如，罪犯甲仅有赔礼道歉的行为，而罪犯乙则除了有赔礼道歉行为外，还有自首、积极退赃、积极赔偿损失等行为，显然，前者的态度与行为的相关度就没有后者高，或言之，仅有赔礼道歉而无其他表明其悔罪态度的行为做支撑或相呼应，那么仅有的赔礼道歉行为未必能反映罪犯对其所犯罪行的真实态度。因此，就赔礼道歉而言，有其他表明其悔罪态度的行为相映衬的，从宽处罚幅度相对而言更大。还有，如罪犯在犯罪后还实施了威胁被害人、证人，毁灭罪证等行为，其此等行为明显地表明行为人的态度恶劣，量刑当从严处罚。

(2) 态度的稳定性。在量刑时还要特别注意犯罪态度是否具有反复性，罪犯犯罪态度的反复将对量刑产生影响，例如，1998年最高人民法院发布了《关于处理自首和立功具体应用法律若干问题的解释》中就规定："犯罪嫌疑人自动投案并如实供述自己的罪行后又翻供的，不能认定为自首；但在一审判决前又能如实供述的，应当认定为自首。"可见，在前种情形中，态度的反复否定自首的成立，对于后种情形，行为虽仍然成立自首，但态度的反复表明罪犯的人身危险性较之于没有态度反复而成立自首的罪犯更大，故虽然都成立自首，但对二者的量刑无疑应有所区别。对于反映犯罪态度的酌定量刑情节，如悔罪和赔礼道歉，如果存在态度反复，也应准此处理，即，或是否定相关量刑情节的成立，或是即便未否定相关量刑情节的成立，但在量刑时因态度的反复性也应区别对待。

(3) 情境压力。以行为判定行为主体的态度还需要注意情境压力，因为情境压力很可能使行为偏离态度，情境压力对行为与行为主体态度关系的影响表现为：情境压力越大，行为越可能偏离行为主体的态度，反之，情境压力越小，行为与行为主体的态度越可能相一致。情境压力对行为与态度所产生的影响要求我们在量刑情节的适用中应当考虑情境压力这一因素。例如，作为法定量刑情节的自首，如果罪行尚未被发觉便自动投案成立的自首与在通缉过程中且犯罪嫌疑人自己也知道被通缉之事实而投案成立的自首，两种情形中主体面临的情境压力明显不同，态度也因之存在程度上的差异，量刑时应区别对待。对于属于酌定量刑情节的赔礼道歉也同样如此，例如，构成诽谤罪的诽谤者在捏造的事实尚未被揭穿以前所做的赔礼道歉与捏造的事实已被揭穿之后所做的赔礼道歉，前者更能表明罪犯的悔罪态度，因而从宽处罚幅度也应更大些。

在总体上把握罪犯的犯罪态度后，接下来笔者将对能够反映罪犯犯罪后态度，从而对量刑产生影响的几种较为典型的酌定量刑情节进行探讨。

二、赔偿损失

在罪犯犯罪后的表现中，比较典型的是赔偿损失，罪犯的这种表现在司法实务中较为常见，也为世界多数国家立法明示为减轻刑罚情节。笔者于此将对赔偿损失减轻刑罚（以下简称"赔钱减刑"）所涉及的相关问题展开研究。

（一）赔钱减刑之域内外立法考察

综观世界各国的立法不难发现，不少国家或地区的刑事立法都有赔钱减刑之明确规定，如《德国刑法典》第46条（2）规定："法院在量刑时，应权衡对行为人有利和不利的情况。特别应注意下列事项：……人身和经济情况，及行为后的态度，尤其是行为人为了补救损害所作的努力。"而第46条a则对赔偿损害如何减免刑罚予以进一步明确："行为人具备下列情形之一的，法院可依第49条第1款减轻其刑罚，或者，如果科处的刑罚不超过1年自由刑或不超过360单位日额金之罚金刑的，则免除其刑罚：1.行为人努力与被害人达成和解（行为人—被害人和解），对其行为造成的损害全部或大部予以补偿，或认真致力于对其行为造成的损害进行补偿的，或 2.在行为人可以自主决定对损害进行补偿或者不补偿的情况下，他对被害人的损害进行了全部或大部分补偿。"《俄罗斯联邦刑法典》第61条也规定："减轻刑罚的情节是：……⑩在犯罪之后……，自愿赔偿犯罪所造成的财产损失和精神损失，以及其他旨在补偿对被害人所造成的损害的行为。"《意大利刑法典》第62条"普通减轻情节"规定："下列情节，当不属于犯罪构成要件或者特别减轻情节时，使犯罪变得较轻：……；6）在审判前，通过赔偿损失……"《奥地利联邦共和国刑法典》第34条"特别的减轻事由"规定："（1）行为人具备下列情形之一的，构成特别之减轻刑罚事由：……；15.真诚努力对造成损害予以补偿……"《瑞士联邦刑法典》第64条规定："行为人因下列各项原因之一而行为的，法官可对其从轻处罚：……真诚悔悟，尤其是赔偿可指望其赔偿的损失；……。"《西班牙刑法典》第21条规定："以下情况减轻刑事责任：……第五项：已经对罪行进行起诉，在诉讼进行的任何时候及开庭之前，给予被害人的伤害进行补偿或者减小其效力。"《朝鲜民主主义人民共和国刑法典》第40条（从轻处罚的情节）规定："……8.对所掠夺或者损坏的财物自觉补偿或者恢复原状。"我国澳门地区刑法典第65条（刑罚分量之确定）第2款规定："在确定刑罚之分量时，法院须考虑所有对行为人有利或不利而不属罪状之情节，尤须考虑下列情节：……e）作出事实之前及之后之行为，尤其系为弥补犯罪之后果而作出之行为"，该法第66条（刑罚之特别减轻）第2款还规定："为着上款之规定之效力，尤须考虑下列情节：……c）行为人作出显示真诚悔悟之行为，尤其系对造成之损害尽其所能作出弥补。"

我国现行刑法虽明确规定了犯罪人对被害人负有赔偿责任，如刑法第36条规定："由于犯罪行为而使被害人遭受经济损失的，对犯罪分子除依法给予刑事处罚外，并应根据情况判处赔偿经济损失。"第37条则规定，对免于刑事处罚的犯罪分子，可以根据案件的不同情况责令赔偿损失。刑事诉讼法第77、78条则是实现犯罪赔偿的程序性规定。但显而易见，上述法条都是刑事责任与犯罪赔偿的并行规定，并非两者间相互折抵或替换之规定，故无法成为赔钱减刑适用的法律依据。在我国现行法律规范体系内，明确规定赔钱可减免刑罚的规范散见于司法解释中，如最高人民法院于2000年11月发布的《关于审理交通肇事刑事案件具体应用法律若干问题的解释》（以下简称《解释》）的第2条第1款规定："交通肇事具有下列情形之一的，处三年以下有期徒刑或者拘役：……（三）造成公共财产或者他人财产直接损失，负事故全部或者主要责任，无能力赔偿数额在三十万元以上的。"《解释》第4条规定："交通肇事具有下列情形之一的，属于'有其他特别恶劣的情节'，处三年以上七年以下有期徒刑：……（三）造成公共财产或者他人财产直接损失，负事故全部或者主要责任，无能力赔偿数额在六十万元以上的。"最高人民法院2004年6月颁布的《关于依法惩处生产销售伪劣食品、药品等严重破坏市场经济秩序犯罪的通知》（以下简称《通知》）第3条规定："被告人和被告单位积极、主动赔偿受害人和受害单位损失的，可以酌情、适当从轻处罚。"以及2000年12月发布的《关于刑事附带民事诉讼范围问题的规定》（以下简称《规定》）第4条规定："被告人已经赔偿被害人物质损失的，人民法院可以作为量刑情节予以考虑。"《规定》第5条还规定："犯罪分子非法占有、处置被害人财产而使其遭受物质损失的，人民法院应当依法予以追缴或者责令退赔。被追缴、退赔的情况，人民法院可以作为量刑情节予以考虑。"不过，2014年1月1日起施行的《最高人民法院关于常见犯罪的量刑指导意见》（以下简称《量刑指导意见》）则对赔偿损失做了较为集中明确的规定，《量刑指导意见》"三、常见量刑情节的适用"第8条规定："对于退赃、退赔的，综合考虑犯罪性质，退赃、退赔行为对损害结果所能弥补的程度，退赃、退赔的数额及主动程度等情况，可以减少基准刑的30%以下，其中抢劫等严重危害社会治安犯罪的应从严掌握。"第9条还规定："对于积极赔偿被害人经济损失并取得谅解的，综合考虑犯罪性质、赔偿数额、赔偿能力以及认罪、悔罪程度等情况，可以减少基准刑的40%以下，积极赔偿但没有取得谅解的，可以减少基准刑的30%以下，尽管没有赔偿，但取得谅解的，可以减少基准刑的20%以下，其中抢劫、强奸等严重危害社会治安犯罪的应从严掌握。"虽有以上司法解释之规定，但由于在我国刑法中并未在量刑规范中将赔偿损失上升为法定量刑情节，故总体而言，赔偿损失仍属于酌定量刑情节，在特定情形中也可作为影响罪之有无的定罪情节，至于赔偿损失影响定罪和量刑的刑法规范依据，一般认为是刑法第13条但书之规定和第61条有关量刑原则的规定。

（二）赔钱减刑兴起之缘由

赔钱减免刑罚之举措是我国基层司法实务部门发起的一场司法改革尝试，迄今风靡于我国刑事司法实务界且推行有年。实务部门的此一举措并非偶发性的司法现象，而有其理论背景和现实缘由。

1. 犯罪被害人学说的勃兴

20世纪以来，随着学者对刑事问题研究的深入，刑事学科领域的研究范围和研究视角有了突破性进展，被法律所遗忘的犯罪被害人一跃成为人们瞩目的焦点之一，因之还诞生了一门新兴的学科——犯罪被害人学。自此，犯罪被害人的人权保障便成为理论研究的热点话题，且在"犯罪被害人赔偿"和"犯罪人回归社会"两股思潮的合力推动下，西方国家刑事政策领域产生了一项新的法律制度——恢复性司法制度，该项制度还获得联合国相关机构的大力推荐。恢复性司法"是以恢复原有社会秩序为目的的犯罪矫治实践或计划，主要通过以下几个方面得以体现：（1）确认并采取措施弥补违法犯罪行为带来的损害；

（2）吸纳所有的利害关系人参与其中；（3）改变应对犯罪行为时社会与政府之间的传统关系"[①]。可见，恢复性司法突出强调对犯罪被害人损失的弥补。受该学说之影响，刑事和解也日益广泛运用于我国刑事司法实践之中。

2. 实现犯罪被害赔偿步履维艰

从法律视角观之，犯罪与普通的民事侵权行为可谓泾渭分明，但就事实层面而言，犯罪是一种远甚于普通民事侵权的严重侵权行为。既然在民事侵权行为中，侵权人尚负有赔偿被害人损失之义务，那么在犯罪侵权中，赔偿被害人更应是犯罪人无可推卸的法律责任，但司法实务中却常常因破案率、犯罪人的赔偿能力、赔偿判决的执行力等因素致使犯罪赔偿沦为难以兑现的空头支票，这一现象遍存于世界各国[②]，在我国尤显突出。虽然我国的法律及司法解释都有犯罪赔偿的相关规定，但实际效果并不理想，北京市第一中级人民法院曾统计过2000年至2005年的刑事附带民事诉讼案件发现，能够得到全部和部分执行的案件仅占四分之一左右[③]，而山东省青岛市中级人民法院所作的调查报告则显示，以2300多件判决形式结案的刑事附带民事诉讼案件为研究标本，发现其中90%以上的案件附带民事部分无法执行。[④] 如此低的赔偿率迫使司法实务部门不得不另辟蹊径，以维护被害人的合法权利，由是，赔钱减刑就成为实务部门不得已而为之的选择。

3. 犯罪被害补偿机制缺位

犯罪人对犯罪造成损害承担第一位的责任，这是不容置疑的担责位序。但如上所述，来自现实的种种情由往往使得这种责任难以兑现，

[①] 丹尼尔·W. 凡奈思：《全球视野下的恢复性司法》，王莉译，《南京大学学报》2005年第4期。
[②] 赵可等：《一个被轻视的社会群体——犯罪被害人》，群众出版社2002年版，第357页。
[③] 北京市第一中院人民法院刑一庭：《关于刑事附带民事诉讼面临的司法困境及其解决对策的调研报告》，《法律适用》2007年第7期。
[④] 刘文晖：《国家补偿被害人制度比钱更重要》，《检察日报》2007年5月24日。

在如此情势下，究竟应采纳何种策略以保障被害人的合法权利呢？考诸域外立法及司法经验，英国、美国、澳大利亚、加拿大等西方发达国家，以及日本、韩国等亚洲国家都设有犯罪被害补偿制度。犯罪被害补偿制度是指犯罪人未能赔偿被害人时，由作为第三方的国家或社会公益组织对被害人因犯罪招致的损害进行补偿。可见，犯罪被害补偿是国家对罪犯赔偿不力的补救措施，这无疑有助于保障被害人的合法权利以及恢复被犯罪行为破坏的社会关系，但我国尚无立法明文规定犯罪被害补偿制度，且就目前我国整体经济发展水平而言，该制度的确立仍然遥遥无期。在犯罪赔偿替代机制全然缺位的境况下，最大可能地实现犯罪赔偿便成为被害人经济诉求之首选，而赔钱减刑有的确在某种程度上能促成此一目标的实现，且舍此似乎亦无其他更佳途径。

（三）赔钱减刑的理论困境

赔钱减免刑罚之司法举措的产生虽有其理论背景和现实缘由，甚或是司法实务不得已之抉择，但实务的便宜乃至迫不得已显非一项制度合理与否的唯一标准，其合理性还必须经受来自理论方方面面的追究与拷问。从目前我国的理论研究现状来看，赔钱减免刑罚之理论支撑仍令人疑窦丛生，面临着重重困境。

1. 困境之一：与适用刑法人人平等原则的紧张关系

基于刑法基本原则视角，对赔钱减刑的诟责主要集中在其与适用刑法人人平等原则上。刑法面前人人平等原则系我国刑法明定的基本原则之一，也是宪法平等原则在刑法中的具体体现，其基本蕴涵是，刑法平等地适用于一切实施犯罪的人，不因其民族、种族、性别、职业、家庭出身、教育程度、财产状况、社会地位等不同而有所区别，不承认任何超越法律的特权，具体包含定罪平等、量刑平等和行刑平等三个方面的内容。但赔钱减刑所呈显的却是，刑罚的轻重差别并非依据行为人所犯之罪行，而系罪犯坐拥财富的多寡，使得世人抱持怵惕之心，这不是赋予了有钱人"逃避刑罚惩罚"的特权吗？如若普遍施行乃至将其制度化，岂不意味着公然推行一种制度化的不平等吗？启蒙思想家贝卡里亚曾明确指出，"伟人和富翁都不应有权用金钱赎买对弱者和穷人的侵犯。否则，受法律保护的、作为劳作报酬的财富就变成了暴政的滋补品。一旦法律容忍在某些情况下，人不再是人，而变成了物，那么自由就不存在了。那时候你会看到：豪强们将完全致力于从大量的民事关系中发掘法律为他们提供的便利"①。可见，贝卡里亚基本上是反对用钱换取从宽处罚的。面对如此尖锐的质疑，理论并未做出正面回应。如所周知，刑法的基本原则系贯穿刑事立法和刑事司法始终，具有全局性和根本性的准则，在刑法规范体系内具有最高法律效力，是立法者制定和司法者理解、适用刑法规范必须遵循的准则，但凡违背一概无效。而若赔钱减刑之举措确实违背了刑法面前人人平等原则，那么法律的权威性何在？判决的合理性及合法性又何在？

2. 困境之二：有混淆不同法律责任之嫌

有关犯罪赔偿与刑事责任的关系，我国有学者指出，二者在责任前提、责任主体、担责方式以及通过追责所体现的国家法律评价性质等方面都存在显著差异，并据此导出一项基本规则，即犯罪赔偿与刑事责任不可相互替代、相互转换。②更有论者以实例对犯罪赔偿之合理性发出质问，如其指出，在现代法律制度下，一行为可能导致不同的法律责任，譬如律师杀人，他不仅要对被害者承担民事赔偿责任、向国家担负刑事责任，同时还要承受吊销律师执照之行政责任；若是党员，还会被开除党籍。司法者可否因为他主动要求承担其他性质的责

---

① 贝卡里亚：《论犯罪与刑罚》，黄风译，中国法制出版社2002年版，第84页。
② 杨忠民：《刑事责任与民事责任不可转换》，《法学研究》2002年第4期。

任而减免其刑事责任呢？同理，在刑事和解中，为何可因犯罪人履行了其原本就应当履行的民事法律义务而对他施予额外的嘉奖呢？[①] 简言之，赔钱减刑就其本质和客观效果而言，就是将民事责任转换为刑事责任或是以民事责任抵扣刑事责任，那么民事责任折抵刑事责任的依据何在呢？对此，赔钱减刑的倡和者们回应寥寥，且理据也多缺乏说服力。

3. 困境之三：乏力的被害人谅解之理论解说

对于赔钱减刑之理据，学界有论者试图从被害人谅解的理论视角予以揭示。此种见解认为，赔偿依然是赔偿，赔偿本身并不足以影响国家刑罚权的运作，但如若赔偿可换取被害人的谅解，国家则应尊重被害人的意愿，在适用刑罚时应做出某种程度的退让，否则将会因违背被害人意愿激化新的矛盾冲突。但我们知道，犯罪不同于一般违法行为，二者的区别在于，一般违法行为只侵犯了其他部门法规定的具体权利，而犯罪则不仅仅侵犯了其他部门法规定的具体权利，更在于它侵犯了其他部门法为保护具体权利所设定的具体法律制度，此时若不动用刑罚制裁，该项法律制度将受到威胁乃至崩溃，那么制度之下的每一公民的权利都将得不到有效保障，且任何一项法律制度的崩溃都意味着整体法律秩序的崩溃，那么全体公民的基本人权均将得不到保障，故犯罪之严重社会危害性在于它侵犯了整体的法律秩序或全体公民的基本人权。[②] 正因为如此，在刑事案件中，作为原告的一方原则上是代表国家（或全体公民）的公诉机关而非被害人。据此，被害人谅解理论便无法回答，国家何以能将代表公意适用的"刑罚"擅自让渡于私人（刑事被害人），且还允准后者将其作为一种"商品"与犯罪人进行交易呢？何况一味地强调被害人的经济利益及态度之说辞难免

---

① 吴宏耀：《刑事和解的正当性追问》，《公民与法》2010年第3期。
② 陈忠林主编：《刑法学（上）》，法律出版社2006年版，第3—5页。

有违社会公意与刑事正义。对此该如何破解，迄今未见有说服力的理论诠释。

（四）赔钱减刑理论困境之破解及其法律性质

赔钱减刑的理论困境与司法实务的极力推行形成鲜明反差，任由实务界毫无理据地"我行我素"显非明智之举，故眼下摆在理论研究者面前最迫切的任务就是给实务界及社会公众一个交代，其合理性被证实也罢，被证伪也罢。笔者以为，欲突破赔钱减刑的理论困境必须诉诸犯罪之本质。

如前所述，犯罪行为之本质包含三个层级，分别是客观危害、主观恶性以及人格。其中，由于罪犯人格是一个综合性的判断，需多方考量，故在认定犯罪时，为准确把握罪犯的人格，我们就不得不"瞻前顾后"。除此之外，赔偿被害人因犯罪所受的损失也能在一定程度上抵消犯罪所造成的客观危害，或言之，犯罪所造成的客观危害也可以通过事后行为予以不同程度的补救。可见，赔偿损失可以对犯罪本质的两个层面产生影响，故整体上具有减消犯罪社会危害性之功能，故那种认为"行为的危害结果一旦发生，作为一种事实存在将覆水难收、不可回转。在定罪处刑时，应考虑的只是行为本身的社会危害性而不能是其他的因素"[1]，此等见解不具合理性。事实上，这种驻足于现实化的行为且兼顾行为前后主体情状的做法，并不意味着定罪量刑所依据的是行为以外的事实，因为这些情状完全能够被现实化的犯罪行为所包容，或者说它们都是现实化行为的内在决定因素。因此，立法者和司法者将反映行为主体人格的相关行为或事实作为定罪量刑的考量因素，不仅未违背定罪量刑的基本原则，反而唯其如此方更能实现定罪量刑上的合理性。犯罪赔偿一方面系作为行为人的积极人格表现，因

---

[1] 李文峰：《交通肇事罪研究》，中国检察出版社2008年版，第263页。

为，无论是基于真诚悔悟抑或是慑于刑罚的严厉，都体现了行为人愿与法律合作的积极态度；另一方面在客观层面能够在一定程度上抵消犯罪所造成的客观危害，因而具有减消犯罪整体的社会危害性之功能。世界多数国家的刑事立法将其作为法定从轻或减轻处罚情节之理据正在于此，而当除却该情节，行为的社会危害恰处于罪与非罪的临界区域时，行为人若积极赔偿则可能影响罪之有无，此乃赔钱免刑甚或免罪之理据所在。

在揭示赔钱减刑之理据后，最后还有必要界定犯罪赔偿的法律性质，有关犯罪赔偿的法律性质，刑法学界存在如下见解：一是认为，犯罪赔偿不具有刑罚性质，但却是一种非刑罚化的刑事责任实现方式。[1] 即认为其本质系刑事责任。二是认为，罪犯承担刑事责任，并不当然地使被害人被侵犯的民事权益得到恢复和遭受的损失得到赔偿，而赔偿损失的目的正在于此，只不过它是借助刑事诉讼程序或单独的民事诉讼程序来实现而已。[2] 三是认为，犯罪赔偿不再是一个纯粹的民法问题，因为它在本质上是有利于实现刑罚目的的，故应当作为一种惩罚制度中的"第三条道路"。[3] 笔者认为，如果把犯罪赔偿定性为纯粹的民事责任，那么其影响刑事责任的唯一依据就是因为它能够影响犯罪在客观层面的本质或者说能够在一定程度上抵消犯罪所造成客观危害，同时由于在民事侵权行为法上的损害赔偿原则是填平原则，即损失多少赔偿多少，通常不具有惩罚性。[4] 但尽管如此，这种填平还

---

[1] 高铭暄、马克昌主编：《刑法学》，北京大学出版社、高等教育出版社2000年版，第256—257页。

[2] 张晓茹：《多种法律关系引起的纠纷与诉讼程序的适用》，《河南省政法管理干部学院学报》2002年第3期。

[3] 克劳斯·罗克辛：《德国刑法学总论（第1卷）》，王世洲译，法律出版社2005年版，第55页。

[4] 采取填平原则是民法的平等原则决定的，民事主体在民事法律地位是平等的，侵权的事实不能改变当事人的平等地位，除特殊情况外，平等的当事人不能相互惩罚。参见张玉敏主编：《民法》，高等教育出版社2013年版，第536页。

是能够在一定程度上抵消犯罪所造成的客观危害,这一点应当不容置疑。故那种认为"民事损害赔偿的提起和解决从来不具有实现行为人刑事责任的意义,仅仅具有单一地解决行为人民事责任的性质"[1]实乃未全面把握犯罪之本质所致。不过,经由上述分析可知,犯罪赔偿往往不仅仅影响犯罪本质的一个层面,在并非强制赔偿的情况下,还反映出罪犯的人格,具体而言,系一种与法律合作的积极态度,因而对刑事责任产生影响,这显然是纯粹民事责任说所难以解释的。而若将其定性为纯粹的非刑罚化的刑事责任实现方式,则将无法解释犯罪赔偿何以能够通过单独提起民事诉讼的方式实现,还有即便是通过附带民事诉讼的方式实现,其主要依据还是民事诉讼法和民法的相关规定。有鉴于此,笔者认同犯罪赔偿是惩罚制度中的"第三条道路"之见解,因为,它既非纯粹的民事责任,更非单纯的刑事责任,而兼具民事责任和刑事责任的双重属性,不过整体而言,犯罪赔偿更偏向于民事责任,刑事责任之属性相对较弱。至于赔偿损失的具体量刑功能,由于其与退赃的具体量刑功能具有相似性,故笔者拟在接下来的退赃中将其与退赃的具体量刑功能一并探讨。

三、退赃

(一)退赃的概念

在我国刑法学界有关退赃的概念主要存在如下见解:(1)认为退赃是指具有非法所得财物的犯罪既遂后,罪犯本人或委托他人退还赃款、赃物的行为。[2](2)认为退赃是指在犯罪行为发生之后,刑罚执行完毕之前,犯罪分子基于自己的意志以本人名义向被害人归还或者向

---

[1] 杨忠民:《刑事责任与民事责任不可转换》,《法学研究》2002年第4期。
[2] 王育君:《退赃应规定为法定情节》,《法学研究》1996年第6期。

司法机关交出赃物，以及在赃物灭失的情况下以替代物补偿以使公私财产恢复原状的行为。[①]（3）认为退赃是一种因犯罪行为产生的民法上侵权行为之债得以赔偿的一种强制性民事责任的承担方式。[②]

笔者以为，界定作为量刑情节的退赃需要明确如下问题：（1）作为退赃的主体，应为犯罪行为人。不管是罪犯自己退赃或是委托他人退赃，并不改变退赃的主体只能是犯罪行为人。（2）在主观心态上，必须是基于自愿，即必须出于罪犯本人的意愿，而非被迫交出，这是退赃与追赃的主要区别所在，追赃是在罪犯并非自愿退还的情况下，由司法机关对赃款、赃物所进行搜查、掌控等活动。需要注意的是，在亲属代为退赃的情况下，最高人民法院《关于被告人亲属主动为被告人退缴赃款应如何处理的批复》指出"如果被告人对责令其本人退赔的违法所得已无实际上的退赔能力，但其亲属应被告人的请求，或者主动提出并征得被告人的同意，自愿代被告人退赔部分或者全部违法所得的，法院也可考虑其具体情况，收下其亲属自愿代被告人退赔的款项，并视为被告人主动退赔的款项"。即在此种情况下，退赃要成为有利于被告的量刑情节，必须是经由被告人请求。自愿退还是罪犯悔罪的表现，影响到犯罪在人格层面的本质或者说涉及罪犯人身危险性的评价。（3）在时间范围上，作为量刑情节的退赃应限于犯罪完成之后[③]，判决宣告之前，换言之，如果犯罪并未完成而尚处于犯罪过程中，将取得款物返还的行为，就不属于退赃，而可能成立犯罪中止，此外作为量刑情节的退赃也必须发生在判决宣告之前，若是发生在判

---

① 姜涛:《我国退赃制度之立法检讨与重构设想》,《新疆大学学报（哲学·人文社会科学版）》2005年第5期。
② 徐祥:《论追、退赃》,《法学》1994年第5期。
③ 有论者认为是"犯罪既遂"或者说"犯罪得逞"（依据我国刑法第23条之规定可知，犯罪既遂即犯罪得逞）之后，笔者以为，将退赃时间限于犯罪既遂之后不妥当，原因在于，犯罪既遂并不意味着犯罪已完成，例如，在绑架罪中，依据通行见解，绑架罪的既、未遂以行为人是否控制人质为标准，故在绑架勒索的案件，行为人虽然控制了人质但并未勒索到财物就还不存在所谓的退赃问题。

决宣告后,则属于减刑情节而非量刑情节了。基于以上分析,退赃当是指罪犯在犯罪完成后判决宣告前,基于自己的意愿将赃款赃物退还的行为。

在界定退赃的概念后,还有下列问题有待明确:(1)在退赃的方式上,应区分两种情形,一是若赃款、赃物没有灭失,则返还原物即属退赃;二是若赃款、赃物已灭失,如果对象是种类物,如赃款,则以质量、规格等相同的种类物替代返还,也属于退赃。而如果是特定物[1],则以相关款或物替代就不构成退赃,而属于赔偿损失。(2)明确退赃之"赃"意涵。"赃"这一法律名词很早即出现在了我国古代的典籍中,如《列子·天瑞》中就有"以赃获罪"的记载,北齐有"计赃依律"之规定,《唐律》中设置了"六赃"罪,指出"赃谓罪人所取之赃"。[2] 在我国法学理论界,有关赃的概念主要存在两种见解,一是认为赃款赃物是指进入刑事诉讼程序,与犯罪有关的款项和物品,包括违法所得的财物、部分犯罪对象和犯罪工具。[3] 另一种见解认为被用作作案工具的财物,不属于赃款赃物。因为赃的含义就是行为人通过犯罪行为所获得的不法收益。作案工具是行为人为了顺利实施其犯罪行为而投入的成本,虽然是实施犯罪行为的必要手段,但它本身不是通过犯罪行为所获得的,所以不应视为赃款赃物。[4] 笔者赞同第二种见解,主要理由在于:我国刑法第64条已明确区分犯罪所得之物和所使用之物,此外,在我国《刑法修正案(六)》通过之前,我国刑法第312

---

[1] 这里是以《民法》上有关特定物与种类物的区分为准,所谓特定物是指自身具有独立的特征,或者被权利人指定而特定化,不能以其他物代替的物,包括在特定条件下独一无二的物和从一类物中根据主体的意志指定而特定化的物,而种类物是指具有共同的特征,能以品种、规格、质量或度量衡加以确定的物(参见魏振瀛主编:《民法》,北京大学出版社、高等教育出版社2000年版,第123页)。

[2] 《中国大百科全书·法学卷》,中国大百科全书出版社1984年版,第579页。

[3] 王立华:《赃款赃物研究》,《检察实践》2001年第2期,第33页。

[4] 左卫民、吴玉馨:《略论赃款赃物的处理》,《云南法学》2000年第1期,第86页。

条的规定是:"明知是犯罪所得的赃物而……",《刑法修正案(六)》通过之后的规定是"明知是犯罪所得及其产生的收益而……",从中可以看出,"赃"应该是犯罪直接所得的财物及产生的收益,含赃物和赃款,而不包括犯罪工具在内。

(二)退赃作为量刑情节之立法考察

考察域内外立法,明确规定退赃这种量刑情节的立法并不多见,据笔者手头掌握的资料来看,只有《意大利刑法典》对此做了规定,《意大利刑法典》第62条第6项的规定,"下列情节,当不属于犯罪构成要件或者特别减轻情节时,使犯罪变得较轻:在审判前,通过赔偿损失或者在可能情况下通过返还,完全弥补了损失的;……"显然,这里"在可能情况下通过返还"指的应当就是退赃。除此之外,多数国家的刑法典都未见有单独对退赃做出的明确规定,不过,我们从它们的相关规定中还是可以得知其中包含有退赃这种情形,如《德国刑法典》第46条(2)规定:"……法院在量刑时,应权衡对行为人有利和不利的情况,特别应注意下列事项:……行为后的态度,尤其是行为人为了补救损害所做的努力。"《俄罗斯联邦刑法典》第61条第1款规定:"减轻刑罚的情节是:……(10)在犯罪之后……,以及其他旨在弥补被害人所造成的损失的行为。"《芬兰刑法典》第六条规定,"下列是降低刑罚的理由:……(2)……罪犯为了防止或者消除犯罪结果所进行的其他努力或者其为促进消除犯罪所作的努力;……"此外,我国澳门地区刑法典第65条第2款规定:"在确定刑罚之份量时,法院须考虑所有对行为人有利或不利而不属于罪状之情节,尤须考虑下列情节:……;e)作出事实之前及之后之行为,尤其系弥补犯罪之后果而作出之行为;……"通过上述国家或地区的立法我们可以得知,它们立法中所规定的"补救损害""弥补给被害人造成的损失"或者"消除犯罪结果"等,其中就包含有退赃这种情形。

虽然我国刑法第 64 条有"对被害人的合法财产，应当及时返还"之规定，但该规定因仅仅是从赋予罪犯义务的角度，且未就如果罪犯自愿甚或积极主动地履行了该义务将会给量刑带来怎样的影响未予明确，故我们不能依据该规定就断定我们的立法已经明确地将退赃作为量刑情节或者说退赃已经在刑法总则规范中上升为了法定量刑情节。不过，在我国刑法分则有关贪污罪的量刑情节中已有退赃之明确规定，我国刑法第 383 条第 1 款第（三）项规定，"个人贪污数额在五千元以上不满五万元的，处一年以上七年以下有期徒刑；情节严重的，处七年以上十年以下有期徒刑。个人贪污数额在五千元以上不满一万元，犯罪后有悔改表现、积极退赃的，可以减轻处罚或者免予刑事处罚，由其所在单位或者上级主管机关给予行政处分。"[①] 但从本规定可知，积极退赃也只是在贪污罪中的一种特定情形中（即处于罪与非罪边界区域）的法定减免情节，而非适用于整个贪污罪的法定量刑情节，换言之，退赃即便在贪污罪中也未完全上升为法定量刑情节。在司法解释方面，最高人民法院发布于 1998 年 5 月 9 日起施行的《关于审理挪用公款案件具体应用法律若干问题的解释》第 2 条规定："（一）……挪用公款数额巨大，超过三个月，案发前全部归还的，可以酌情从轻处罚。（二）挪用公款数额较大……在案发前部分或者全部归还本息的，可以从轻处罚；情节轻微的，可以免除处罚。"此外，在新刑法施行前，1992 年最高人民法院和最高人民检察院颁布的《关于办理盗窃案件具体应用法律的若干问题的解释》第 4 条中规定有："共同盗窃犯罪后，犯罪分子具有自首、立功、未成年等法定从轻、减轻或者免除处罚情节的，可以或者应当依法从轻、减轻处罚或者免除处罚；具有

[①] 现行刑法中的该规定系吸收 1988 年全国人大常委会发布的《关于惩治贪污罪贿赂罪的补充规定》第 2 条之规定而来，该条规定，"对犯贪污罪的，如个人贪污数额在 2000 元以上不满 5000 元，犯罪后自首、立功或者有悔改表现、积极退赃的，可以减轻处罚，或者免予刑事处罚，由其所在单位或者上级主管机关给予行政处分。"

坦白或者积极退赃等情节的，也可以酌情从轻处罚。"不过，在司法解释方面，对退赃作为量刑情节进行集中规定的是2014年1月1日起施行的《最高人民法院关于常见犯罪的量刑指导意见》"三、常见量刑情节"第8条之规定，此外，退赃有时也作为定罪情节影响罪与非罪，如1998年3月17日起施行的最高人民法院《关于审理盗窃案件具体应用法律若干问题的解释》第6条规定，"（二）盗窃公私财物虽已达到'数额较大'的起点，但情节轻微，并具有下列情形之一的，可不作为犯罪处理：……2.全部退赃、退赔的；……"又如2013年4月27日起施行的最高人民法院、最高人民检察院《关于办理敲诈勒索刑事案件适用法律若干问题的解释》第5条规定，"敲诈勒索数额较大，行为人认罪、悔罪，退赃、退赔，并具有下列情形之一的，可以认定为犯罪情节轻微，不起诉或者免予刑事处罚，由有关部门依法予以行政处罚：……"此类规定笔者在前文已经指出，当行为的社会危害性处于罪与非罪的临界区域时，通常情况下的量刑情节可能就会转化为定罪情节，对此应不存在解释上的困难。

（三）退赃影响量刑的依据、法律性质及量刑功能

退赃作为罪犯犯罪后的表现，与其他一些罪后情节如自首、立功、坦白、赔偿损失等一样，涉及的问题是，为何它可以影响量刑，或者说它影响量刑的根据何在。在前面解决赔偿损失的量刑根据后，该问题就已不再是难题了。当我们将退赃与其他的罪后量刑情节相比，在法律性质以及量刑功能上最相类似的无疑是赔偿损失了，二者在这两方面的共性及密切联系在于：（1）在法律性质上，根据我国刑法第64条的规定以及相关司法解释，退赃和赔偿损失都是罪犯犯罪后的法定义务，换言之，即便罪犯不愿退赃，不愿赔偿损失，法律也会强制其履行这种义务，在这一点上，它们与自首、立功、坦白等其他罪后量刑情节存在明显差异，我们知道，对于自首、立功、坦白等其他罪后

情节，我国的立法并未将它们设定为罪犯犯罪后的法定义务。①（2）赔偿损失和退赃从影响犯罪本质的角度来看，二者都能在一定程度上抵消犯罪所造成的客观危害，这也使得罪犯的悔罪表现更具有实际的内容，而悔罪表现也可以在一定程度上说明罪犯的人身危险性，即影响到犯罪行为在罪犯人格层面的本质。（3）在赃物灭失或者退赃未能完全弥补犯罪所造成的客观危害时，还往往会以赔偿损失替代或以赔偿损失作为补充。（4）二者在法律性质上都兼具民事责任与刑事责任的双重属性。或许正是基于退赃与赔偿损失在上述方面的共性，使得我们有些学者乃至相关的司法解释有时将二者合称为"退赔"。也正因如此，笔者接下来将退赃与赔偿损失之具体量刑功能一并探讨。

退赃与赔偿损失能够在一定程度上抵消犯罪所造成的社会危害，并且在司法实践中也十分常见，虽然最高人民法院发布的量刑指导意见中已经对退赃和赔偿损失已有较为明确的规定，但由于在我国刑法中并未做出规定，故二者仍然皆属于酌定量刑情节，而如前所述，我国司法实务界对酌定量刑情节的态度使得现有立法对司法实务仍未能形成较为强有力的约束，故在将来修法时可以吸纳已有的相关司法解释尤其是量刑指南的规定，将退赃和赔偿损失予以法定化。

对于退赃和赔偿损失在量刑时应当考量的因素以及减刑幅度，《量刑指导意见》做了较为详细的规定，依据《量刑指导意见》第8条的规定，退赃和赔偿损失应当综合考虑的因素有犯罪性质、对损害结果

---

① 笔者认为，立法之所以不规定罪犯在犯罪后有自首、立功、坦白等的义务，主要理由在于：依据犯罪心理学的研究，行为人实施犯罪多是因为在实施犯罪之前心存侥幸，自以为犯罪后不会被发觉，可以逃避刑罚处罚。此种心理状态支配下的罪犯在犯罪后往往都会千方百计地掩盖自己的罪行，如遁逃、毁灭罪证等，故而罪犯一旦具备此种心理状态就将不再有期待他针对已然罪行实施合法行为之可能性，刑法此时也并不会因为罪犯的此等罪后行为而加重其刑事责任，这便是刑法理论上的所谓"事后不可罚行为"，或者说，立法视罪犯未实施这些罪后行为为常态，因而以此为标本配置法定刑。此外，自首、立功、坦白等行为也不像赔偿损失和退赃那样涉及罪犯对被害人的法律责任。

所能弥补的程度、数额及主动程度等。在把握退赃和赔偿损失在何等程度上影响犯罪本质的基础上，对于这两种情节在量刑时应当考量的因素便可做到详尽无遗。如上所述，退赃和赔偿损失必然影响到犯罪在客观危害层面的本质，同时也可能影响到犯罪在人格层面的本质，据此可区分为以下情形：

（1）在犯罪的客观危害层面，对其产生实质影响的无疑是对损害结果的抵消或弥补程度。因此，在退赃的情况下，如果赃物是特定物，那么赃物的价值减损程度是必须考虑的因素，如果赃物是种类物，则退还的赃物之数额或者说是全部退赃还是部分退赃则是必须考虑的因素，而在赔偿损失的情况下，赔偿损失的数额是决定性的因素。由于赃物的退还和赔偿损失必然可以在一定程度上抵消犯罪已造成的客观危害，故即便罪犯并不积极主动，甚至在司法机关的压力下被追赃和赔偿损失的，一般也可以从宽处罚，当然这种从宽显然是相对于不退赃和未予赔偿损失的情形而言的，对此，2000年最高人民法院发布的《关于刑事附带民事诉讼范围问题的规定》第5条已予明确，该条规定："犯罪分子非法占有、处置被害人财产而使其遭受物质损失的，人民法院应当予以追缴或责令退赔，被追缴、退赔的情况，人民法院可以作为量刑的情节予以考虑。"还需要注意的是退赃与赔偿损失并用的情形，在赃物灭失或者价值减损以致无法退赃或不能全部退赃时，若罪犯赔偿了其间的差价，那么可以产生与全部退赃同样的效果，这当不存在疑义。

（2）在犯罪本质的人格层面，则罪犯退赃和赔偿损失的积极主动程度也即态度起着实质性的作用，因为态度的积极与否和罪犯的悔罪程度紧密相关，而在退赃和赔偿损失中悔罪程度又系反映罪犯人身危险性的重要因素，因而影响最终处刑的轻重。需要注意的是，判断态度积极与否往往可依据退赃和赔偿损失行为本身加以判断，除此之外，退赃和赔偿损失的时间也可作为判断依据，一般而言，案发前退赔较之于案发后退赔更为积极。当然，在犯罪行为的人格层面，还有其他因素如能力、动机等也值得考量，例如，罪犯想（全部）退赔但确实因退赔能力有限而暂时无法（全部）退赔，这与有能力退赔但却恶意隐瞒赃物或转移财产而拒绝退赔还是存在较为明显的差别，还有动机也会产生影响，罪犯是出于对受害人的同情真诚悔罪而退赔与基于为获得从宽处罚之动机还是有所不同。

（3）正如《量刑指导意见》所指出的，对于退赃和赔偿损失在量刑时也必须考虑犯罪的性质，换言之，犯罪性质不同，同等程度的退赃和同样数额的赔偿对量刑的影响可能有所不同。具体而言，犯罪所侵犯的客体越为重要或者说犯罪性质越为严重，同样的退赃和赔偿损失对量刑的影响相对而言就越小，反之则影响越大。例如，抢劫罪与盗窃罪，同等程度的退赃或相同数额的赔偿，对盗窃罪的量刑就比对抢劫罪的量刑影响更大，或者说前者的从宽幅度要大于后者，就中理由在于，已如前述，退赃和赔偿损失虽然在法律性质上兼具民事责任和刑事责任的双重属性，但整体更偏向于民事责任，而犯罪的社会危害性越严重，其受惩罚性便越强，就越不受基本不具惩罚性的民事责任之影响。

四、认罪

狭义上的罪犯认罪与已上升为法定量刑情节的自首、坦白一样，都属于罪犯犯罪后的积极态度，三者构成了广义上的罪犯认罪之基本类型。狭义上的罪犯认罪虽未上升为法定量刑情节，但其作为量刑情节已经出现在了相关的规范性法律文件中，例如，最高人民法院、最高人民检察院、司法部 2003 年 3 月 14 日颁发的《关于适用普通程序审理"被告人认罪案件"的若干意见（试行）》第 9 条和《关于适用简易程序审理公诉案件的若干意见》第 9 条均规定："人民法院对自愿认罪的被告人,酌情予以从轻处罚。"2010年最高人民检察院发布的《人民检察院开展量刑建议工作的指导意见(试行)》第9条规定:"量刑评估应当全面考虑案件所有可能影响量刑的因素,包括从重、从轻、减轻或者免除处罚等法定情节和犯罪嫌疑人的认罪态度等酌定情节。一案中多个法定、酌定情节并存时,每个量刑情节均应得到实际评价。"认罪态度是该条规定中列出的唯一的酌定量刑情节,就中说明该情节在司法实务中有着举足轻重的作用。此外,《量刑指导意见》"三、常见量刑情节的适用"第7条规定:"对于当庭自愿认罪的,根据犯罪的性质、罪行的轻重、认罪程度以及悔罪表现等情况,可以减少基准刑的10%以下,依法认定自首、坦白的除外。"

依据上述规定可知,罪犯认罪是与自首、坦白相并列的一种独立的量刑情节,故有必要在理论上对三者进行合理界分。依据我国刑法之规定,一般自首是指犯罪分子犯罪后自动投案,如实供述自己罪行的行为。对于坦白,《刑法修正案(八)》虽然已将其上升为了法定量刑情节,但却并未予以明确定义,而只做了这样的规定:"犯罪嫌疑人虽不具有前两款规定的自首情节,但是如实供述自己罪行的,可以从轻处罚;因其如实供述自己罪行,避免特别严重后果发生的,可以减轻处罚。"何谓坦白,我国权威刑法教科书的定义是,"犯罪分子被动归案后,自己如实交代犯罪事实的行为",并指出,坦白与一般自首的区别在于:自首是犯罪人自动归案,坦白则是犯罪人被动归案;自首所交代的既可以是已被发觉的罪行,也可以是尚未被发觉的罪行,而坦白所交代的则只限于已被发觉、被指控的罪行;自首的犯罪分子供述自己罪行时的态度是主动的,而坦白的犯罪分子供述自己的罪行时的态度是被动的。[①]

---

① 高铭暄、马克昌主编:《刑法学》(第六版),北京大学出版社、高等教育出版社2014年版,第270—271页。

对于自首、坦白和认罪，我国现有的研究也多集中于前两者，有关自首与坦白的区分，达成共识的是：一般自首的犯罪人是自动归案，坦白的犯罪人则是被动归案，而准自首（余罪自首）与坦白的区别是，前者是被动归案后如实供述司法机关还未掌握的本人其他罪行的行为，坦白是被动归案后如实供述司法机关已经掌握的本人罪行的行为。自首与认罪不易发生混淆，与认罪容易混淆的是坦白，因为在现有通说有关自首与坦白的区分论说中，我们似乎可以得出罪犯认罪不过是坦白的一种类型，或者说前者已为后者所包容，但这显然又不被理论和实务所接受，因此，有必要在理论上合理界分坦白与认罪。在肯定自首、坦白和认罪系三种类型不同的量刑情节的前提下，不难得知，由于自首、坦白和认罪都反映了罪犯犯罪后的认罪态度，理论和立法之所以对它们进行区分乃在于认罪态度之程度[①]有所不同。而如上所述，态度在程度上有强弱之分，具体而言，在积极与消极或者主动与被动之间有程度上的区别，正是这种程度上的差异导致了反映罪犯犯罪后态度的情节在量刑功能上的不同。当毫无疑义的是，自首、坦白、认罪以及拒不认罪，各自在认罪态度的积极性或主动性程度上是逐级递减的，而笔者认为，这也是我们对它们进行合理界分的关键所在。

由于自首、坦白、认罪和拒不认罪在认罪态度的积极性或主动性程度上是逐级递减的关系，一般自首是罪犯自动投案，如实供述自己罪行的行为，准自首（余罪自首）是罪犯被动归案后如实供述司法机关还未掌握的本人其他罪行的行为，准自首虽然归案是被动的，但在如实供述本人的其他罪行方面显然是积极主动的。准此以推，接下来的一个层级就应该是罪犯被动归案后如实供述司法机关已经掌握的本人罪行的行为，而坦白和认罪都处于这一层级中。故接下来需要做的

[①] 笔者认为，罪犯所认之罪的范围属于衡量认罪态度的指标之一，因为，如实供述司法机关尚未掌握的本人罪行与如实供述司法机关已经掌握的本人罪行，前者的积极性和主动性较之于后者显然更高。

就是在这一层级中找到能使量刑情节性质发生明显变化的原因，以此为据对二者进行区分。笔者认为，罪犯被动归案后在如实供述司法机关已经掌握的本人罪行的态度上仍然有主动与被动之别，而这正是坦白与认罪的根本区别。对此，或许有论者会认为，既然罪犯是被动归案，且知道司法机关已经掌握了其罪行，那么对此等罪行的供述也就无所谓主动了，上述我国权威刑法教科书即是持此种见解。不容否定，坦白和认罪，甚至是一般自首中最积极主动的情形（即自动投案如实供述司法机关尚未掌握的本人罪行的行为），都存在程度不同的情境压力，但情境压力的存在并不意味着罪犯的如实供述就必然是消极被动的，就中原因在于：其一，作为情境压力之一的被动归案本身并不能绝对否定如实供述的主动性，准自首便是适例；其二，司法机关掌握罪犯的罪行有一个过程，存在程度上的差异，这种程度上的差异也能为罪犯如实供述自己的罪行留下积极主动的空间。可见，罪犯被动归案且司法机关已掌握其罪行尚不足以否定罪犯如实供述司法机关已掌握的罪行的积极主动性。总之，坦白是罪犯被动归案后，主动如实供述司法机关已掌握的本人罪行的行为，而认罪则是罪犯被动归案后，被动如实供述或者承认司法机关已掌握的本人罪行的行为。如此界分，便使得自首（一般自首、准自首）、坦白、认罪与拒不认罪在认罪态度的程度上形成了最为合理的梯级关系。

还需进一步明确的是，坦白与认罪在如实供述上的主动与被动界分之具体判断标准是什么。笔者认为，态度积极或主动与否的判断由两个因素决定，即内在的意志决定与外在的情境压力。当前者占主导地位时，罪犯的如实供述就应当认定为是积极主动的，反之，则罪犯的如实供述就是消极被动的。那么在这两个因素中，如何衡量哪一因素占据主导地位呢？在学理上以及我国最高司法机关发布的规范性文件如《量刑指导意见》中，将罪犯认罪称为"当庭认罪"或是"当庭自愿认罪"，此等称谓似乎意味着坦白与认罪的区别仅在于是否进入到庭审阶段，换言之，被动归案后，尚未进入庭审阶段的如实供述司法机关已掌握的本人罪行的行为就是坦白，而一旦进入庭审阶段则只能是认罪。笔者认为，将二者做如此区分对司法实务而言虽然简单便捷，但却并非妥当。的确，随着刑事诉讼程序的推进，罪犯所受的情境压力会不断增加，但诉讼程序推进到庭审阶段所形成的情境压力还不一定能取得足以压制罪犯内在意志决定之地位，因为进入庭审阶段后被告人仍不认罪的现象并不鲜见，甚或比比皆是。笔者以为，由于法律明确禁止使用刑讯逼供或者威胁、引诱、欺骗等非法的方法取得犯罪嫌疑人、被告人的供述，那么使用合法的方式能对罪犯内在意志形成压制作用也即俗谓的击溃罪犯心理防线的是什么呢？笔者认为，应是关键证据的出示！换言之，如若司法机关在出示关键证据后，罪犯的如实供述就是被动的，就应认定为认罪，反之，若在司法机关尚未出示关键证据之前即如实供述的，就应认定为坦白。据此不难推知，如果罪犯的如实供述本身即是关键证据，那么就应认定为坦白而非认罪。何谓关键证据？我国已有研究者对该概念进行了界定，即："关键证据的具体含义，表现为以下三个方面：其一，在案件的侦查阶段，能够对侦破案件指引明确的方向。其二，对最后的定案产生决定性的影响，即：取得了该项证据，全案证据便可形成一条完整的锁链，缺少了该项证据，则整个案情事实就无法认定。其三，在控、辩双方对案情主要事实争议难决的情况下，某一证据一经查实，即足以推倒对方提出的全部证据，可据此对全案作出肯定或否定的明确结论。凡具备上述三种情形之一者，该项证据便可称之为'关键证据'。"[1] 关键证据的出示可能在立案侦查阶段，也可能在庭审阶段。

由上分析也可知，理论及相关规范性文件将作为量刑情节的罪犯认罪称为"当庭自愿认罪"是不妥当的，一则坦白与认罪之区分不在

---

[1] 崔敏：《论"关键证据"》，《公安大学学报》1991年第2期。

于是否已进入庭审,二则"自愿"意味着如实供述是主动的。因此,笔者认为,将该量刑情节直接称为"认罪"更为妥当。

在界定罪犯认罪的概念后,接下来需要探讨的是,罪犯认罪影响量刑的依据为何,罪犯被动归案且又系被动供述司法机关已经掌握的本人罪行的行为何以能够从宽处罚。笔者认为,罪犯认罪从宽处罚的依据在于:其一,与罪犯认罪相对的事实是罪犯拒不认罪,认罪与拒不认罪均反映了罪犯犯罪后之态度,态度属于罪犯人格之范畴,其对罪犯人身危险性之大小或程度产生影响,显然,相对于拒不认罪,认罪反映了罪犯较好的态度,也即其所反映的人身危险性相对而言更低,因而应从宽处罚,这是罪犯认罪影响量刑的主要依据。其二,罪犯认罪具有提高诉讼效率、优化诉讼资源、节约司法成本之程序价值。我国新刑事诉讼法第 208 条规定:"基层人民法院管辖的案件,符合下列条件的,可以适用简易程序审判:……(二)被告人承认自己所犯罪行,对指控的犯罪事实没有异议的;……"因此,罪犯认罪有助于实现诉讼程序的繁简分流,优化诉讼资源,因为,较之于普通程序,简易程序的适用无疑意味着更高的诉讼效率以及更少的司法资源投入,故这也应成为认罪从宽处罚之依据。不过,已如前述,由于罪犯认罪系被动归案及被动供述司法机关已掌握的罪行,故在从宽幅度上较之于自首与坦白应更小,《量刑指导意见》便正确地反映了三者在从宽幅度上的此等差异,根据该意见之规定,成立自首的,可以减少基准刑的 40% 以下;犯罪较轻的,可以减少基准刑的 40% 以上或者依法免除处罚;构成坦白的,可以减少基准刑的 20% 以下;而罪犯认罪的,则只可减少基准刑的 10% 以下。

有关罪犯认罪问题,尚有最后一个问题有待澄清,也即,既然罪犯认罪系从宽处罚情节,那么罪犯拒不认罪是否就应为从严处罚情节呢?对此,我国过往的理论及实务较为普遍性的看法是,法院将"拒不认罪""拒不坦白"等行为认定为重要的酌定量刑情节,对罪犯在法定量刑幅度内选择适用较重的刑罚,体现了"抗拒从严"的刑事司法政策。兼之我国新刑事诉讼法第 118 条第 1 款明确规定了"犯罪嫌疑人对侦查人员的讯问,应当如实回答",既然犯罪嫌疑人负有如实回答之法定义务,在其未履行该法定义务(即未坦白和认罪)时就应当承担相应的不利法律后果,换言之,就应当从重处罚。近年来,我国刑事法理论界有论者就此提出了质疑,指出,拒不认罪从重处罚是我国特定历史条件下的产物,如今已失去其存在的正当性,因为,拒不认罪从重处罚的做法不符合诉讼职能区分的原理,有悖于控审分离、辩护权保障以及法官中立等原则。①

的确,从程序法的视角来看,如若将犯罪嫌疑人、被告人在行使辩护权时针对讯问或指控保持沉默、提出质疑、进行反驳甚或否认的行为(在最终被判定有罪的情况下应属于不认罪的表现)予以从重处罚,无异于否定了犯罪嫌疑人、被告人所享有的辩护权。自我辩解可谓人的一种近乎本能性的行为,最先起源于自我辩解的辩护权也成为犯罪嫌疑人、被告人享有的一项最基本的诉权。可以说,诉讼中的其他权利皆因之而生或与之密切相关,若犯罪嫌疑人、被告人的辩护权得不到有效保障,那么在强大的国家机器面前,他们乃至无辜者的基本人权也势必难有保障。因此,从程序法的角度来说,犯罪嫌疑人、被告人行使依法享有的辩护权之不认罪的行为不应作为量刑情节从重处罚。而从刑事实体法的角度来说,不认罪原则上也不应成为量刑情节,就中缘由在于,由于对认罪需要从轻处罚,而"从轻"显然必须存在一个参照标准,也即量刑基准,又因在认罪与不认罪之间不存在某种中间的形态,故对认罪从轻处罚所参照的除不认罪外不可能还有其他的标准可供参照,如此,不认罪便已成为了确定量刑基准之要素,换言之,对不认罪本身也就无所谓从轻或从重处罚的问题了,适用基

---

① 郭海清:《"拒不认罪"不应成为"从重处罚"的理由》,《法学》2011 年第 12 期。

准刑即是。因此，不认罪也就无由成为量刑情节了。此外，对于新刑事诉讼法第 118 条第 1 款之规定，笔者的见解是，该规定与该法第 50 条"不得强迫任何人证实自己有罪"之规定以及第 118 条第 2 款规定的"侦查人员在讯问犯罪嫌疑人的时候，应当告知犯罪嫌疑人如实供述自己罪行可以从宽处理的法律规定"存在明显的冲突，在肯定后面两个规定之合理性的情况下，第 118 条第 1 款之规定便难具合理性了。

不过，不认罪不能成为量刑情节也不可一概而论，诚如我国台湾学者林山田先生所指出的，"行为人在刑事程序中的行为表现，亦是行为后的态度与行为的一个特别状况，惟法官不应将被告利用刑事程序所赋予的诉讼权利而行防卫的诉讼行为（按此处所指行防卫的诉讼行为，应系指缄默权之行使或消极性的否认犯行），当作不利于行为人的刑罚裁量事实，可是行为人若有计划地作有利于己的不实陈述或对真实的否认等诉讼行为，则可作为从重裁量的依据。"① 的确，不认罪的行为在现实中的表现形式多种多样，各自所反映出的不认罪的态度在程度上也往往各异，就其具体表现形式而言，除依法行使辩护权（如针对讯问或指控保持沉默或进行反驳、提出质疑乃至否认的行为）外，主要还有：销毁证据、互相串供、贿买或威胁证人、阻挠同案犯自首、坦白或认罪、大包大揽、袒护同案犯、扰乱法庭秩序、脱逃，等等。显然，那些不属于行使辩护权的不认罪行为已然超出了法律所容许的范围，若已构成相关犯罪则应数罪并罚，若不构成相关犯罪，则应将其作为从重量刑情节予以从重处罚。因此，对作为反映罪犯认罪态度的量刑情节，应以不认罪情形中的行使辩护权的行为作为量刑基准，超出行使辩护权范围的行为，便应成为量刑情节，对罪犯予以程度不等的从重处罚。

---

① 转引自刘邦秀：《被告犯态度在法院量刑上之评价》，台湾《军法专刊》第 57 卷第 1 期。

第三节　其他反映罪犯人格的酌定量刑情节

一、刑事责任能力

刑事责任能力是犯罪主体要件中的核心要素，依据禁止重复评价原则，有关刑事责任能力有无之事实是不能成为量刑情节的，不过，在行为已经构成犯罪后（以确定行为人具有刑事责任能力为前提），刑事责任能力的程度可以成为影响量刑的因素，而反映刑事责任能力程度的一些情节，如刑事责任年龄、精神状况以及重要生理缺陷等都已经被法定化，故在此对于这些已经被刑法总则和分则法定化的情节不再予以探讨。[①] 笔者在此拟探讨的是那些未被法定化的反映主体刑事责任能力程度的情节。依据与一般主体的辨认控制能力相比较，这类情节可以区分为两种：一是反映主体具有较强的辨认控制能力（即犯罪能力）的情节；二是反映主体具有较弱的辨认控制能力的情节。接下来将对二者分而论之。

（一）反映主体具有较强的辨认控制能力之情节

主体具有较之一般主体更强的辨认控制能力或者犯罪能力之情形，

[①] 不过，虽然这些情节已经为我国的刑事立法所明确，但这些都并不意味着适用时完全没有酌定的余地，以未成年人犯罪为例，虽然我国刑法第17条第3款规定，"已满十四周岁不满十八周岁的人犯罪，应当从轻或者减轻处罚"，但在这一年龄段中，主体的年龄不同，从宽幅度还是存在差别的，因为刑事责任能力乃主体的辨认和控制能力，它会随着年龄增长而不断加强，当然，进入老年后也会逐渐减弱，而辨认控制能力越强，承担的责任就越重，反之则越轻，因此，在从宽幅度上，犯罪时越接近14周岁的从宽幅度越大，反之，越接近18周岁的从宽幅度就越小。对此，《量刑指导意见》"三、常见量刑情节的适用"第1条已予明确规定："……（1）已满十四周岁不满十六周岁的未成年人犯罪，可以减少基准刑的30%—60%；（2）已满十六周岁不满十八周岁的未成年人犯罪，可以减少基准刑的10%—50%。"同理，对于老年人犯罪，犯罪时超过75周岁越多，从宽幅度也相应越大。此外，对于精神状况、重要生理缺陷等情节的适用，也应根据刑事责任能力程度的不同确定相应的从宽幅度。

一般是因主体担任某种职务、从事某种职业或者受过特殊训练所致，这类主体也因之往往具有特殊身份。在刑法理论中，主体所具有的特定身份若对定罪或者量刑发生影响，此时所构成之罪称为身份犯。身份犯又区分为纯正身份犯和不纯正身份犯，所谓纯正身份犯是指刑法规定，某种犯罪之成立以主体具有某种特定身份为必要，而所谓不纯正身份犯是指主体所具有的特定身份并不决定犯罪之成立而只影响量刑轻重的犯罪。在纯正身份犯中，由于主体的特定身份已成为主体要件成立的条件，禁止重复评价原要求，属于构成犯罪之要件（或要素）不得再作为个案量刑时的考量因素，因此，在立法已经将主体的特殊身份作为犯罪成立条件的情况下，例如，在贪污贿赂罪和渎职罪两章中，国家（机关）工作人员之身份原则上就不得再作为量刑情节。① 因此，这里探讨的是属于不纯正身份犯中的某些类型。

　　因担任某种职务或者从事某种职业而具有较之一般主体更强的辨认控制能力，此类主体也即学界所谓的业务主体，由于业务主体与"业务"直接相关，故对这类主体的认识以把握何谓业务为前提。业务为何？在中外刑法学界存在"狭义说"和"广义说"之争。"狭义说"将"业务"限于合法的职务、职业或营业，而"广义说"则认为"业务"应不限于合法性，一些非法的行为也可以成为业务行为，如我国台湾学者林山田先生认为，"所谓业务系指以反复同种类的行为为目的的社会活动，不以有特别技能始能从事的事务，或是适法的事务为限，只要实际上持续地从事特定的事务，即为已足"②。广义说是目前中外刑法理论及司法实务的通说。除此之外，对于"业务"的界定，理论

---

　　① 但在故意泄露国家秘密罪和过失泄露国家机密罪中，由于这两个罪的主体是一般主体，故在量刑时，是否具有国家机关工作人员之身份还是应区别对待，在其他情节相同的情况下，国家机关工作人员故意或过失泄露国家秘密较之不具有该身份的主体故意或过失泄露国家秘密，对前者量刑应更重。

　　② 林山田：《刑法通论》（下册），北京大学出版社2012年版，第103页。

及实务都强调其反复性和继续性,如我国台湾刑法学者高仰止先生指出:"刑法上所谓之业务,系指个人基于其社会地位继续反复所执行之业务,其主要部分之业务,固不待论,即为完成主要业务所附属之准备工作与辅助事务,亦应包括在内。"[1]《中国刑法学词典》也对"业务"做了释义,"所谓业务,并不是指行为人所从事的职业,而是指出于社会分工不同,在社会生活中反复进行的工作,即与职业、营业以及社会生活地位有关联的行为,经过反复执行而形成的一种活动,并且不管是为公还是为私、是主要还是次要的,是否有报酬或利益。简言之,业务是由职业、营业以及社会生活地位三方面因素构成的"[2]。此外,日本最高裁判所曾于判决中指出,业务"是人基于社会生活上的地位反复继续实行的行为"[3]。我国台湾地区的"最高"法院也曾在其判决中指出:"刑法上所谓业务,系指以反复用同种类之行为为目的之社会的活动而言。"[4] 除了强调业务的反复继续性外,有学者也强调业务还应当具有危险性,如我国台湾学者洪福增先生指出:"所谓业务,不仅以此工作系反复的或继续的而为一点为已足,同时,更应以此工作在社会生活上系伴随着重大的危险性,而从事于此项工作特别被要求慎重从事一点为必要。"[5]

业务是否应限于合法的职业、营业或是职务?笔者认同广义说,理由在于,我国刑法第134条规定的重大责任事故罪以及第135条规定的重大劳动安全事故罪,这两个罪的主体是典型的业务主体,但根据最高人民检察院分别于1987年7月10日和1988年3月16日发布的两个批复,"无证开采的小煤矿从业人员"和"无照施工经营者"也

---

[1] 高仰止:《刑法总则之理论与实用》,台湾五南图书出版公司1986年版,第267页。
[2] 魏克家等主编:《中国刑法辞典》,学林出版社1989年版,第214页。
[3] 木村龟二主编:《刑法学辞典》,顾肖荣译,上海翻译出版公司1991年版,第287页。
[4] 洪福增:《刑事责任之理论》,台湾刑事法杂志社1982年版,第351页。
[5] 洪福增:《刑事责任之理论》,台湾刑事法杂志社1982年版,第329页。

可以成为重大责任事故罪的主体。另外，最高人民法院于 2011 年 12 月 30 日公布的《关于进一步加强危害生产安全刑事案件审判工作的意见》第 15 条第 4 项也明确规定："以行贿方式逃避安全生产监督管理，或者非法、违法生产、作业的"应从重处罚。我国台湾地区的"最高"法院也曾于其判决中指出："刑法上所谓业务，系指以反复用同种类之行为为目的之社会的活动而言。上诉人既以驾驶此项车辆载运旧货为其业务，纵未领有执照，仍无碍于业务之性质。"[①]可见，不应将业务限于合法的业务。有关业务的特点，笔者认为，业务无论是职业、营业或是职务，无一例外都具有反复性或者继续性的特征，故业务的反复性、持续性之特点毋庸置疑。至于业务是否必然伴随着危险性？的确，现代社会乃"风险社会"之特征决定了时下不少行业、领域中的行为都具有风险性，业务行为尤其是可能进入刑法调整范围的业务行为一般都具有危险性的特征，完全不具有危险性的业务势必难以进入刑法的调整范围，故从刑法视角来观察，称业务行为具有危险性之特征也未尝不可。

业务主体对量刑的影响，学界一般限定在过失犯罪范围内对其加以探讨。对于业务主体实施过失犯罪之罪过在理论上一般称之为业务过失，而与业务过失相对的是普通过失或一般过失，并且认为，业务过失系过失的加重类型，即在量刑时较之于普通过失应承担更重的刑事责任。而理论探讨较多的则是业务过失犯罪应承担较之于普通过失犯罪更重刑事责任的依据问题，有关业务主体应承担更重刑事责任之依据，学界主要存在如下两种见解：一种见解认为，业务主体之所以承担更重的刑事责任，乃因业务主体相较于一般主体负有更高的注意义务。具体理由为，业务主体因反复继续从事其工作，故在知识及经验上，均较之通常人更为优越，且其具有较为广泛的认识或预见结果

[①] 洪福增：《刑事责任之理论》，台湾刑事法杂志社 1982 年版，第 351 页。

之能力，故应课以较之通常人更为特别重要的注意义务，因此，违反此等特别重要注意义务的业务主体，应使之承担更为重大的责任。另一种见解则认为，对于同一行为所要求之注意义务，无论是业务主体还是通常人，不存在程度上的差异，故以此为依据加重业务主体的刑事责任不具合理性，至于加重刑事责任的依据到底为何，则又有不同见解。有的基于形势政策理由认为，业务主体由于继续反复其危险行为，对其行为的警戒性会逐渐降低，因而往往懈怠其注意义务，为强化其心理，提高其警觉，刑法加重其处罚。也有的认为，业务主体具有更强的认识、预见结果之能力，故加重其刑事责任。还有的认为，业务主体过失犯罪的违法性更大，因而应加重其刑事责任。①

业务行为一般都具有风险性，为尽可能地避免对社会造成危害，相关法律、法规、规章或职业规范等往往会要求从业者在从事某项业务之前需要具备相关的专业知识和业务技能。②换言之，具备相关专业知识和业务技能就能使从业主体对业务行为的性质、可能造成的后果以及如何避免危害后果等方面都具有较为清晰的认识、较为明确的预见以及较强的控制能力，进而能够尽可能地避免危害社会结果的发生。在案件的其他情节相同的情况下，具有较强的辨认控制能力者未有效地运用自己的辨认控制能力从而导致同样危害社会结果发生的，无疑应承担更重的刑事责任。至于有论者基此进一步推论，因主体具有较强的辨认控制能力而负有更高的注意义务，甚而认为违反此等更高的注意义务之行为具有更大的违法性，在笔者看来也并无不妥。因为如前所述，对犯罪任一本质层面产生影响的情节往往会波及其他本质层面乃至犯罪行为的整体，但始终不能否定的是，业务主体承担更重的

---

① 洪福增：《刑事责任之理论》，台湾刑事法杂志社1982年版，第329—333页。
② 为了确保从业人员具有相关专业知识和业务技能，对从业人员的准入条件可能包含如下要求：具有相应的学历和职称、通过考试考核以及岗前培训等。（崔正军：《关于业务过失犯罪主体的探讨》，《法学评论》2004年第2期）

刑事责任之根本原因在于其具有较之于一般主体更强的辨认控制能力。

业务主体较之一般主体因具有更强的辨认控制能力故原本应承担更重的刑事责任，但从我国现行刑法的相关规定来看，事实却截然相反。我国刑法对于业务过失犯罪的处刑非但没有更重，反而往往比普通过失处刑更轻，例如，我国刑法第 233 条规定的是普通过失致人死亡罪，其基本法定刑为三年以上七年以下有期徒刑，而典型的业务过失犯罪如重大飞行事故罪、铁路运营安全事故罪、重大责任事故罪等，这些罪的基本法定刑却都是三年以下有期徒刑。对此，我国不少论者认为，应当提高这些罪的基本法定刑。笔者认为，我国现行刑法对于业务过失犯罪配置了较低的基本法定刑并不能说是立法上的缺陷或错误，这种业务过失犯罪较之普通过失犯罪更轻的基本法定刑配置背后也有其相关理论依据，其理论依据便是"可容许的风险理论"。

"可容许的风险理论"产生的时代背景是，伴随着工业社会的步伐，日新月异的科学技术在为人们带来巨大便利及创造巨量财富的同时也大规模地制造出各类风险，这些风险随时威胁着不特定人的生命、健康及财产安全。对此，德国社会理论家乌尔里希·贝克使用了"风险社会"一词描绘了我们所处时代的特征。社会运动既是实践性搏击的原初动力又是其表现形式，它不仅表现为社会运动，还包含建立积极的社会机制。[①] 在风险社会，"建立积极的社会机制"表现为风险应对机制之构建，其基本价值理念是"既不妨害现代化进程又不超出'可以容忍的'界限"。[②] 风险应对机制构建理论投射于法学论域就是"被容许的风险理论"，被容许的风险理论的基本内容为：随着交通工具的发达，矿山、工厂、土木建筑等规模的扩大，以及科学试验的发展，社会生活日益复杂化，各种危险行为明显增加。要维持现代

---

① 安东尼·吉登斯：《现代性的后果》，田禾译，译林出版社 2000 年版，第 118—121 页。
② 乌尔里希·贝克：《风险社会》，何博闻译，译林出版社 2004 年版，第 16 页。

化社会生活，这些危险行为是必不可少的。其要旨在于，为使现代社会生活得以维系和发展，社会对于制造风险的行为本身不应过于严苛而应抱持一种适度宽容的态度。这种宽容在刑法领域即变现为对于诸如交通肇事罪、重大飞行事故罪、铁路运营安全事故罪、重大责任事故罪等风险领域的犯罪的基本法定刑明显低于其他过失犯罪的基本法定刑。①

如前所述，业务行为往往具有危险性之特征，即多居于风险领域，故业务过失犯罪也多发生在风险领域，因此，基于可容许的风险理论，业务过失犯罪的基本法定刑配置低于普通过失犯罪并不能说是立法上的错误。不过尽管如此，也并不意味着在我国现有的立法框架下业务主体之身份就不再会对量刑发生影响，笔者认为，在我国现有立法框架下，业务主体作为量刑情节对量刑产生影响主要表现为以下几个方面：

（1）在犯罪主体是一般主体的犯罪中，当业务主体实施时，量刑时一般应当基于其业务主体之身份而从重处罚，例如，在公路交通运输中，随着汽车这种主要的公路交通运输工具的日益普及，从事公路交通运输的人员已不限于专门从事交通运输的人员（即业务主体），而且包含进入交通运输领域的社会一般公众，故交通肇事罪的主体为一般主体。但是，在交通肇事行为构成该罪后的量刑时，应当区分业务

---

① 当然这种宽容并非无条件地纵容姑息，正如德国学者雅格布斯先生所指出的："制造风险的人，虽然法律基于相对利益的考量而容许其制造风险，但是还是有义务随时控制其风险"（转引自黄荣坚：《刑罚的极限》，元照出版公司2000年版，第37页），即风险的容许附设条件，它以风险制造者随时控制风险为条件，其中具体包含：风险制造者在实施风险行为时应尽到适当注意之义务以及在已经造成危害后果的情况下防止其进一步扩大之义务。风险领域中的某些行为之所以构成犯罪乃因相关主体未尽到适当的注意义务，而防止危害结果进一步扩大之义务中就包含事故发生后应当及时报告、保护事故现场、对被害人施救等。据此也不难发现，由于立法上对其宽容的同时（即设定较之一般过失犯罪更轻的基本法定刑）附设了此般条件，故肇事者在肇事后为避免危害结果进一步扩大而实施的相关行为，如及时报告、保护事故现场、对被害人施救等，就无由再作为对被告有利的量刑情节了，否则将违反刑法禁止重复评价原则。（参见拙文：《交通肇事后的报警行为不成立自首之法理抉微》，《西南政法大学学报》2010年第1期）

主体与一般主体，因为专门从事交通运输的人员有着较之一般主体更为严格的准入条件。公安部发布的《机动车驾驶证业务工作规范》和《机动车驾驶证申领和使用规定》的相关规定，我国依据不同车型的驾驶难度和安全要求，将机动车驾驶证分为初级驾驶证（C照）、中级驾驶证（B照）和高级驾驶证（A照），驾驶小型汽车和低速载货汽车的一般主体只需申请C照即可，而若驾驶中型客车、大型货车、大型客车、牵引车和城市公交车等一般属于专门从事交通运输的人员则需申请B照或A照。申请不同级别的驾驶证具有不同的要求，申请的驾驶证级别越高，要求也越严格。还有如过失泄露国家秘密罪，当国家机关工作人员过失泄露国家秘密时，其刑事责任也通常应当重于一般主体过失泄露国家秘密。这种更为严格的准入条件或者主体所具有的特定身份使得相关业务主体对于危害结果的发生和避免都具有更强的预见能力和控制能力，因此，在案件其他情节相同的情况下，业务主体比一般主体应承担更重的刑事责任。

（2）在业务主体内部，也可能存在因分工或职位等方面的不同而对危害结果的发生与避免具有不同程度的预见和控制能力。例如，专门从事公路交通运输的人员，也会因驾驶难度和安全要求的不同而存在差别，根据《机动车驾驶证申领和使用规定》，若驾驶中型客车和大型货车需要申请中级驾驶证（B照），驾驶大型客车、牵引车和城市公交车则需要申请高级驾驶证（A照），一般要求只有在取得B照的基础上方能申请A照，大型客车、牵引车和城市公交车因驾驶难度更大、安全要求更高，使得驾驶者负有更高的安全注意义务，故违反此等义务通常应承担更重的刑事责任。此外，如医务人员，也分为医疗防疫人员、药剂人员、护理人员以及其他专业技术人员等，这些主体在不同医疗领域对危害后果也往往具有不同的预见和避免能力，构成犯罪后刑事责任也因之存在差异。总之，对于业务主体内部在量刑上的差异，应从实质上予以把握，即应从对危害结果的预见和避免能力之程度予以考量，能力越强，责任越重，反之则轻。对危害结果的预见和避免能力之程度，一般可以从担任职位、业务技术职称、从业时间[①]、专业特长等方面进行综合判断。

（3）以上讨论的都是业务主体过失犯罪的量刑问题，其实在现实中，也存在具有特定身份的人故意犯罪与一般主体故意犯罪的量刑比较问题。具有特定身份的人犯同种罪应当从重处罚，我国刑法分则在不少罪中都已对此做出明确规定。例如，国家机关工作人员利用职权犯非法拘禁罪和诬告陷害罪的，司法工作人员滥用职权犯非法搜查罪、非法侵入住宅罪、妨害作证罪和帮助毁灭、伪造证据罪的，邮电工作人员私自开拆或者隐匿、毁弃邮件、电报而窃取财物的（以盗窃罪从重处罚），等等。笔者认为，对这些主体犯罪从重处罚的主要根据仍然应是这些主体通常有着较之一般主体更强的犯罪能力，这种更强的犯罪能力主要表现在，对行为的性质和社会危害性等方面一般都具有更强的辨认能力，因而也有更为清晰的认识，即主观恶性也更大，以及在犯罪后可能具有更强的反侦察能力，故就此而言，"知法而违法，应从重处罚"还是具有一定根据的。此外，我国刑法学界在探讨作为抢劫罪的八种加重情节之一"冒充军警人员抢劫"时，往往都会论及真正的军警人员抢劫时是否也应适用该加重档次的法定刑问题，目前多数论者均持肯定态度。主要理由有："冒充军警人员抢劫"规定为法定刑升格的条件：一是因为军警人员受过特殊训练，其制服他人的能力高于一般人，故冒充军警人员抢劫给被害人造成的恐怖心理更为严重，因此易于得逞；二是因为冒充军警人员抢劫，将严重损坏国家机关的形象。然而，真正的军警人员显示军警人员身份抢劫时，不但同样具备这两个理由，而且真正的军警人员抢劫，对国家

[①] 如果没有取得相应资格，但其已进入该行业较长时间，那么这一事实仍然可以成为加重刑罚之事由，原因在于，主体在进入该行业后通过行为的反复实施一般都能获得较强的辨认和控制能力。

机关形象的损坏更为严重。① 还有论者认为，冒充军警人员的抢劫行为对于军队和警察部队形象的破坏是间接的，军警人员自身抢劫对于军队和警察部队形象的破坏是更为直接的，从主观恶性和社会影响两个方面来看，前者的社会危害性小于后者。② 最高人民法院于2016年1月19日发布了《关于审理抢劫刑事案件适用法律若干问题的指导意见》虽然对此种情形做出了解释，即"军警人员利用自身的真实身份实施抢劫的，不认定为'冒充军警人员抢劫'，应依法从重处罚"，但对于应如何具体依法从重处罚，或者说应依据抢劫罪的哪一个档次的法定刑（是基本档次还是加重档次）从重处罚，该解释并未予以进一步明确。对此，笔者认同通说之见解，一方面，真正的军警人员在显露自己身份的情况下抢劫，对于军队和警察部队形象的破坏确实更为直接、严重；另一方面，真正的军警人员因接受过正规的特殊训练，故其犯罪能力总体而言较之于冒充者通常要强很多，在行为人显露自己身份（如穿军装、警服或者告知被害人自己的军人、警察身份）的情况下，将对被害人形成更强大的心理震慑，进而能更为有力地压制被害人的反抗，因此，理所当然地应适用该加重档次的法定刑，并且还应该是在该档次的法定刑内从重处罚。③ 另外，还有如故意泄露国家秘密罪，虽然该罪的主体是一般主体，但当国家机关工作人员故意泄露国家秘密时，对其量刑通常也应重于一般主体故意泄露国家秘密之情形。

---

① 张明楷：《刑法分则的解释原理》，中国人民大学出版社2004年版，第238页。
② 刘艳红：《冒充军警人员抢劫罪之法定刑设置疏漏》，《法学》2000年第6期。
③ 由冒充军警人员抢劫所适用的法定刑档次推导出真正的军警人员显露自己的身份进行抢劫也应适用该档次的法定刑，这从法律解释方法上来说属当然解释。不过，笔者认为，如果真正的军警人员在抢劫时并未显露自己的军人身份，就不应适用该加重档次的法定刑，而只适用基本法定刑，但由于从客观上说，军人的犯罪能力较之一般人要强很多，故在适用基本法定刑时，（即便未显露）军人身份也应当作为从重情节。

（二）反映主体具有较弱的辨认控制能力之情节

尚未完全丧失辨认控制能力的精神病人是作为较为普遍性的反映主体具有较之常人更弱辨认控制能力的量刑情节，这种情节已经被法定化，故于此不予探讨。在此笔者拟探讨一种虽然不具有普遍性而只存在于个罪中但在实务中较为常见的反映主体具有较弱的辨认控制能力情节（目前尚属酌定量刑情节）的案件，这类案件即是所谓的杀婴案件。由于我国的刑事立法并未单独设定杀婴罪，杀婴行为只是作为普通故意杀人罪的特殊情形之一，现实中杀婴之缘由多端，不同的缘由可能导致对这种行为的量刑区别于普通故意杀人罪，又因杀婴行为中有多种量刑情节是反映主体的辨认控制能力的，故笔者于此拟顺带对杀婴行为可能涉及的其他量刑情节也一并予以探讨。

笔者于此探讨的杀婴行为系指生父母杀害自己所生婴儿的行为，至于生父母以外的主体杀害婴儿的行为在量刑上应与一般故意杀人罪无异，对此理论和实务盖无疑义。[①] 父母爱护自己的子女尤其是对幼年子女格外地爱护系基于天性，此等天性并不为人类所特有，而近乎普遍性地存在于动物世界中，俗谓的"虎毒不食子"即是此种天性的反映。因此，生父母杀害毫无自我保护能力的婴儿必事出有因，其原因则极可能成为影响量刑的因素。

考察西方及我国古代史可发现同样的事实，如古罗马在相当长的时期内[②]，家长都拥有对家属生杀予夺的权力，家长可以审判家庭成员，对他们有惩戒权，可以对家属进行体罚，把他们卖往外国为奴，或者

[①] 例如，2013年3月4日发生在吉林省长春市的周喜军盗车杀婴案，周喜军最终被判死刑立即执行。

[②] 在古罗马，家长对子女的生杀权一直维持到公元2世纪初年，至公元2世纪时，家长对家属已仅有一般的惩戒权，重罚必须经法院判决。君士坦丁一世时则规定，杀害儿子与杀害父亲一样论罪，科刑重于一般的杀人罪。（周枏：《罗马法原论》[上册]，商务印书馆2001年版，第151页）

予以解放、逐出家门，甚至杀戮。① 而在我国父权鼎盛的春秋时期至秦代，家父对子女都有生杀权，秦以后至唐宋，生杀权则只适用于君臣而不适应于父子之间了，即父已无权杀子了，但在处刑上还是轻于普通故杀罪，不过元、明、清的律法对于父母杀子孙相对于秦以降至唐宋时代要宽容得多，父母并非绝对不得杀子孙，除了故杀并无违犯之子孙外，杀死有殴骂不孝行为的子孙，是可以免罪的，即使非理杀死也得无罪。② 总体而言，在我国古代社会，由于受到封建纲常和宗法专制的影响，封建纲常和宗法专制的核心是严格的上下、亲疏、贵贱的等级体系，也即所谓"三纲六纪"，在这种严格的等级序列中，父母与子女的地位没有平等可言，这种等级序列也决定了父母杀子女在处刑上轻于普通故杀罪，相反，若子女杀害尊亲属则在处刑上要重于普通故杀罪。

不过，我们可以看到，在早已破除封建纲常的我国当下，司法实践中对于生父母杀婴的行为，普遍的做法仍然是对其处刑要轻于普通故意杀人罪，在过往减免处罚的主要理据消失的情况下，此等做法是否还具有合理性是法学理论研究不容回避的问题。已如前述，酌定量刑情节无非存在于犯罪本质的三个层级，即要么是反映犯罪的客观危害，要么是反映主体的主观恶性，要么是反映罪犯的人格（人身危险性）。因此，对于生父母杀婴的行为，我们接下来试图从这三个层面中探寻是否存在从轻处罚的依据。首先在行为的客观危害层面，由于人的生命是等价的，无论是婴幼儿还是成年人概莫能外。或许有论者认为，在我国堕胎是合法的，而出生是婴儿与胎儿的分界，也即婴儿最接近胎儿，故杀婴行为也将因此在违法性程度上相对于一般故意杀人罪而言更弱。对此，笔者认为，这种观点不成立，因为在现实中，杀

---

① 周枏：《罗马法原论》（上册），商务印书馆2001年版，第150页。
② 瞿同祖：《瞿同祖法学论著集》，中国政法大学出版社1998年版，第7—8页。

害不具有血缘关系的婴儿并不存在因此减轻刑事责任的问题，2013年3月4日长春盗车杀婴案即是例证。或许还有观点认为，我国实行计划生育政策以控制人口，而杀婴也可以起到与计划生育同样的效果，故据此也可以削弱其违法性。笔者认为，此种观点若能成为理由可谓荒诞至极，因为所有的故意杀人行为都可以起到与计划生育同样的效果，这样所有的故意杀人行为都应从轻处罚，如此杀婴行为与普通故意杀人罪也就不存在差别了。因此，对于生父母杀婴的行为，在行为的客观危害层面我们难以找到从轻处罚的依据。其次，单纯在行为的主观恶性层面，我们也难以找到从轻处罚的依据，相反，我们似乎还可以找到从重处罚的依据，那就是，敢于对自己的至亲，更甚者还是毫无自我保护能力的绝对弱者——婴儿——下毒手，兼之婴幼儿又是一个种族赖以延续的保障，承载着一个种族的未来和希望，故对其杀害行为之主观恶性应不小于杀害尊亲属行为之主观恶性。[1]而对于杀害尊亲属行为的处罚通常是重于普通故意杀人罪的，例如，我国台湾地区所谓的刑法典紧接第271条"普通杀人罪"之后的第272条规定了"杀直系血亲尊亲属罪"，后罪的法定刑要明显重于前罪。还有，资产阶级第一部刑法典——《拿破仑刑法典》——不仅将杀婴规定为杀人罪，而且规定死刑作为唯一的绝对确定的法定刑，该法典第302条规定："犯谋杀罪、杀尊亲属罪、杀婴罪、毒杀罪者，均处死刑；……"[2]苏联的立法精神和刑法理论也都反映出了此一观点。[3]因此，对于生父母杀婴行为是否存在从轻处罚的依据我们还必须深入行为的人格层面探寻，笔者在分析人格层面的相关基本范畴后，认为对于生父母杀婴

---

[1] 对此，相关国家的立法可提供佐证，例如，《意大利刑法典》第576条和577条是有关杀人罪应处无期徒刑的加重情节规定，其中就明确规定有"针对直系尊亲属或者卑亲属"之情形，此外，《阿根廷刑法典》第80条也有类似的规定。

[2] 萧榕主编，《世界著名法典选编：刑法卷》，中国民主法制出版社1998年版，第324页。

[3] 朱景哲：《论杀婴的犯罪性质和处罚原则》，《中国妇女管理干部学院学报》1993年第2期。

的行为可以从责任能力与犯罪动机中找到从轻处罚的依据。

责任能力即主体的辨认和控制能力,具体而言,辨认能力是指行为人具备对自己的行为在刑法上的性质、后果和意义的分辨认识能力,控制能力是指行为人具备支配、决定自己是否以行为触犯刑法的能力,或者说是控制自己不去实施犯罪行为的能力。[①] 现实中,杀婴案件有不少是因生母罹患产后抑郁症所致,此类案件文献多有报道[②],并且在单独设立杀婴罪的国家或地区,有不少将该罪限定于患产后抑郁症的妇女因其产后抑郁症而实施的杀婴行为。例如,《芬兰刑法典》第 21 章第 4 条"杀婴"规定:"因分娩而导致处于疲惫或者抑郁状态的妇女杀害自己的婴儿,应当因为杀婴被判处最低 4 个月最高 4 年有期监禁。"《加拿大刑法典》第 216 条规定:"妇女以故意之作为或不作为致其出生的子女死亡,而其作为或不作为时生产尚未完全复原或受哺乳的影响,致其情绪紊乱者,为杀婴罪。"情绪紊乱系产后抑郁的症状之一。《葡萄牙刑法典》第 136 条杀婴罪规定:"母亲在分娩时或者刚分娩后,在分娩对其所造成的精神紊乱的影响下杀害其婴儿的,处 1 年至 5 年监禁。"《新西兰刑法典》第 178 条规定:"妇女因尚未完全从生产哺乳所造成的影响中恢复过来,或因哺乳以及其他因生育所造成的精神紊乱,且在精神紊乱状态下,采用应当承担刑事责任的杀人方式杀害自己未满十周岁孩子的,按照杀婴罪判处三年以下监禁,但该行为不构成谋杀和非预谋的杀人罪。"其中的精神紊乱也应包含产后抑郁症之情形。

产后抑郁症是女性因生产所致的精神障碍中最为常见的类型,是女性生产之后,由于性激素、社会角色及心理变化所带来的身体、情

[①] 陈忠林主编:《刑法学》,法律出版社 2006 年版,第 100 页。
[②] 例如,在 1991 年至 1995 年间,天津市公安局安康医院就收治了 10 例伴有杀婴行为的产后抑郁症患者(郑春霞:《产后抑郁症的护理探讨》,《天津护理》1995 年 9 月第三卷第 3 期)。此外,我们在网络上也可以搜索到不少此类案件,其常见性也由此可窥一斑。

绪、心理等一系列的变化。典型的产后抑郁症是产后 6 周内发生，可在 3—6 个月自行恢复，但严重的也可持续整个产褥期，有的甚至持续至幼儿上学前。其临床表现为，在情绪方面，最突出的症状是持久的情绪低落，表现为表情阴郁、无精打采、困倦、易流泪和哭泣；在认知方面，患者对日常活动缺乏兴趣，对各种娱乐或令人愉快的事情体验不到愉快，常常自卑、自责、内疚，常感到脑子反应迟钝，思考问题困难，遇事老向坏处想，对生活失去信心，自认为前途暗淡，毫无希望，感到生活没有意义，甚至企图自杀；在意志方面，患者意志活动减低，很难专心致志地工作，他们想参与社交，但又缺乏社交的勇气和信心，患者处处表现出被动和过分依赖，心理上的症结在于不愿负责任。① 产后抑郁症属于精神障碍之一种类型，但精神障碍不等同于精神病，精神障碍是指大脑机能活动发生紊乱，导致认知、情感、行为和意志等精神活动不同程度障碍的总称，常见的有情感性精神障碍、脑器质性精神障碍等。精神障碍之范围要远远广于精神病，精神病只是精神障碍中的一小部分。② 由于我国现行刑法只对精神病人的刑事责任做了规定，而未对精神障碍者的刑事责任进行规定，故对于精神病患者以外的精神障碍者，在其行为构成犯罪的情况下，精神障碍这一事实就可能成为酌定量刑情节。通过上述对产后抑郁症的介绍可知，作为精神障碍之类型，产后抑郁症会使产妇的辨认控制能力减弱③，但又不至于使其辨认控制能力完全丧失，故对于产妇因患产后抑郁症而实施的杀婴行为并不免其罪，但应减轻其刑事责任。

对于生父母杀婴案件，我们还不能不考虑行为人的犯罪动机。现实中，生父母杀婴的动机主要有这样几种：重男轻女、抚养困难、顾及名誉、增加择偶机会等。在这些动机中，抚养困难、顾及名誉、增

---

① 参见维基百科："产后抑郁症"（postpartum depression），https://en.wikipedia.org/wiki/Postpartum_depression。
② 参见维基百科："精神障碍"（mental disorder），https://en.wikipedia.org/wiki/Mental_disorder。
③ 由于主观恶性（即罪过）是责任能力的征表，故在此种情形中，主观恶性也相应较小。

加择偶机会而杀婴的,多发生在单身母亲身上,有研究显示,在加拿大,单身母亲所生的婴孩只占 1977 年至 1983 年间新生儿的 13%,而在警方报道的 64 起母亲杀婴案中单身母亲却占据了 50% 以上,在其他文化中,未婚母亲杀婴的比例甚至更高。[①] 在这些动机中,顾及名誉在有的国家的立法中已有专门规定,例如,《德国刑法典》第 217 条杀婴罪规定:"(1)母亲于生产时或生产后,杀死其非婚生子女者,处三年以上自由刑。(2)情节较轻的,处六个月以上五年以下自由刑。"本罪的法定刑要轻于谋杀罪和故意杀人罪,其中主要考虑的因素中就应包含母亲的犯罪动机是顾及自己的名誉。《意大利刑法典》则对此等动机规定得更为明确,该法第 578 条(为保全名誉而杀婴)规定:"为保全自己或近亲的名誉,杀新生婴儿或生产中之胎儿者,处三年以上十年以下徒刑。为前项规定所列之人之利益参与犯罪者,亦同。其他情形处十年以上徒刑。本条规定不适用第六十一条加重之规定。"《韩国刑法典》第 251 条(杀害婴儿)规定:"直系尊亲属为隐瞒耻辱,或者预想无法养育,或者有特别值得怜悯的动机,在分娩时或者分娩后杀害婴儿的,处十年以下劳役。"《阿根廷刑法典》也同样如此,具有此等犯罪动机的主体甚至扩及产妇的亲属,该法第 81 条第 2 款规定:"母亲为了掩盖自己的丑事,在生产时或分娩后杀害自己刚出生的子女,或者产妇的父母、兄弟、配偶或者子女为了掩盖其女儿、姐妹、配偶的丑事,在本条第一款第一项所指的情况下实施前述犯罪,应当判处最高三年监禁或六个月至二年劳役。"本罪法定刑也要轻于普通杀人罪的法定刑,其主要立法依据已经明确为掩盖丑事,即基于顾及名誉之犯罪动机。此外,抚养困难、增加择偶机会之动机也具有一定程度的可谅解性,在量刑时也可作为酌定从轻情节,减轻其刑事责任。

在我国,对于杀婴案件,除了上述动机外,还绝不能忽视的是重

[①] D. M. 巴斯:《进化心理学》,熊哲宏等译,华中师范大学出版社 2014 年版,第 203 页。

男轻女之动机。我国当下重男轻女之思想还广泛存在，在我国计划生育政策的约束下，这种思想也成了为数众多的杀（女）婴案之动机，那么对于重男轻女之杀婴动机在量刑时到底具有何等量刑功能我们也不能不对此做一番审视。在重男轻女思想支配下的性别选择行为所导致的直接后果是男女性别比例失衡。根据2010年第六次人口普查数据，我国总人口的性别比为105.20，就绝对数而言，男性比女性大约多出3400万，根据历次人口普查，我国的出生性别比从1982年的108.47，上升至2005年的120.49，在2008年甚至达到120.56的最高值，已超出警戒线13个百分点。[1]可见，我国当下男女性别比已严重失衡。性别比严重失衡将产生一系列社会问题，如造成婚姻配对困难、给人口再生产带来严重障碍、婚外恋增多、离婚率上升、性犯罪滋长、拐卖妇女儿童犯罪猖獗等等。可见，重男轻女之思想付诸性别选择行为于家庭和社会都有着极大的消极的作用，故对于这种思想无疑应加谴责。现实中，通常的性别选择行为是运用胎儿性别鉴定、人工终止妊娠，当然也存在为生男孩而杀死女婴之极端情形，对于运用胎儿性别鉴定人工终止妊娠之情形，我国现行法律只处罚非法为他人进行胎儿性别鉴定者[2]，对于通过胎儿性别鉴定人工终止妊娠的孕妇不处罚，而对于为生男孩而杀死女婴的则构成故意杀人罪。接下来所要探讨的就是，杀婴之重男轻女动机是否具有可宽宥性。如若有，将减轻罪犯的刑事责任，如若无，则量刑与普通杀人罪无异甚或加重罪犯的刑事责任。

　　重男轻女之动机是否具有可宽宥性我们可以从促成此等动机之诱因中寻获答案，有关促成重男轻女思想之原因，学界已有较为全面的剖析，主要有：（1）重男轻女之观念在我国有着久远的历史，学界一

―――――――――
[1] 资料来源：第1—6次人口普查，国家统计局数据。
[2] 《中华人民共和国人口与计划生育法》第35、36条以及我国刑法第336条第2款有相关规定。

般认为，重男轻女之观念形成的原因是，古代社会是农耕社会，生产主要依赖体力，因此男性便成为家庭和社会财富的主要创造者，也因之形成一种伦理：只有男性后代才是家族的香火，男性延续和继承了家族的姓氏、祖居财产等，当然也承担着赡养父母的责任，而女性则一般要离开祖居，传宗接代、养儿防老之观念由此而来。（2）现阶段在我国大部分农村，自改革开放实行家庭联产责任制后，家庭经济功能获得强化，家庭劳动力是经济收入的主要来源，而传统的农业生产方式并未有根本性的改观，男性仍然是家庭中的主要劳动力。新形势下的"男主外、女主内"更巩固了男人在家庭中的主导地位，兼之男婚女嫁，由男性顶门立户、承担家庭养老的主要责任之风习也基本未变，以及相关社会保障体系尚不完善、保障水平也较低，于是在生育意愿和行为上表现出强烈的男孩偏好，尤其是计划生育政策使得家庭生育子女的数量减少到一定水平后，这种强烈的男孩需求便在生育行为上表现出来。[①] 养儿防老、传宗接代之思想不仅在我国农村根深蒂固，即便在经济较发达的城市也还有其市场。此外，较为普遍的重男轻女观念也会对家庭形成无形的压力，尤其是在农村，如果没生男孩就会被视为绝户，因而被人瞧不起，在家庭、村里就没有地位，因此，生男孩有时也是一种精神上的需求。

基于重男轻女动机实施的杀婴（女婴）行为是否具有一定程度的可宽宥性即可从重男轻女观念形成的原因中得知。经由上述分析可知，传统形成的路径依赖以及现实需求是现今重男轻女观念依然较为普遍存在的主要原因，传统形成的路径依赖决定了民众较为普遍的生男偏好发生也是一种精神上的需求。

基于重男轻女动机实施的杀婴（女婴）行为是否具有一定程度的

[①] 解振明：《人们为什么重男轻女?!——来自苏南皖北农村的报告》，《人口与经济》1998年第4期。

可宽宥性即可从重男轻女观念形成的原因中得知。经由上述分析可知，传统形成的路径依赖以及现实需求是现今重男轻女观念依然较为普遍存在的主要原因，传统形成的路径依赖决定了欲使民众较为普遍的生男偏好发生转向势必为一长期的过程，不可能一蹴而就。而我国现阶段绝大多数农村的生产状况、婚嫁风习以及现有社会保障水平相对较低之现实，也决定了重男轻女之观念还是有其一定的现实合理性。总之，对于重男轻女、养儿防老我们并不能简单地归结于历史，指责为落后的观念和封建残余思想，也不是通过某种途径如加强宣传教育就可以让民众在短期内加以摒弃的，养儿防老、重男轻女既有历史原因也有现实原因。因此，基于重男轻女之动机实施的杀（女）婴行为还是具有某种程度的可宽宥性[①]，在量刑时可以作为从轻处罚情节。当然，即便同是基于重男轻女之动机实施的杀婴行为在不同案件、不同地域及不同社会发展阶段，量刑时还是应有所差异。例如，在已生有男孩的情况下仍基于重男轻女之动机杀害女婴的，较之未生男孩而杀害女婴的处刑应更重。还有，由于经济的发展有助于减少家庭对男性的依赖，促进男女平等观念的形成，进而使民众形成合理的生育观念，因此，在经济欠发达地区较之于经济发达地区，或者农村较之于城市，同是基于重男轻女之动机而实施杀害女婴的行为，对前者的处刑一般应更轻[②]，而随着经济的不断发展、民众生育观念的逐渐转变以及社会保障体系的逐步完善，基于重男轻女之动机杀害女婴的，笔者认为，总体而言，对这种行为量刑的从宽幅度应逐渐减小直至与普通的故意杀人罪无区别。

[①] 至于较罕见的相反情形，即若有人基于"重女轻男"之动机实施杀害男婴的行为是否具有可宽宥性，也同样可以从分析此等动机产生的原因（如需要、诱因等）中获得。

[②] 按照我国的计划生育政策，农村独女户可以再生一个，而若已生男孩则不允许再生，这一政策鲜明地体现出国家对男孩之于农村家庭有着特殊作用这一现实的肯定，当然，这种明显不利于性别比例合理协调的政策也透露出了国家面对这种现实的无奈。

二、其他情节

如前所述,人格系行为人稳定而独特的行为模式,反映犯罪主体人格的量刑情节除了刑事责任能力外,其他情节还有:

(一)再犯

在理论上,作为量刑情节的再犯是与初犯相对的概念,应如何界定这对概念在我国刑法学界存在较大的分歧,主要存在见解有:(1)认为一般意义上的再犯,是指再次犯罪的人,不管是两次或两次以上再实施犯罪,还是是否受过刑罚之处罚,均可称为再犯。[①]或认为,再犯就是再次犯罪,犯罪次数在两次或两次以上。[②]与之相对的初犯就是第一次实施犯罪或第一次实施犯罪的人。此种见解以是否第一次犯罪作为区分初犯与再犯的标准。(2)认为"初犯,在刑法学上,是指行为人在第一次被有权司法机关以生效法律文书的形式确定有罪之前实施的全部犯罪行为。相应地,行为人在被确定有罪之后所实施的犯罪行为,当然就不是初犯,而是再犯"[③]。此种见解以是否为第一次被有权司法机关以生效法律文书的形式确定有罪作为初犯与再犯的界分标准,依此见解,即便在第一次被有权司法机关以生效法律文书的形式确定有罪之前实施了多个犯罪或者第一次被有权司法机关以生效法律文书的形式确定有罪但免于起诉或免于刑事处罚的,都认为是初犯。(3)认为再犯"顾名思义是指再次犯罪的人,也即两次或两次以上犯罪的人"。并指出,"再犯之前后两罪之间无时间限制,服刑期间或刑满释放后的任何时间里又犯罪的,均属再犯。"[④]此种观点以前面犯罪是否

---

① 高铭暄:《新编中国刑法学》(上),中国人民大学出版社1998年版,第375页。
② 周国平:《浅议再犯的刑事立法及其完善》,《学海》1997年第2期。
③ 马长生、武志坚:《初犯的刑法学界定》,《政法论坛》2005年第6期。
④ 高铭暄:《刑法学原理》(第三卷),中国人民大学出版社1993年版,第279—280页。

开始执行刑罚作为区分初犯与再犯之标准。(4)再犯是指受过有期徒刑以上刑罚处罚的犯罪分子刑满释放后又犯罪的犯罪人。[1]这种观点以前面犯罪应受有期徒刑以上刑罚处罚且刑罚已执行完毕来区分初犯与再犯。

从上述学界有关初犯与再犯的不同定义可知，分歧集中于二者界分的时间节点，当然，初犯之"初"与再犯之"再"本身即表示时间上的先后，故对二者界分之论争聚焦于时间节点也属情理之中。那么，到底应该选择哪个时间节点作为初犯与再犯的界分点呢？就字义而言"初"是指"起头，刚开始，第一次"[2]，"再"是指"又一次；（事情或行为）重复或继续"[3]。故严格从词义的角度来界定，初犯就是第一次犯罪，而再犯则是再次（即两次及两次以上）犯罪，再犯的成立与第一次所犯的罪是否已被生效的法律文书确定为有罪，或者是否开始执行刑罚，或者刑罚是否已执行完毕均无关，且由于犯罪的次数征表罪犯的人身危险性，次数的累积标示着罪犯人身危险性程度的递增。因此，无论从语义角度还是从犯罪次数所反映出的罪犯人身危险性程度之实质角度来说，对于第二次及以后的犯罪在量刑时应当将之前的犯罪作为从重考量因素，次数越多，从重之幅度就越大，故第一种见解即采取广义上的再犯定义有其合理性。

犯罪次数的累积标示着罪犯人身危险性程度的加大，进而引起量刑从重幅度的增加。不过，需要注意的是，犯罪的次数只是衡量罪犯人格或其人身危险性程度的指标之一，量刑时对再犯从重处罚的幅度最终还必须回归到作为实质的人身危险性上。因此，如果还要在广义再犯的基础上进一步区分出狭义上的再犯，我们就必须在罪犯实施的多次犯罪中继续找寻能够使罪犯人身危险性发生质变，或者说标示罪

---

[1] 莫洪宪：《论再犯制度立法完善》，《检察理论研究》1996年第4期。
[2] 辞海编辑委员会编：《辞海》，上海辞书出版社2000年版，第5101页。
[3] 中国社会科学院语言研究所修订：《新华字典》，商务印书馆1998年版，第610页。

犯人身危险性程度显著提升之情形，而这种或这些情形必将在较大程度上影响量刑，故在广义再犯的基础上进一步区分出狭义上的再犯还是具有较大的价值和意义。笔者认为，确定狭义的再犯概念，先得明确一人前后多次犯罪在现实中可能存在的情形，对此，我国台湾有学者归纳出七种情形，分别为：（1）前犯发觉前更犯他罪者；（2）前犯刑之宣告前更犯他罪者；（3）前犯裁判确定前更犯他罪者；（4）前犯裁判确定而尚未执行前更犯他罪者；（5）前犯之刑执行完毕前更犯他罪者；（6）前犯之刑执行完毕或免除后在一定期间内更犯他罪者；（7）前犯之刑执行完毕或免除后复经过一定期间更犯他罪者。[1] 笔者认为，在上述情形中，标示罪犯人身危险性发生较大幅度提升乃至产生质变之情形存在如下几种：

1. 先前的犯罪已经被有权机关宣告或确定有罪

这包括被法院判决宣告有罪以及被检察机关确定有罪但决定不起诉两种情形，至于是否实际被判处刑罚则在所不问，因为，在刑事责任的实现方式中，虽然定罪判刑是最常见、最基本的形式，但也包含定罪免刑之形式，不管是定罪判刑还是定罪免刑都是国家对犯罪行为的否定和对犯罪人的谴责。[2] 因此，之前因犯罪已被国家谴责否定的情况下仍然实施犯罪行为，体现了罪犯对刑法所保护价值的敌视、蔑视或漠视的态度，其主观恶性和人身危险性显然都要大于先前犯罪未被有权机关宣告或确定有罪的罪犯。[3] 故上述有关再犯概念的第二种见解也有其合理性。并且考诸域外立法，我们可以看到有少量国家的刑法典有关累犯的规定就将累犯发生的始期确定为先前犯罪被宣告有罪之

―――――――――

[1] 王建今：《现代刑法基本问题》，汉林出版社1981年版，第262页。
[2] 高铭暄、马克昌：《刑法学》（第三版），北京大学出版社、高等教育出版社2007年版，第235页。
[3] 我们需要注意的是这种比较所参照的对象，例如，甲因故意杀人被定罪（判刑），而后又犯故意伤害罪，显然我们不能说后罪的主观恶性和人身危险性要大于前罪，因此，后罪的主观恶性和人身危险性较大只能是相对于其他情节相同但他人系第一次犯后罪而言的。

后，例如《土耳其刑法典》第 58 条规定："在有罪裁判生效后又实施犯罪的，适用有关累犯的规定。"① 还有《喀麦隆刑法典》针对其第 88 条规定的说明中指出："犯罪人因重罪行为被判处刑罚后又实施了应当判处刑罚的重罪行为［本条第一款（a）项］，以及因重罪或者轻罪行为被判处刑罚后又实施了重罪行为或者轻罪行为的［本条第一款（b）项］，以及因轻微的犯罪行为被判处刑罚后又实施了轻微的犯罪行为的［本条第一款（c）项］。对这些不同情况，本条分三款对如何加重刑罚的规则分别予以规定。但是有一个基本的条件就是：行为人所实施新的犯罪行为只能发生在终审判决以后。"②

2. 先前的犯罪被定罪判刑并且已经开始执行刑罚

刑罚开始执行意味着罪犯已置于刑罚执行机关的羁押监管之下，在这种状态下仍然抗拒改造、实施犯罪，不仅表明罪犯犯新罪时的主观恶性大，而且表明罪犯改造难度也大，因而人身危险性较大，并且可以推知，在国家机关的监管之下尚且犯罪，在没有这种监管的情况下自然更加可能犯罪，故其人身危险性通常还大于其他类型的再犯。对于此种类型的再犯，我国刑法第 71 条采取了相对于"先并后减"更重的"先减后并"的数罪并罚方式。有的国家则将累犯发生的始期确定为前罪刑罚开始执行后，如《意大利刑法典》第 99 条（累犯）规定："对于在因某一非过失犯罪受到处罚后又实施犯罪者，可以将本应对新的非过失犯罪科处的刑罚增加三分之一。有下列情形之一的，刑罚可增加至二分之一：……（3）新的非过失犯罪是在刑罚执行期间或者之后实施的，或者是在被判刑人有意躲避刑罚的执行期间实施的……"③

3. 刑罚执行完毕或者赦免后再犯罪

此种情形由于罪犯已受过刑罚处罚，经过教育改造，却仍不思悔

---

① 《土耳其刑法典》，陈志军编译，中国人民公安大学出版社 2009 年版，第 28 页。
② 《喀麦隆刑法典》，于志刚、赵书鸿译，中国方正出版社 2007 年版，第 95—96 页。
③ 《最新意大利刑法典》，黄风译注，法律出版社 2007 年版，第 39—40 页。

改再次犯罪，同样反映出罪犯对刑法所保护价值的敌视、蔑视或漠视态度以及罪犯反社会的顽固性，故其主观恶性和人身危险性都很大，因而对新罪应从重处罚[①]，多数国家刑法典中规定的累犯便属于此种类型再犯之一种情形。从多数国家有关累犯的规定来看，一般都是在此种类型再犯的基础上进行了程度不等的限缩，如有的将前后两罪的主观罪过都限定为故意，有的在罪质上要求前后两罪都必须是重罪，还有的对初犯和再犯的时间间隔进行限定，等等。

通过以上分析可知，上述任一情形均标示着罪犯人身危险性程度的大幅提升，由于在广义再犯的基础上进一步分离出狭义再犯，其目的是为了更加合理地量刑，因此，在笔者看来，将狭义再犯设定为上述任一情形均无不可。我国刑法学界之所以在再犯概念问题上存在较大争议，主要原因在于，不少论者认为初犯是与狭义再犯而非广义再犯相对的概念，由此将原本属于（广义）再犯的类型归于初犯，进而引起初犯与再犯各自内涵及外延的变动。经由上述分析可知，狭义再犯概念到底应如何界定难有定论，故若将其与初犯相对，那么初犯概念如何也必将莫衷一是。因此，我们必须明确，初犯是与广义再犯相对的概念，狭义再犯只是广义再犯概念之下的一种类型。我们不能将

---

① 不过，在我国刑法学界，不少学者认为，除了德国等少数国家的刑法典有关累犯的规定采取的是行为人中心论的累犯概念外，多数国家的刑事立法采取的都是行为中心论的累犯概念。行为中心论的累犯概念从犯罪的直观形态——犯罪行为入手，从犯罪的次数、后罪发生的时间、犯罪的性质等客观事实作为成立累犯的决定性要素，排除犯罪人的人格、人身危险性等主观方面的特征；而行为人中心论的累犯概念则认为累犯的成立除了须具备犯罪行为的客观事实外，还特别强调罪犯的人格及其人身危险性状况等主观要素。（参见马克昌主编：《刑罚通论》，武汉大学出版社1999年版，第401—407页）笔者不认同存在所谓纯粹的行为中心论的累犯概念，理由在于，对累犯从重处罚之依据中不可能不考虑先前已犯罪之事实（如犯罪的次数、后罪发生的时间等），而这一事实若不从罪犯人格或人身危险性的角度来解释，无论如何也难以将其纳入到后罪的范围进而成为后罪之从重量刑情节。不过，不能否认的是，较之于行为中心论的累犯概念，行为人中心论的累犯概念对罪犯的人身危险性作了更为全面的审视，因而更为合理。笔者以为，犯罪行为是客观危害、主观恶性和罪犯人格（或人身危险性）三者的统一，罪犯人格或人身危险性本身也属于犯罪行为的内容，累犯当然也不例外，因此，对于累犯必须考虑罪犯的人身危险性，且其人身危险性本身也属于后罪的内容，即为后罪所包容。

狭义再犯作为与初犯相对的概念。除了上述原因外，根本原因还在于，再犯属于应从重处罚之量刑情节[①]，而如所周知，刑法分则所规定的基本法定刑是以第一次犯罪或者一次犯罪（也即初犯）为基准的，因此，如果将本应从重处罚的某些再犯归为初犯，必将导致量刑失衡。不过，将狭义再犯与初犯相对由此所引起的注定难有定论的争议也并非毫无价值，透过争议我们可以发现，这些再犯的不同概念界定都属于广义再犯中影响量刑之特殊情形，故有助于我们以更为宽广的视野来把握再犯的某些特殊类型。当然，再犯的类型并不限于上述三类，还包含着影响量刑的其他诸多类型，不同的再犯类型在量刑上往往存在较大的差异。总体而言，对再犯的量刑需要注意以下一些问题：

1. 初犯是与再犯相对的概念，对于再犯应从严处罚，但我国不少研究者就此推论得出"对于初犯应当从宽处罚"之结论，此一推论在我国甚至得到了司法解释的认可，2010年最高人民法院发布了《关于贯彻宽严相济刑事政策的若干意见》，该意见有关"准确把握和正确适用依法从'宽'的政策要求"第19条规定："对于较轻犯罪的初犯、偶犯，应当综合考虑其犯罪的动机、手段、情节、后果和犯罪时的主观状态，酌情予以从宽处罚。对于犯罪情节轻微的初犯、偶犯，可以免予刑事处罚；依法应当予以刑事处罚的，也应当尽量适用缓刑或者判处管制、单处罚金等非监禁刑。"笔者认为，由"再犯应从严处罚"得出"初犯就应从宽处罚"之推论深值商榷，原因在于，如果此等推论成立，那么从逻辑上说，再犯从严及初犯或偶犯从宽所参照的就应是同一量刑基准，显而易见，该量刑基准绝非再犯之法定刑亦绝非初犯或偶犯之法定刑，问题是，初犯系与再犯相对的概念[②]，在这一分类逻辑之下，除了初犯与再犯外，还存在何种犯罪类型呢？因此，正如

---

① 这一点，哪怕是将初犯作为与狭义再犯相对概念的研究者也不否认这一点。
② 至于偶犯到底系何等犯罪类型，笔者将在后文论及。

笔者在上文所指出的，我国刑法分则所规定的基本犯罪构成事实及其对应的基本法定刑是以第一次犯罪或者一次犯罪（也即初犯）为基准的，亦即再犯从重处罚之量刑基准就是初犯之法定刑，因此，对于初犯的处罚就无所谓从轻处罚了。

基于以上分析，笔者认为，对于最高司法机关发布的其他涉及初犯或偶犯的司法解释，应当进行重新解读，例如，最高人民法院1995年发布的《关于办理未成年人刑事案件适用法律的若干问题的解释》第3条第2项就规定："在具体量刑时，……还要充分考虑未成年人犯罪的动机、犯罪时的年龄，是否初犯，……决定对其适用从轻还是减轻处罚和从轻或者减轻处罚的幅度。"该条第4项还规定："未成年罪犯中的初犯、偶犯，如果罪行较轻，悔罪表现好，并且有下列情形之一的，一般应适用刑法第32条（现新刑法第37条）的规定免予刑事处分……"还有《量刑指导意见》也规定："对于未成年人犯罪，应当综合考虑……是否初犯……"我国有学者还据此指出："在未成年人犯罪案件中，初犯就不再是酌定量刑情节，而是法定量刑情节，是量刑时必须予以考虑的情节。"① 对于上述解释及论见，笔者的观点是，无论是成年人犯罪还是未成年人犯罪，初犯都是作为确定量刑基准的因素而不是量刑情节，对未成年初犯的处罚从宽幅度更大是以成年初犯为基准，而相对的则是未成年再犯而言的，即对于未成年人犯罪，不管是初犯还是再犯，都应当从宽处罚，只不过相对于后者（即未成年再犯），对前者（即未成年初犯）的从宽幅度更大而已，而从宽处罚的依据是未成年本身。因此，在初犯与再犯这对概念中，只有再犯才是量刑情节，初犯只是确定量刑基准之因素，本身并非量刑情节。

2. 依据不同的标准，再犯可以大概区分为以下类型：（1）根据是否构成累犯，可以分为构成累犯的再犯与不构成累犯的再犯，由于前

---

① 马长生、武志坚：《初犯的刑法学界定》，《政法论坛》2005年第6期。

者已上升为法定量刑情节，故本书所探讨的再犯集中于后者。①（2）根据罪过形式不同，可以分为故意再犯与过失再犯，一般而言，相对于所构成之罪的初犯而言，前者从重幅度更大。（3）根据再犯之罪与先前所犯之罪是否同质，可分为同质再犯与异质再犯，在同质再犯中又有连续犯和惯犯两种较为特殊的形式，对于这两种类型再犯，我国刑法理论和实务的普遍看法是不做数罪并罚处理而只按一罪从重处罚。还有，对于同质再犯，我国刑法分则存在将其上升为法定量刑情节的情况，例如，我国刑法第356条规定："因走私、贩卖、运输、制造、非法持有毒品罪被判过刑，又犯本节规定之罪的，从重处罚。"（4）前科再犯与无前科再犯，前者是指先前犯罪已被司法机关宣告或确定有罪而再犯罪的再犯，反之则为无前科再犯。前科是指曾受确定判决有罪宣告之事实，至于是否被科刑或刑罚执行与否，均不影响前科的成立。② 对于有前科再犯的量刑，《量刑指导意见》已有明确规定："对于有前科的，综合考虑前科的性质、时间间隔长短、次数、处罚轻重等情况，可以增加基准刑的10%以下。"如果先前犯罪之性质越严重，处刑越重，犯罪次数越多，那么对再犯量刑就越重，而如果再犯之罪与前科间隔时间越长，那么对再犯从重处罚之幅度就相对较小。对于无前科的再犯，应当注意的是，在实行数罪并罚之前，对构成再犯之罪（可能是一罪也可能是数罪）在量刑时都应从重处罚，从重处罚之幅度也应考虑前面所犯之罪的性质、次数、时间间隔长短等情况，但总体而言，对无前科的再犯从重处罚之幅度应明显小于有前科的再犯。

3. 如上所析，在所有再犯类型中，对量刑产生最大影响或者说从重之幅度最大的是先前的犯罪已经被有权机关宣告或确定有罪之后而

---

① 已如前述，即便是法定量刑情节也仍然存在酌定的余地，累犯也不例外，如先前所犯之罪的性质及所判刑罚之轻重、后罪与先前所判刑罚执行完毕或赦免的时间间隔、先前已构成累犯再犯罪又符合累犯条件等，都将影响对累犯的量刑。

② 张甘妹：《刑事政策》，台湾三民书局1979年版，第128页。

成为再犯之情形，具体包含三种类型，一是先前的犯罪已经被有权机关宣告或确定有罪之后刑罚执行之前再犯罪的再犯，二是刑罚执行期间再犯罪的再犯，三是刑罚执行完毕或赦免后再犯罪的再犯。

在上述三种类型的再犯中，相对而言，主观恶性和人身危险性最大的是第二种类型，故对其从重处罚之幅度本应是最大的。但在笔者看来，由于我国刑法第71条之规定，刑法已对此种情形采取了相对于"先并后减"更重的"先减后并"的并罚方式，而这种更重的处罚方式之依据与再犯应从重处罚之依据完全相一致，依据禁止重复评价原则，适用前者就不得再适用后者，否则便有违禁止重复评价原则。因此，对于此种类型的再犯在量刑时不应将再犯作为从重处罚情节予以从重处罚，换言之，此种情形的再犯之罪虽属于再犯之类型，但在量刑上却应与初犯之罪无异。①

上述第一种类型中，又包含：被人民检察院确定有罪而免于起诉释放后再犯罪之再犯，经由人民法院审判被确定有罪但免于刑事处罚释放后再犯罪之再犯，以及在确定有罪之后但未及交付执行或者释放之前处于司法机关羁押状态下再犯罪之再犯。在这三种类型中，无疑最后一种再犯的主观恶性及人身危险性相对而言要大，并且由于也是处于司法机关的羁押监管状态下犯罪，如果属于在确定有罪之后但未及交付执行刑罚期间再犯罪的再犯，则其主观恶性和人身危险性程度

---

① 《量刑指导意见》规定："被告人犯数罪，同时具有适用于各个罪的立功、累犯等量刑情节的，先适用该量刑情节调节个罪的基准刑，确定个罪所应判处的刑罚，再依法实行数罪并罚，决定执行的刑罚。"由于该规定使用"等量刑情节"之用语，"等"于此显然应表示不完全列举，又因"量刑情节"包含法定量刑情节及酌定量刑情节，还有2010年最高人民法院曾发布《人民法院量刑指导意见（试行）》，其中规定有："对于同一事实涉及不同量刑情节时，不重复评价。"虽然后来的《量刑指导意见》删除了这一规定，但在笔者看来，该规定并无问题。而将此种类型的再犯作为从重处罚情节与采用处罚更重的"先减后并"之并罚规则并不属于"同一事实涉及不同量刑情节"，因此，该解释明显然未排除此作为酌定量刑情节的再犯类型，亦即，对此种作为酌定量刑情节的再犯类型也应调整再犯之罪的基准刑，但如上所析，若作如此处理就将违反禁止重复评价原则，因此，笔者认为，对于此种类型的再犯的量刑应当作为一个例外。

与刑罚执行期间再犯罪的再犯应该基本相当，因而从重处罚之幅度也应相当。而如果属于被人民法院确定有罪但免于刑事处罚在释放之前再犯罪之再犯，那么对其从重处罚之幅度要大于被确定有罪但免于起诉或者免于刑事处罚释放后再犯罪之再犯。

对于上述第三种类型的再犯，也即刑罚执行完毕或赦免后再犯罪的再犯，此种类型的再犯中包含着一种特殊类型的再犯，那就是累犯，由于累犯属于再犯之特殊类型，故对其量刑只适用刑法第65、66条之规定，而不得再将其作为一般再犯从重处罚。由于刑罚执行完毕或赦免后再犯罪的再犯属于有前科再犯之一种类型，故对其从重处罚之幅度也应综合考虑先前犯罪的性质、时间间隔长短、次数、处罚轻重等情况。

4. 最后还需澄清一个与初犯、再犯相关的概念——偶犯。可以看到，偶犯概念不仅出现在一些研究者们的论著中，而且也出现在了我国最高司法机关发布的规范性文件中，如最高人民法院1995年发布的《关于办理未成年人刑事案件适用法律的若干问题的解释》第3条第4项规定："未成年罪犯中的初犯、偶犯，如果罪行较轻，悔罪表现好，并且有下列情形之一的，一般应适用刑法第32条（现新刑法第37条）的规定免予刑事处分……"在学理上，偶犯被界定为"未形成犯罪恶习或不以犯罪为常业的罪犯"，或是"平时表现较好，偶尔一次失足陷入犯罪之罪犯"。[①] 虽然在理论和司法实务中对偶犯和初犯存在不同的认识，但有一点已达成共识，那就是，偶犯与初犯在量刑待遇上并无差别，认为一般应从宽处罚。就此而言，有关偶犯概念的第一种界定便不具合理性，因为据此无法将再犯排除在偶犯概念之外。偶犯概念的第二种界说将偶然性及犯罪次数（一次）作为其特征，循此逻辑，与偶犯相对的概念当具有必然性且多次的特征。但是，若果真存在这

[①] 吴寿生：《刑事法律文书中不宜用"初犯"、"偶犯"的提法》，《人民检察》1996年第7期。

样一对概念，那么我们就得首先区分偶然性与必然性，可经验和常识告知我们，看似偶然的背后无不隐藏着必然性，现实中根本就无独立存在、自为运行的偶然性，因此，偶犯的所谓偶然性对于识别与其相对的概念并无任何实践意义和价值。而若将犯罪次数作为偶犯和与之相对概念区别的标志，则如前述，此时所谓的偶犯事实上就完全等同于初犯。综上所析，所谓的偶犯与初犯实质是同等意义的概念，但因偶犯概念自然使人联想到的是必然犯罪，如此势必陷入如何区分偶然性与必然性的无谓论争，有鉴于此，笔者不主张使用偶犯的概念，当然更不认同如上述司法解释那样将偶犯视为异于初犯的犯罪类型。

（二）犯罪人的品行

根据《辞海》的释义，品行是指"个人在活动中表现出来的具有一贯性的品性和行为方式的总和。……是衡量个人道德面貌的客观标志"[①]。品行也是伦理学的范畴之一，在伦理学中，品行是指"一个人的具有道德意义的、在相当长时间内在固定的或变化的条件下所作出的行为的总和"[②]。由此可见，由于品行是主体一贯性的品性和行为方式的总和，故无疑也是反映主体人格的因素之一，而当主体实施犯罪时，其品行往往对量刑发生影响。对此，《韩国刑法典》第51条（量刑条件）规定："量刑应参酌下列事项：1.犯罪人的年龄、性格品行……"《阿根廷刑法典》第41条规定："为了执行上一条款，应当考虑下列因素：……2.罪犯的年龄、受教育程度、品行和一贯表现……"《奥地利联邦共和国刑法典》第34条（特别的减轻事由）规定："……迄今为止生活正派，应受刑罚处罚的行为与其他行为显然格格不入的；……"《美国模范刑法典》第七·一条第2款规定："下列所定事

[①] 辞海编辑委员会编：《辞海》，上海辞书出版社2000年版，第2093页。
[②] 伊·谢·康：《伦理学辞典》，王荫庭等译，甘肃人民出版社1983年版，第294页。

由，虽不拘束裁判所之裁量，但应被考虑为保留拘禁刑之宣告之有利的情状。……（7）被告无非行或犯罪活动之前历，或在实行现在之犯罪以前相当期间内，度其遵守法律之生活。"[1] 我国台湾地区所谓的刑法典第 57 条（刑罚之酌量）也规定："科刑时应以行为人之责任为基础，并审酌一切情状，尤应注意下列事项，为科刑轻重之标准：……五、犯罪行为人之品行……"

品行因系个人道德面貌之标志，故从评价结果来看，品行存在良好（或端正）、不良（或不端）及中性三种情形。需要注意的是，虽然主体品行的评定可能因主体的身份或者其所从事职业的不同而有不同的具体表现，例如，同是品行良好，学生、社会一般从业者、国家公职人员的表现就存在一些差别，但总体而言，品行的评定应主要着眼于主体的为人处事及对相关规范（如法律规范、职业规范、道德规范等）的遵守程度方面。

品行良好的表现主要有邻里关系融洽、遵纪守法、尊重社会公德、敬业乐群、乐善好施、诚实守信等。由于品行是衡量个人道德面貌的标志，故对其进行评价的主要依据无疑是道德规范，故品行不良必须是行为违反了道德规范，品行不良的程度乃违反道德规范的程度。衡量指标通常有：行为违反规范的频次，是经常性的违反还是偶尔违反；违反规范行为之动机，是基于善良的动机还是邪恶的动机；违反规范的性质，如所周知，法律乃道德的底线或最低限度，因此违反法律规范一般可视为严重违反了道德规范，详言之，先前有过违法行为在量刑时较之于仅仅有违反道德规范的行为更重。违法行为也有民事违法、行政违法和刑事违法等类型，违法性程度也依次递增，其中刑事违法最为严重，对其量刑前文已述。在品行评价中，除了品行良好及品行不端两种评价结果外，还存在品行中性的情况，也即俗话说的不好不

---

[1] 萧榕：《世界著名法典选编刑法卷》，中国民主法制出版社 1998 年版，第 57 页。

坏情形，这种情况可能表现为，一是主体在现实生活中既不见其有何行善之举，也不见其有明显违反道德规范的行为，二是行为人在现实生活中既有不端行为也有行善之举，正负价值抵消而整体呈现为中性。需要注意的是，有关罪犯品行的评价，有一重要的参考因素不容忽视，那就是其周遭民众的评价，由于周遭民众在日常生活中与罪犯接触交流较多，故对其品行通常有一个较为全面的把握。

在品行评价的三种结果中，品行中性应该是最为普遍的情形，原因在于，良好的品行属于高阶伦理价值，常人难以企及，而不良品行又为多数人所不齿，故社会公众多数都持守中庸之道。由于品行中性系常态，故此种情形应是作为确定量刑基准的因素，或者说作为量刑之基准，换言之，对于品行良好与不端的量刑应以其作为参照分别予以从轻和从重处罚。

第三章 反映罪犯主观恶性程度的酌定量刑情节

反映主观恶性程度的因素乃行为心理过程层面的三个因素，也即知、情与意，或者说认识因素、意志因素及情绪情感因素。理论通说认为，认识因素与意志因素系主观要件之要素，对定罪产生影响，但不难得知，在充足犯罪构成要件的前提下，剩余之认识和意志内容将对量刑产生影响。本章中，笔者拟将探讨的即是作为量刑情节的认识、意志及情绪情感。

第一节 反映认识与意志程度的酌定量刑情节

在故意犯罪以及过于自信的过失犯罪中，认识因素和意志因素是主观要件中的必备要素，除了对定罪具有决定性影响外，这两个因素也对确定犯罪主体之主观恶性程度也有着重要影响，换言之，对量刑也起着重要的作用，本节内容即从量刑角度，探讨认识内容和意志内容对量刑的具体影响。

一、认识与意志之内容确定

认识因素和意志因素对量刑的影响程度与认识和意志之程度直接

相关，而认识和意志之程度又由各自的内容所决定，因此，探讨认识因素和意志因素对量刑的影响确定认识与意志之内容至关重要。

（一）犯罪故意的认识与意志内容

犯罪故意的认识因素与意志因素之内容为何？我国刑法第14条规定："明知自己的行为会发生危害社会的结果，并且希望或者放任这种结果发生，因而构成犯罪的，是故意犯罪。"依据该条之规定可知，犯罪故意当是指明知自己的行为会发生危害社会的结果，并且希望或者放任这种结果发生的心理状态。据此可知，犯罪故意的认识因素包含以下三部分内容，其一是自己的行为，其二是危害社会的结果，其三是自己的行为与危害社会的结果之间的因果关系。此外，行为作为客观存在之事物，其必须通过物质载体表现自己，行为赖以表现自己的物质载体包含：行为对象和用以作用于对象的客观条件，也即行为的手段或方法，以及行为对象在客观条件作用下所发生的状态改变，也即行为的后果。

其一，认识自己的行为。虽然，人的行为系主客观的统一体，但作为主体主观认识对象之行为，只能是行为客观层面的相关事实，而一般不包含相关的心理事实，如责任能力、动机、认识本身、意志以及情绪情感等，此外，由于认识的内容是"自己的行为会发生危害社会的结果"，故从逻辑上说，这里"自己的行为"当不包含"危害社会的结果"。据此，作为犯罪故意认识内容的"认识自己的行为"应具体包含：（1）对行为对象存在状态的认识；（2）对用以作用于行为对象的客观条件（即手段或方法）之自然属性的认识。这里的行为对象除了犯罪对象外还包含其他对象，其中，对犯罪对象的某种特定状态及对手段（或方法）的某种特定性质的认识属于主观要件之要素，对犯罪对象和非犯罪对象及手段（或方法）的其他认识，则可能成为影响量刑的情节。例如，在故意杀人罪中，认识到对象是具有生命的人和手段（或方法）具有致人死亡之性质是杀人故意必备之认识因素。而除此之外，若还认识到对象其他特征如怀孕，或非犯罪对象的其他对象，如放火烧死住独栋房屋的独居被害人，此时被害人居住的房屋便属于犯罪对象以外的行为对象，或者认识到致人死亡的手段（或方法）性质特别残忍，如使用的是杀伤力很大的工具，换言之，超出构成犯罪所必需的认识能够反映主观恶性程度的事实便成为量刑情节。

其二，认识到自己的行为会导致危害社会的结果。作为犯罪故意必备的危害社会结果的认识，应是指认识到犯罪对象受到客观条件作用后所呈现的特定状态。而对犯罪对象的改变超越该特定状态及对非犯罪对象的状态改变之认识（或应该认识）则不影响特定罪故意的成立，但影响罪过之程度。例如，在伤害故意中，必须认识伤害行为会导致他人伤害的结果，否则便不属于伤害之故意，至于对伤害过程中可能导致的其他后果的认识，则反映主观恶性之程度。不过，不管是作为犯罪故意之必备的认识因素还是超出该认识范围的认识，其内容中都应当包含社会危害性认识，即必须认识到犯罪行为导致的行为对象的状态改变是违反国家法律或是违背社会基本行为规范的，或者说，认识到这种状态改变是有害的或规范所不允许的。否则，缺乏该内容将阻却故意成立进而影响定罪，当然也将使得主观恶性程度的减少乃至消失进而对处刑产生影响。

确定犯罪故意的意志内容首先得确定何谓意志。在心理学中，意志是"人为了一定的目的，自觉地组织自己的行为，并与克服困难相联系的心理过程"[①]，或者是指"一个人自觉地确定目的，并根据目的来支配和调节自己的行动，克服种种困难以实现预定目的的心理过程"[②]。意志与目的直接相关，而目的又是在认识的基础上产生的，同

---

① 黄希庭：《心理学导论》，人民教育出版社1991年版，第549页。
② 叶奕乾、何存道、梁宁建：《普通心理学》（第四版），华东师范大学出版社2010年版，第225页。

时，意志又与意志行动紧密结合，表现为支配和调节自己的行动、克服种种困难以实现预定目标的过程。为达预定目标，准备越充分、计划越周详及对客观条件的控制越有力，就越能克服与预定目标相矛盾的障碍，进而越能达到预定的目标。根据我国刑法第14条之规定，犯罪故意的意志因素[①]是"希望或者放任危害社会结果的发生的心理状态"。作为直接故意的意志因素之"希望"是指行为人在明确认识客观条件的性质、行为对象的特定存在状态及行为后果属性的基础上形成犯罪目的，通过意志控制着客观条件作用于行为对象，积极地追求危害社会后果发生的心理状态，伴随这一心理过程的是克服困难、排除障碍的积极意志行动。作为间接故意的意志因素之"放任"，则是指行为人在实施追求其他目的或者无明确目的的行为时，明确认识到其所实施的追求其他目的或无明确目的的行为所依赖的客观条件也可能作用于行为对象，进而导致危害社会结果发生的前提下，不设法停止实施追求其他目的或无明确目的的行为，或者改变客观条件之指向，而仍然抱持听之任之、发不发生无所谓的心态，继续按照已有的认识行事，最终导致危害社会后果发生的心理过程。需要注意的是，作为犯罪故意意志因素的"希望"或"放任"都与意志行动密不可分，脱离外在的意志行动，"希望"或"放任"不能成为犯罪故意之意志因素。

（二）犯罪过失之认识与意志内容

我国刑法第15条规定："应当预见自己的行为可能发生危害社会的结果，因为疏忽大意而没有预见，或者已经预见而轻信能够避免，以致发生这种结果的，是过失犯罪。"据此可知，犯罪过失包含两种法

[①] 虽然，在心理学中，意志与目的直接相关，但我国刑法理论还是认为，在间接故意中，行为人追求的是其他目的或是无目的，但仍然一致认同"放任"系间接故意的意志因素。

定类型，即疏忽大意的过失（或称无认识的过失）和过于自信的过失（或称有认识的过失）。由于疏忽大意的过失对自己行为的性质及造成的危害社会的后果都没有认识，对其追责的原因是行为人有认识自己行为会发生危害社会结果之法律义务及能力，却粗心大意没有发挥自己的主观能动性以正确地运用自己的认识能力和认真履行自己的预见义务，最终导致了危害社会结果的发生。由于缺乏认识因素及意志因素，要求主体承担刑事责任的心理依据系其具有责任能力及态度，而如前所述，责任能力和态度属人格中的基本范畴，对此，笔者已在前一章刑事责任能力及态度对量刑的影响中进行了探讨。因此，在这里只探讨过于自信过失之认识与意志内容。

过于自信过失是指行为人对于自己的行为所造成的危害结果，在行为时已经预见但轻信能够避免的心理状态。过于自信过失的认识因素是已经预见自己的行为可能导致危害社会的结果。其具体内容与犯罪故意的认识因素相似，具体包含：对行为对象存在状态的预见；对用以作用于行为对象的客观条件（手段或方法）之自然属性的认识；预见到自己的行为会导致危害社会的结果。不过，在过于自信的过失的认识因素中，除了认识到上述内容外，更认识到了避免危害结果发生的相关主客观条件，进而认为行为导致危害结果发生的可能性较低或不大，这也是过于自信过失认识因素之"已经预见"与犯罪故意认识因素之"明知"的本质区别所在。作为过于自信过失意志因素之"轻信"，是指虽然行为人已经预见到自己行为可能导致危害社会的结果，但却轻率地相信相关主客观条件能够避免该危害结果的发生，进而仍然实施其行为，最终导致了危害社会结果的发生。危害结果之所以发生，行为人一方面过高地估计了避免危害结果发生的主客观条件之作用，另一方面则过低地估计了自己行为导致危害结果的可能性。

二、罪过程度影响量刑之立法考察

行为人的罪过程度或称为主观恶性程度，其主要通过认识因素和意志因素体现。[①] 犯罪主体认识及意志程度如何对量刑产生重要影响，这已为不少国家和地区的立法所明确肯定，主要有：《德国刑法典》第46条（量刑的基本原则）规定："（1）行为人的罪责是量刑的基础。……（2）法院在量刑时，应权衡对行为人有利和不利的情况。特别应注意下列事项：……行为所表露的思想和行为时的意图，……""罪责"构成了量刑的基础，其中当然的包含了行为的主观要素。[②]《奥地利联邦共和国刑法典》第32条（量刑的一般原则）第3款规定："行为人……对其行为考虑越成熟，准备越充分，或者在实施时越无所顾忌的，量刑越严厉。"《葡萄牙刑法典》第71条（刑度的确定）第2款规定："在确定刑罚的数量时，法院应当考虑对行为人有利或不利的不属于构成要件的所有情节，尤其必须考虑下列情节：……b）故意或过失的严重程度；……"《希腊刑法典》第79条第2款规定："法院在评价犯罪的严重程度时，应当考虑……c）行为人故意的强度或者过失的程度……"《阿尔巴尼亚共和国刑法典》第47条规定："法院在量刑时应当考虑……罪过程度以及减轻情节和加重情节。"《匈牙利刑法典》第80条第1款规定："对于刑罚应在本法律中规定的框架内，考虑……罪过程度……以及其他减缓或加重条件为基准加以判处。"《塞尔维亚共和国刑法典》第27条规定："如果犯罪行为造成了更加严重的危害后果，并且法律为此规定了更加严厉的刑罚，如果行为人对此更加严重的危害后果出于过失的心态以及行为人对此后果出于故意的心态而

[①] 主观罪过或主观恶性程度通过认识、意志以及情绪情感三方面体现，但集中体现于前两个因素中，情绪情感因素对量刑的影响笔者将在下一节中予以探讨。

[②] 汉斯·海因里希·耶赛克、托马斯·魏根特：《德国刑法教科书》，徐久生译，中国法制出版社2001年版，第1047—1060页。

此后果并非其他犯罪的构成要件,则行为人有可能因此而承担更加严厉的刑事处罚。"《黑山刑法典》第 17 条也有类似的规定。《俄罗斯联邦刑法典》第 63 条(加重刑罚的情节)第 8 款规定:"对犯罪人明知正在怀孕的妇女以及对幼年人、其他没有自卫能力或孤立无援的人实施犯罪或者对依赖从属于犯罪人的人实施犯罪。"《塔吉克斯坦共和国刑法典》第 62 条规定:"加重情节包括了:……E 故意领用患有精神疾病的人实施犯罪,或控制处于麻醉状态的人、未成年人实施犯罪;G 明知受害人是孕妇而实施犯罪的,对未成年人、处于无助状态的人、依赖被告人的人实施犯罪的;N 对父母实施故意犯罪。"《不丹刑法典》第 24 条规定:"量刑的加重情节包括:……c)被告人明知会对他人造成极大死亡威胁或严重人身伤害的;……"如此等等。

三、罪过作为量刑情节之适用问题

作为罪过内容的主观要件[①]乃犯罪成立的必备条件[②],而主观要件中又包含认识和意志两个必备要素,认识与意志也因之成为反映罪过的两个最为常见也是最为重要的因素。罪过何以能影响量刑?原因在于,罪过在特定情形中决定着行为的性质,而根据辩证法之质量互变规律,事物的发展存在质变与量变两种状态,质变以量变为前提,质变之后又将产生新的量变,故凡能对定性产生影响的东西也必然会对定量产生影响。因此,罪过在决定行为构成犯罪后,其程度仍然会对量刑产生影响。接下来笔者将从认识和意志的角度,探讨作为量刑情节之罪过在适用中需要注意的问题。

[①] 在笔者论证体系中,罪过与主观要件的关系是:罪过乃犯罪主体的具体心理状态,而主观要件则是罪过中影响行为定性的那部分内容。

[②] 其法律依据是我国刑法第 16 条之规定:"行为在客观上虽然造成了损害结果,但是不是出于故意或者过失,而是由于不能抗拒或者不能预见的原因所引起的,不是犯罪。"

其一，根据刑法禁止重复评价原则，作为犯罪构成要件的事实不能成为量刑情节，罪过中包含了犯罪成立要素，因此，作为量刑情节的罪过应当是剔除犯罪主观要件事实后剩下的能够反映认识和意志程度的事实。例如，在一些罪中，如拐卖妇女、儿童罪，组织残疾人、儿童乞讨罪，组织未成年人进行违反治安管理活动罪等，构成这些罪要求主体必须认识到对象是妇女、儿童、残疾人或者未成年人等。而众所周知，这些人都属于弱势者，认识到是弱势者仍然加以侵犯，似乎反映出了主体更大的主观恶性，但事实上，由于这些对象都是构成这些罪的主观认识及意志因素所必须，故不能再作为量刑情节，否则，要么使得从重处罚将失去参照标准①，要么违反了刑法禁止重复评价原则。

其二，反映认识与意志程度的量刑情节在量刑时应遵循的原则是，认识越明确，意志越坚定②，主观恶性就越大，从重处罚之幅度也越大，反之，则主观恶性越小，从重处罚之幅度也越小。基于该原则，我们有必要对罪过的不同类型详加剖析，以揭示它们内部处刑上的差异。根据我国刑法第14、15条之规定，罪过包含两种类型，即犯罪故意和犯罪过失，而犯罪故意又包含直接故意和间接故意，犯罪过失则包含疏忽大意的过失和过于自信的过失。接下来将分别探讨它们在处刑上的差异。

就犯罪故意而言，直接故意与间接故意无论在认识还是意志方面都存在差异。首先在认识内容方面，在直接故意中，行为人"明知自己的行为会发生危害社会的结果"既包含明知自己的行为"可能会"导致危害社会的结果，也包含明知自己的行为"必然会"导致危害社会的结果，而在间接故意中，通说认为，行为人"明知自己的行为会

---

① 因为若有参照标准，对象只能是那些非弱势者，而针对非弱势者实施相应的行为又不构成这些罪甚至不构成犯罪，因此，若将这些对象作为从重量刑情节于理不通。

② 由于意志因素系核心，故意志集中体现了主观恶性之程度，因此，如果计划越周密，追求犯罪目的越积极固执，克服的障碍越多，意志便越坚定。

发生危害社会的结果"只包含明知自己的行为"可能会"导致危害社会的结果，而不包含"必然会"之情形[①]。其次在意志内容方面，如上所述，直接故意是一种希望的态度，所谓"希望"是指行为人在明确认识客观条件的性质、行为对象的特定存在状态及行为后果属性的基础上形成犯罪目的，通过意志控制着客观条件作用于行为对象，积极地追求危害社会后果发生的心理状态。伴随这一心理过程的是克服困难、排除障碍的积极意志行动。间接故意的意志是一种放任的态度，所谓放任是指行为人在实施追求其他目的或者无明确目的的行为时，明确认识到其所实施的追求其他目的或无明确目的的行为所依赖的客观条件也可能作用于行为对象进而导致危害社会结果的前提下，不设法停止实施追求其他目的或无明确目的的行为，或者改变客观条件之指向，而仍然抱持听之任之、发不发生无所谓的心态，继续按照已有的认识行事，最终导致危害社会后果发生的心理过程。

通过上述对犯罪故意认识因素以及意志因素的区辨，本着认识越明确意志越坚定，主观恶性越大，进而处罚越重之原则，可知，首先，在直接故意的认识内容中，包含明知自己的行为"可能会"造成危害社会的结果与明知自己的行为"必然会"造成危害社会的结果两种情形。在认识的明确性程度上，后者明显高于前者，故后者的主观恶性程度更大，处罚相对也更重。其次，直接故意之意志由于是一种积极追求危害社会结果的发生，故相对于间接故意的听之任之、发不发生无所谓的意志状态而言，前者与刑法所保护的价值之对立程度显然要高于后者，故其主观恶性更大。在其他情节相同的情况下，对直接故意犯罪的处罚应比间接故意的处罚更重。最后，笔者认为，犯罪故意在理论上的一种分类对量刑有意义，那就是预谋的故意与突发的故意，

[①] 笔者认同通说之见解，原因在于，作为间接故意意志因素的"放任"系一种听之任之、发不发生无所谓的心态，这种心态决定了在行为人的认识中，行为与危害结果之间的联系只能是一种或然性的联系，而不能是必然性联系，否则就无所谓发不发生之心态了。

所谓预谋的故意，是指行为人几经筹虑而始决意实施犯罪行为，或决意后又经过深思熟虑始再着手实施犯罪行为，突发的故意亦称为无预谋的故意，是指行为人因一时受刺激，突然决意实施行为。① 预谋的故意由于经过深思熟虑甚至周密筹划而形成，故其主观恶性要明显高于突发的故意，处刑也应更重。对此，《法国刑法典》第221—1条规定："故意致他人死亡之行为成立故意杀人罪。故意杀人罪处30年徒刑。"第221—3条第1款规定："有预谋地故意杀人为谋杀。谋杀罪处无期徒刑。"我国刑法有关故意杀人罪的规定没有区分普通杀人罪和谋杀罪，但现实中，对这两种类型的故意杀人行为在量刑上应当有所区别，在其他故意犯罪中，也应同样如此。

依据我国刑法第15条之规定，犯罪过失也包含两种法定类型，即疏忽大意的过失和过于自信的过失。疏忽大意的过失又称为无认识的过失，而无认识也就无所谓意志，因此，疏忽大意的过失犯罪在心理过程层面的认识因素与意志因素均付之阙如，而过于自信过失犯罪则具有认识因素及意志因素。如上所述，其认识因素是已经预见自己的行为可能导致危害社会的结果，除此之外，更认识到了避免危害社会结果发生的相关主客观条件，进而认为行为导致危害结果发生的可能性较低或不大。过于自信过失的意志因素为"轻信"，是指虽然行为人已经预见到自己行为可能导致危害社会的结果，但却轻率地相信相关主客观条件能够避免该危害结果的发生，进而仍然实施其行为，最终导致了危害结果的发生。由于过于自信的过失具有认识和意志内容，而疏忽大意的过失在心理过程层面不存在认识与意志，显然，认识到行为可能导致危害社会的结果而仍然实施行为，相较于能认识到却完全未认识到行为会导致危害社会的结果而实施行为，前者的主观恶性更大，处刑也应更重。对此，《意大利刑法典》第61条（普通加重情

---

① 马克昌：《犯罪通论》，武汉大学出版社2005年版，第345页。

节）就明确规定："下列情节，当不属于犯罪构成要件或者特别加重情节时，使犯罪变得较为严重：……3）在过失犯罪中，尽管预见到结果仍实施行为的；……"

综合上一章对作为量刑情节的责任能力所做的探讨，就过失犯罪而言，过失犯罪之主观恶性程度与过失程度直接相关，对其的判断可从如下几个方面进行：（1）违背义务的程度。违背义务的程度越高，过失程度越大，例如，因超速驾驶所构成的交通肇事罪，超速里程越多，过失程度越大。（2）避免结果的可能性。如果稍微注意即可避免，过失程度大，反之，若要尽到较高的注意义务方可避免，过失程度就相对较小，当然，业务主体除外。（3）行为人的能力。行为人对危害结果发生的预见能力或回避能力越强，过失程度越大，反之则越小，而预见能力和回避能力通常与从业要求、经验及职级等有关，一般而言，从业要求越严格，主体经验越丰富或职级越高，能力越强，过失程度也越高。

其三，通过以上对犯罪故意以及过于自信过失之认识因素和意志因素内容的阐述可知，行为的客观方面实质系主观罪过的外化，故主观罪过程度的判定离不开行为在客观现实中的实际表现，因此，下一章中所探讨的反映客观危害的量刑情节，在很大程度上说，是本章内容的延伸或拓展。换言之，绝大多数[①]反映行为客观危害程度的从重或加重（导致法定刑升格）量刑情节，都属于行为人认识和意志所及的范围，除了反映出行为的客观危害较大外，还反映出了行为人较大的主观恶性。例如，明知是孕妇而予以杀害的，就不仅反映了较大客观危害，同时也表征行为人较大的主观恶性。有鉴于此，笔者将既反映主观恶性程度又反映客观危害程度的量刑情节放在下一章中加以探讨。

---

① 中外刑法学界主流见解认为，对犯罪人从重或加重处罚之客观事实，要求行为人对其至少具有可预见性，也即必须具有罪过。对此，笔者有不同意见，参见笔者在下一章中的论证。

除了绝大多数既反映主体主观恶性程度又反映行为客观危害程度的量刑情节外，还存在纯粹反映行为人主观恶性程度的量刑情节及纯粹反映行为客观危害程度量刑情节，这些情节在量刑功能上还是存在差别的。同样以杀害孕妇之情形为例，可能存在三种情形：一是认识到是孕妇而将其杀害的，既反映了主体较大的主观恶性也反映了行为较大的客观危害；二是行为人认识到对象是孕妇而仍予以加害，但由于意志以外的原因并未导致死伤后果发生的，那么该认识及意志便属于纯粹反映主体主观恶性较大的量刑情节；三是行为人未能认识到对象是孕妇而加以杀害，那么导致孕妇死亡之事实便属于纯粹反映客观危害较大的情节。对于这三种情形，从重处罚首先得确定它们各自所参照的标准（量刑基准）。第一与第三种情形的量刑基准应是一致的，即都是以普通人为对象的故意杀人既遂为参照标准，而第二种情形则是以普通人为对象的故意杀人未遂为参照标准。接下来得确定从重处罚之幅度，无疑第一种情形从重的幅度最大，至于第二种和第三种情形在从重处罚幅度上是否有区别，笔者持肯定态度，并认为，第二种情形从重处罚之幅度相对而言更大。原因在于，行为系主观的客观化，故要求行为人对其行为所造成的客观危害承担刑事责任，原则上应以行为人对该客观危害具有罪过为限，这也是罪过原则的基本要求。而第三种情形超出了罪过的限度，之所以仍可作为从重量刑情节，如笔者后文所析，系出于情感上的考虑。而第二种情形由于反映出了主体较大的主观恶性或罪过程度，故无论于情于理都应当作为从重量刑情节。因此，笔者认为，第二种情形从重处罚的幅度应当大于第三种情形。

其四，认识错误对量刑的影响。刑法中的认识错误是指行为人对自己行为的刑法性质及相关事实的认识与实际不相一致之情形，其包含法律认识错误和事实认识错误两种情形。刑法中的认识错误以主体对自己的相关行为具有辨认和控制能力为前提，否则将无所谓认识错误的问题。在行为构成犯罪的前提下，认识错误可能产生两种法律效果：一是影响罪过形式进而影响定罪。例如，在手段认识错误中，行为人所采取的手段足以造成危害结果，行为人误认为不会造成该危害结果，若有能力及义务认识到该手段会导致该结果，那么成立过失犯罪。二是影响行为的既未遂进而影响量刑，例如，在对象认识错误中，若行为人意欲作用体现更为重要的客体之对象，而实际作用的却是体现相对不那么重要的客体之对象，则成立前种情形之未遂犯。由于未遂犯系法定量刑情节，故这里需要探讨的是，除却该种情形，认识错误中是否存在酌定量刑情节？笔者认为，认识错误中作为普遍性的酌定量刑情节应是认识能力，即如前文所述，主体认识能力越强处刑越重，反之越轻。对此，《德国刑法典》第23条规定："行为人由于严重无知，对犯罪对象和手段产生认识错误，而不可能完成犯罪的，减轻或者免除处罚。"当然，在认识错误的具体情形中，也可能存在酌定量刑情节。例如，在打击错误（即行为人所认识的对象与实际作用的对象属于同一客体要件内容之情形）中，通说认为，此种认识错误不影响行为的定性及既未遂。误认无辜者为自己的仇人而予以杀害，成立故意杀人罪的既遂，理由是，故意杀人罪之人是有生命的人，而非具体的某个人，因为人的生命等价。不过，在笔者看来，如果行为人误把自己的亲人当作仇人而予以杀害，虽然亲人的生命与仇人的生命等价，但由于行为人对亲人的死的的确确持反对否定之态度，此时，笔者认为还是可以将此等事实作为酌定从轻情节。

第二节 反映情绪情感程度的酌定量刑情节

一、情绪情感应否为罪过要素

在传统刑法理论中，探讨罪过之构成要素的时候几乎毫无例外地采取"二分法",即认为罪过包含认识因素和意志因素,而否定情绪情感作为罪过之要素。而我们知道,现代心理学对心理过程的划分采取的是"三分法",即将心理过程划分为认识、情绪情感和意志三个基本要素。不过,考察心理学史,心理过程要素"三分法"的提出是相对晚近的事。早在古希腊时期,哲人亚里士多德就认为人的灵魂依其功能可分为两类:一是认识功能,另一是动求功能。前者包括感觉、记忆、想象和思维,后者包括欲望、动作、意志和情感。他的此种划分开启了心理学史上最早的知与意的二分法。直至 18 世纪中期,德国哲学家提顿斯才提出三分法,他把心理过程区分为理解、感情和意志,在提顿斯看来,理解就是认识过程,理解和意志都是主动的,感情则是被动的,就此确立了近代对心理过程的三分法。但提顿斯的三分法在当时并未引起人们的注意,真正使三分法流行开来并最终取代二分法的是德国哲学大家康德。康德指出,认识、情感、意志三者各自独立存在,任何一种都不是由任何其他一种派生的。[①] 三分法已为近现代以来的心理学所接受并获得科学验证。

罪过作为罪犯行为时的心理状态,显然与心理学的相关研究成果密切相关,传统刑法理论有关罪过要素的二分法(认识因素和意志因素)显然对应着心理学中作为心理过程基本要素的认识与意志。但同样明显的是,较之于心理学中的心理过程要素,刑法中的罪过要素缺少了情绪情感,其中涉及的问题是,刑法理论在罪过中去除情绪情感因素是否合理呢?对此一问题予以明确至为重要,这是探讨反映情绪情感程度的酌定量刑情节的前提,因为这是刑法禁止重复评价原则的基本要求。笔者以为,欲澄清该问题,必须明确情绪情感间的内容及二者间的关系。

情绪情感统称为感情(affection),情绪情感极为复杂,理论解说

[①] 叶浩生主编:《西方心理学的历史与体系》,人民教育出版社 2003 年版,第 26、49—51 页。

众说纷纭，比较通行的看法是，情绪和情感是人对客观事物的态度体验及相应的行为反映。它是以个体的愿望和需要为中介的一种心理活动，当客观事物或情境符合主体的需要和愿望时，就能引起积极的、肯定情绪情感，反之，则会引起消极、否定的情绪情感。情绪情感由独特主观体验、外部表现和生理唤醒三部分组成。主观体验是个体对不同情绪和情感状态的自我感受；外部表现又称为表情，是指在情绪和情感状态发生时身体各部分的动作量化形式，包括面部表情、姿态表情和语调表情；生理唤醒是指情绪情感产生的涉及广泛神经结构的生理反应。[1]

情绪和情感都是对需要满足状况的心理反映，系属同一类而不同层次的心理体验，二者是既有区别又有联系的两个概念。二者区别表现在：（1）情绪更多是与生理需要满足与否相联系的心理活动，而情感则是与社会性需要满足与否相联系的心理活动。情绪是原始的，是人和动物（尤其是高等动物）所共有的，情感则是人类所特有的心理活动，具有一定的社会历史性。[2]（2）就人类个体而言，情绪发展在先，情感体验产生于后。（3）情绪是反应性、活动性的过程，具有较强的情境性、激动性和暂时性，会随着情境的改变以及需要满足情况的变化而发生相应的改变；情感具有较强的稳定性、深刻性和持久性，是对事物态度的反映，是构成个性心理品质的稳定成分。（4）情绪表现具有外显性，情感表现则具有内在性。二者的联系表现在：情绪是情感的基础，情感离不开情绪；情绪依赖于情感，是情感的具体表现。从某种意义上说，情绪是情感的外在表现，情感则是情绪的本质

---

[1] 彭聃龄：《普通心理学》，北京师范大学出版社2001年版，第355页。
[2] 事实上，人的情绪与动物的情绪还是有所区别，正如我国有学者所指出的，即使人类最简单的情绪，在它产生和起作用的时候，都受人的社会生活方式、社会习俗和文化教养的影响和制约。（参见曹日昌：《普通心理学》，人民教育出版社2003年版，第371页）

内容。[1]

由于情感具有稳定性、深刻性和持久性，情绪具有情境性、激动性和暂时性，故情感使行为趋于稳定，而情绪则使行为趋于变易，即可能使行为轶于常轨，又因情感须通过情绪予以表达，故对特定情境下的行为性质直接产生影响的只能是情绪而非情感，因此，情感并非罪过之要素。虽然人的一切心理活动往往都带有情绪色彩，但并不意味着任何状态下的情绪都会影响行为的性质，正好比任何具体行为都必定是在特定时空下实施的，但行为的时间和地点却一般不影响行为的性质。情绪具有两极性，如愉快—不愉快、强—弱、紧张—轻松、激动—平静等，人的最典型的情绪状态[2]有心境、激情和应激三种。

心境是一种深入的、比较微弱而持久的、影响人的整个精神活动的情绪状态。心境具有弥散性的特点，它不是关于某一事物的特定体验，而是由一定情境唤醒后在一段时间里影响主体对事物的态度的情绪体验，或者说是以同样的态度对待一切事物，是一段时间内个体心理活动的基本背景。激情是一种强烈的、短暂的、爆发性的情绪状态。激情往往是由与人关系重大的事件所引起，此外，对立意向的冲突或过分抑制，也很容易引起激情。激情的发展大致经历三个阶段：（1）由于意志力减弱，身体变化和表情动作越来越失去控制，高度紧张使细微的动作发生紊乱，这时人的行为受情绪体验的左右；（2）人失去意志的监督，发生不可控制的动作和失去理智的行为；（3）激情爆发后的平息阶段，这时会出现平静和疲劳现象，严重时甚至精力衰竭，对一切事物不关心，精神萎靡。虽然在激情状态下，人的认识范围会

---

[1] 叶奕乾、何存道、梁宁建：《普通心理学》（第四版），华东师范大学出版社 2010 年版，第 208—209 页。

[2] 所谓情绪状态是指，在某种事件或情境影响下，人在一定时间里表现出的一定的情绪。（参见叶奕乾、何存道、梁宁建：《普通心理学》[第四版]，华东师范大学出版社 2010 年版，第 215 页；彭聃龄：《普通心理学》，北京师范大学出版社 2001 年版，第 360 页）

缩小，控制力会减弱乃至丧失，但激情具有可控性，即在激情发生的最初阶段如果行为人有意识地加以控制就能够将危害性减轻到最低限度。应激是在出乎意料的紧张与危急状况下出现的情绪状态，是人对意外的环境刺激做出的适应性反应。[1]首创"应激"概念的奥地利裔加拿大学者汉斯·塞里（Hans Selye）指出，应激状态会引起人体全身性的反应，若持续一定时间会产生适应性综合征，这种适应性综合征包括动员、阻抗和衰竭三个阶段。动员阶段是指有机体在受到外界紧张刺激时，会通过自身的生理机能的变化和调节来进行适应性的防御。阻抗阶段是通过心率和呼吸加快、血压升高、血糖增加等变化，充分动员人体的潜能，以对付环境的突变。衰竭阶段是指引起紧张的刺激继续存在，阻抗持续下去，此时必需的适应能力已经用尽，机体会被其自身的防御力量所损害，结果导致适应性疾病。应激是在某些情况下可能导致疾病的机制之一。[2]

通过对以上三种情绪状态特征的叙述可知，心境由于具有微弱持久的特点，因此它不会对认识和意志产生实质性的影响，故并不影响具体行为的性质。对于激情，如上所述，虽然在激情状态下，行为人的认识能力和控制能力会受到根本性的影响，但由于激情具有可控性，依据原因自由行为理论，即便行为人在激情状态下丧失了辨认控制能力，他对行为造成的危害后果仍然具有主观罪过，需要承担刑事责任。可见，激情也不对行为性质产生影响，因此，它也不属于罪过之要素。剩下的便是应激这种情绪状态，由于应激是由意外刺激所引起，且往往超出行为人既有的经验，人在应激状态下可能导致两种趋向，一是保持警觉进而有助于认知功能发挥，二是高度紧张又会阻碍

---

[1] 叶奕乾、何存道、梁宁建：《普通心理学》（第四版），华东师范大学出版社2010年版，第215—217页。

[2] 彭聃龄：《普通心理学》，北京师范大学出版社2001年版，第361—362页。

认知的发挥，甚至引起适应性疾病①，且应激有别于激情，激情具有可控性而应激则未必具有可控性。②因此，当因不可控应激导致主体丧失认知能力造成危害后果时，此时因不具有罪过从而不构成犯罪，不过尽管如此，此种情形下的应激仍非罪过之要素，而系属于反映主体刑事责任能力之因素。③至于可控性的应激则一如激情，同样也非罪过之要素。

综上所述，对于心理学中属于心理过程内容的情绪情感因素，从犯罪构成要件论的角度来说，笔者的观点是，情感和情绪均非罪过之要素。

二、作为量刑情节之情感情绪

（一）情感

如上所述，情感是与人的社会性需要相联系的主观体验，它是人类所特有的心理现象之一，具有较大的稳定性、深刻性和持久性。在心理学中，人类较高级别的社会性情感主要包含道德感、理智感和美感，其中，道德感是指个体根据一定的社会道德行为标准，在评价自

---

① 叶奕乾、何存道、梁宁建：《普通心理学》（第四版），华东师范大学出版社2010年版，第216—217页。

② 依据是否具有可控，应激可被区分为可控性应激和不可控性应激两类。（石林、封丹珺：《应对风格问卷的初步编制》，《心理学发展与教育》2004年第1期）

③ 不可控的应激影响犯罪成立，这在不少国家的立法中有所体现，这集中体现在某些阻却责任的应激状态，例如，《德国刑法典》第33条规定："行为人由于惶惑、恐怖、惊愕、致逾正当防卫之限度者，不罚。"《韩国刑法典》第21条规定："……（二）防卫过当的，依其情况可免除或者减轻处罚。（三）前项情形下，如其过行为系在夜间或者其他不安的状况下，由于恐怖、惊愕、兴奋或者慌张而引起的，不予处罚。"《瑞士联邦刑法典》第33条第2款规定："防卫过当者，法官依自由裁量减轻其刑，因过于激奋或惊慌失措而防卫过当者，不罚。"此外，《西班牙刑法典》（第8条第10项）、《匈牙利刑法典》（第15条第2项）、《挪威一般公民刑法典》（第48条第4款）等等也都有类似的规定。经由笔者上述剖析可知，此等立法是有理论依据的，而我国现有立法在这方面规定存在缺位，故值得我们将来的修法借鉴。

己或他人的行为举止、思想言论和意图时产生的一种情感体验。如果自己或他人的思想和行为符合这种道德规范的要求，则产生肯定的情感体验，如心安理得或尊敬感等，反之，则产生否定的情感体验，如不安、自责、内疚、鄙视、反感、憎恨等。产生道德感的基础是对社会道德规范的认识，缺乏这种认识，道德感就无法产生。理智感是在智力活动过程中，在认识和评价事物时所产生的情感体验。例如，人们在探索真理时所产生的求知欲，了解和认识未知事物时的兴趣和好奇心，在解决疑难问题时体验到的迟疑、惊讶和焦躁，问题解决后会产生强烈的喜悦和快慰，在坚持自己观点时有强烈的热情，由于违背了事实而感到羞愧等，都是理智感的体现。理智感是在认识活动过程中产生和发展起来的，对人们学习知识、认识事物发展规律和探求真理的活动有积极的推动作用。美感是根据一定的审美标准评价自然特征和社会行为特征时所产生的内心体验。人的审美标准既反映事物的客观属性，又受个人的思想观点和价值观念的影响，不同文化背景、不同民族、同一民族不同时代或处于不同阶层的人对事物美的评价既有共同的方面，也有不同的地方。美感由客观情境所引起，这包含两个方面的内容：一是自然景象和人类创造物的特征；二是人类社会的道德品质和行为特征，如善良、纯朴、诚实、坚强、公正坦率、不徇私情、有自我牺牲精神的品质和行为都是美的，反之，损人利己、虚伪、胆小怕事、两面三刀、狡猾奸诈等，会引起人们的厌恶、憎恨的情感体验。[1]

　　道德感会对量刑产生影响，对此理论和实务都已有一定程度的关注。例如在非正当防卫的情况下，对于他人的不当行为产生愤慨而基于义愤实施了犯罪行为，或者亲属有违法犯罪行为，行为人忍无可忍

---

[1] 彭聃龄：《普通心理学》，北京师范大学出版社2001年版，第362—363页；叶奕乾、何存道、梁宁建：《普通心理学》（第四版），华东师范大学出版社2010年版，第217—219页。

将其杀死进而构成俗谓的大义灭亲行为等,对于此类行为在量刑时一般都会从宽处罚。此外,同情心也属于一种道德感,因同情是对他人的不幸遭遇或处境在情感上发生共鸣进而给予道义上支持或物质上帮助的态度和行为,可见,同情心是一种值得肯定的道德情感,故行为人若基于(往往是对被害人)同情心而对他人实施了犯罪行为,则在量刑时应相对较轻。对此,有的国家的立法就作了明确规定,如《芬兰刑法典》第6条规定:"下列是降低刑罚的理由:……(2)导致犯罪的强烈的同情心……"基于道德感实施的犯罪行为一般应从宽处罚,其理据往往并非单一。因为如前所述,道德感是个体根据一定的社会道德行为标准,在评价自己或他人的行为举止、思想言论和意图时所产生的一种情感体验。可见,基于道德感而实施的犯罪行为由于基于一定的社会道德标准,故明显有异于那些漠视、蔑视或敌视社会道德规范进而具有强烈反社会性的犯罪。又因基于道德感实施的犯罪系依据一定的社会道德规范做出,这同时也意味着此类行为所指向的对象是相关社会道德规范所否定的,或言之,受此类行为侵害的被害人往往自身存在过错,而如后文所析,被害人过错可以抵消行为人的部分责任。由此可见,若基于道德感实施的犯罪具有减轻刑事责任之功能:从行为人角度来说,其罪过程度通常较轻;从被害人角度来说,被害人自身通常具有过错,如此可以抵销行为人的部分刑事责任。还需注意的是,道德感因属于情感的类型,而情感具有程度之分,不过其程度与罪过之程度系反比关系。换言之,道德感越是强烈其罪过程度就越轻,反之罪过程度则越重,就中缘由在于,道德感越强烈意味着相关规范意识越强烈,反之则规范意识越弱。

理智感是在认识和评价事物的过程中产生的情感体验,可见,其产生的情境有两种,即认识和评价事物的过程中。首先,在认识事物过程中所产生的情感体验,如探索真理产生的求知欲、认识未知事物时的好奇心、面对疑难问题时体验到的迟疑、惊讶和焦虑及解决后产生的强烈喜悦和快慰等。其次，在评价事物过程中所产生的情感体验，如评价事物时坚持己见的热情、为真理献身时感到的幸福与自豪、违背或歪曲事实真相而感到愧疚等。理智感是人们学习科学知识、认识和掌握事物发展规律的一种重要动力，其作用的大小同个人已有的知识水平、学习的愿望有关。[1] 理智感由于是推促人们学习知识、认识和掌握事物发展规律的重要动力之一，故这种情感体验往往有着较为积极的社会意义，正因其有着积极的一面，因此在理智感驱动下实施的犯罪行为其主观恶性一般说来相对较轻，处刑也相应较轻。譬如此一案例：崔某和严某都是已满14周岁的中学生，一次上物理课，老师讲到干粉灭火器的灭火原理，二人十分好奇。下课后，崔某对严某说："光听老师讲灭火器好使，就是没用，真想试一试。"严某说："旧实验楼有灭火器，那里人还少，咱们正好去做做试验。"于是二人到了旧实验楼并点燃了火，两人觉得火小了灭起来没有意思，就等到火烧到很大了（已独立燃烧）才拿起灭火器。当两人找到灭火器的时候发现和老师讲的不一样，最终没能把火灭掉，大火把楼道里的管道引燃并烧掉了木制的门窗及一些实验设备。本案中，除了被告人崔某和严某均系未成年人外，二被告人还因系出于好奇心及敢于质疑之精神所为的行为，故在量刑中也应当考量这一有利于他们的量刑情节。

美感是主体根据一定的审美标准评价客观事物时产生的情感体验，由于人的审美标准既反映事物的客观属性，又受个人的思想观点和价值观念的影响，其中，审美标准是产生美感的关键，当客观事物符合个体的审美标准的时候就会产生美感体验。个体审美标准的形成无可避免地会受到社会环境、风俗习惯、文化背景甚至地理条件等方面的影响，这即意味着，在特定社会文化背景中，人们的审美标准往往具有趋同性，而有些审美标准如基本的是非善恶观念甚至是人类社会的

---

[1] 彭聃龄：《普通心理学》，北京师范大学出版社2001年版，第362页。

共性，这些审美标准也是社群得以维系的基本条件。当然，社群中的特定个体也可能因为某些方面的原因而使得其审美标准异于社群中多数人的审美标准，这在价值观多元化的当今世界是不可避免的，通常也是被容许的。不过，若系通行于全社会的一些基本的审美标准，如基本的是非善恶观念，那么作为社会的一员就应当具备这些观念，并且在日常生活中也应当遵循，否则，整个社会将难以存续。如此也意味着，社会中的个体若非特殊情形（如未成年、精神不正常、智力低下等），如果其审美标准与社会基本的是非善恶观念或基本的行为规范背道而驰，譬如将公认的丑恶视为美善并据此行事因而构成犯罪的，其主观恶性显然更重，量刑也理当更重。

（二）情绪

如上所述，人的最典型的情绪状态有心境、激情和应激三种，它们的共同特点是都存在诱因，如心境和激情往往是由对于主体而言有重要意义或者重大关系的事件所引发，而应激则往往是由出乎意料的紧张或危机事件所引起。通过前述有关心境、激情和应激的阐释可知，心境和激情都具有可控性，而不可控的应激系出罪因素，故其并不对量刑产生影响，只有可控的应激才会对量刑产生影响进而成为量刑情节。因三种情绪状态的共性及相对而言激情最为常见，故接下来笔者将着重探讨激情犯之激情对量刑的影响，而应激和心境由于所涉及的问题基本相同，故仅予简要论述。

1. 激情

有关激情判断所面临的第一个问题是激情状态的判断标准问题，也即通过什么标准认定行为人在特定的时间内处于激情状态。有关激情的判定标准，主要存在如下三种见解：一是主观标准，即以行为人当场的实际反应为依据；二是客观标准，即以一般人在类似情况下的反应为依据；三是混合标准，即兼采主观标准和客观标准。笔者认为，要判断某人在特定时间内是否处于激情状态，首先需要判断的是行为人的某种状态是否符合激情的强烈、短暂、爆发性之特征，这可以从行为人的外在表现，即前述的激情一般会经历的阶段及各阶段的表现得知。然后已如前述，所有的激情都具有可控性，故但凡不可控的突发性情绪均非激情，而判断某种突发性的情绪是否可控显然应落实到具体的主体，即应以行为人的实际控制能力为标准或者说主观标准。详言之，如果对于某种情绪状态一般人能够控制但行为人不能控制，此种情绪状态对该行为人而言就不属于激情，而如果某种情绪状态一般人不能控制但行为人因某种原因能够控制，那么这种情绪状态如果符合激情的其他特征，则可认定为行为人处于激情状态。不过，在这里还应排除一种情形，那就是行为人有意利用激情状态实施犯罪的情形，通常是行为人明知自己如果陷入激情状态就会丧失辨认控制能力，然后对此加以利用，意图借此逃避刑事责任，由于此种所谓的激情状态始终处于行为人的控制范围，故应否定此种情形下的犯罪属于激情犯，或者说此种情形下激情不对定罪量刑产生任何影响。

其次是有关激情诱因的问题。所谓激情诱因是指导致行为人产生激情的外在因素。如上所述，激情都存在诱因，激情的主要诱因是与主体关系重大的事件，如成功后的狂喜、惨败后的沮丧绝望、至亲逝世后的极度悲伤等，除此之外，还有对立意向的冲突或过分抑制，如对某种痛苦忍耐过久或压抑过度。考察世界各主要国家和地区有关激情犯的刑事立法可以发现，大陆法系国家的刑法对激情诱因一般都做了较为严格的限制，例如，《德国刑法典》第213条（故意杀人减轻情节）规定："非行为人责任，而是因为被害人对其个人或家属进行虐待或重大侮辱，致行为人当场义愤杀人，……"《意大利刑法典》第62条（普通减轻情节）规定："下列情节，当不属于犯罪构成要件或者特别减轻情节时，使犯罪变得较轻：……；2）在因他人非法行为造成的义愤状态中做出反应的；……"《挪威一般公民刑法典》第

56条第1款（法庭可以将刑罚减轻至法定最低刑以下并且适用较缓和的刑罚措施）b项规定："行为的实施是基于义愤、被强迫、逼近的恐惧……而造成意识能力暂时严重减弱等情况。"《罗马尼亚刑法典》第73条第2款规定："因他人的严重违法行为，严重侮辱人格，被害人之挑衅，处于激愤与情感强烈压抑状态的犯罪，应考虑减轻处罚。"《瑞士联邦刑法典》第64条的规定则将行为人因不当之刺激或侮辱，而生重大愤怒及痛苦，因而犯罪者作为刑罚减轻的事由。此外，我国台湾地区所谓的刑法典第273条（义愤杀人罪）规定："当场激于义愤而杀人者，处七年以下有期徒刑。"对此林山田先生指出，义愤乃谓基于道义的理由而生愤慨，故必先有被害人的不义行为，而在客观上足以引起公愤，依据一般人的通常观念，确无可容忍或激愤难忍者，始可谓之义愤。[1]甘添贵先生也指出，义愤与单纯之愤怒不同，愤怒纯属于个人之情绪作用，义愤在性质上虽亦属于个人之情绪作用，但须在客观上足以引起一般人正义之公愤者，始足当之；如仅系出于个人一己之愤怒者，并非义愤。[2]可见，这些国家或地区的立法将激情诱因的范围基本限定于被害人过错。而在英美法系国家的法律中，对激情诱因的规定则较为宽泛，例如，英国在《1957年杀人罪法》颁布之前，激情诱因只有几种行为，限于人身暴力或发现配偶与他人通奸之情形。而《1957年杀人罪法》则要求激情应当产生于被害人所做的某个或某些足以使得任何正常的人突然、即时丧失自我控制的行为，而且这种激情应当使得被告人在当时情绪失常并无法控制自我的意志，而并没有对行为的外延做出限制。笔者认为，虽然被害人过错可能是最为常见的激情诱因，但从心理学有关激情诱因的研究可知，激情犯之激情诱因不应限于被害人过错，从理论上说可以分为两

---

[1] 林山田：《刑法各论》（上），北京大学出版社2012年版，第39页。
[2] 甘添贵：《刑法各论》（上），台湾三民书局2009年版，第27页。

大类，一是与被害人无关的刺激，二是与被害人有关的刺激，后者还可进一步区分为被害人的不当刺激和被害人的非不当刺激（或称为被害人存在过错的刺激与被害人不存在过错的刺激）两种。而在前种情形（即与被害人无关的刺激）中，还需要注意一种类型，那就是第三人存在过错的刺激，被害人或者第三人对刺激存在过错属于反映犯罪客观危害的情节。对此，笔者将在下一章中指出，如果被害人或者第三人对危害结果也存在过错，则可以在一定程度上抵消行为人的部分刑事责任。不过，为了对激情犯所涉及的量刑问题予以集中探讨，笔者拟在此就激情诱因中的较为特殊的情形展开论述。笔者认为，激情诱因中较为特殊的情形主要有：

（1）如果激情诱因中包含着行为人本人的行为，即由行为人的先行行为引起被害人的具有刺激属性的行为，在这种情况下可否承认行为人的行为是基于激情而实施犯罪？对此，大陆法系国家的刑事立法及刑法理论基本持否定态度，而英国刑法在一定条件下还是持肯定态度的，如1989年的约翰逊（Johnson）一案中，被告在夜总会的粗俗行为引起别人对他的攻击，而他又把别人杀死，尽管对他的袭击是其先前行为的结果，但他并未被完全排除基于激怒而实行杀人行为的辩护。[①] 笔者认为，对于这种情形多数国家的刑法基本持否定态度的原因在于，它们一般将激情诱因只限定在被害人有过错的场合，认为激情是道德情感和冲动因素相结合的产物，故将因行为人自己所引起的激情诱因无论有无过错均被排除在外。在笔者看来，此种情形应具体情况具体分析：若是行为人基于加害他人之意图而利用激情状态实施犯罪的，对于此种情形的处理笔者已于前文指出，即应否定属于激情犯之类型，或者说，此种所谓的激情并不对定罪和量刑产生影响；若行为人并不存在利用激情状态实施犯罪的情况，则应肯定行为人是基于

---

① J.C.史密斯、B.霍根：《英国刑法》，法律出版社2000年版，第410页。

激情而实施犯罪,只是此种情形在量刑时较为复杂。笔者以为,此时应考量行为人与第三人对产生刺激的过错程度,如若前者的过错程度小于后者,那么同样可以从宽处罚,而若二者过错程度相当,那么也可以基于激情本身从宽处罚(接下来将予以探讨),只是从宽幅度较之前种情形更小,但若行为人的过错程度大于第三人,那么就基本不存在从宽处罚之余地了。

(2)行为人能否因被害人施加于第三人的具有刺激属性的言行而产生激情?对此,大陆法系国家刑法和英美法系国家刑法都持肯定态度,但一般都对这里的"第三人"做了限制,例如,《德国刑法典》第213条将之限定于行为人的家属,美国刑法也认为,通常情况都是因对被告人本人造成伤害而形成正常刺激,但是对被告人的近亲属造成伤害也可能引发被告人的正常刺激。[1]英国在《1957年杀人罪法》颁布之前,通常认为刺激行为必须是针对被告人的行为,但《1957年杀人罪法》则要求陪审团根据刺激行为的作用考虑其在正常人身上起作用的情况,如果陪审团认为刺激行为也会激怒处在被告人位置的正常人,这就很可能包含第三人的行为。[2]可见,对于因被害人施加于第三人的具有刺激属性的言行产生激情而实施的犯罪是否应认定为激情犯,基本都要求这里的"第三人"仅限于被告人的家属或近亲属。但我们知道,在现实生活中有些被告人是在被害人对与被告人并无亲属关系的第三人施加具有刺激属性的言行而产生激情进而实施犯罪的。例如,我们常见的爱打抱不平者中就可能存在此种类型的犯罪人。笔者认为,虽然这种情形在实践中可能并不多见,但无论如何还是有必要承认此种类型的激情犯,在量刑时也应将其作为从宽处罚情节。

(3)被害人、第三人如果对激情诱因都不存在过错,或者说被

---

[1] 储槐植:《美国刑法》,北京大学出版社2000年版,第157页。
[2] J.C.史密斯、B.霍根:《英国刑法》,法律出版社2000年版,第396页。

害人、第三人的刺激并非不当的刺激，那么此时激情本身能否影响量刑？笔者认为，由于激情是一种因外在刺激而引发的短暂、突发性的情绪状态，激情的此等特征意味着行为人从形成犯罪决意到着手实行犯罪只是转瞬之间的事，故明显有别于那些经过一段时间、经历一定程度的心理冲突，甚至经过长时间的深思熟虑的犯罪，因此，就主观恶性程度而言，激情犯还是要弱于后种类型的犯罪。相应的，对于激情犯在量刑时也应从宽处罚，当然，在从宽幅度上应当明显小于被害人或者第三人对刺激存在过错的情形。

2. 可控的应激

可控性的应激与激情的主要共同点在于，二者都具有可控性，都存在诱因，诱因往往是对于主体而言有重要意义或者重大关系的事件。与激情不同的是，可控性的应激的诱因是出乎行为人意料的刺激，如某种意外的危险或者突然的事变。如前所述，应激诱因的出乎意料性可能产生两种后果，一是导致主体完全丧失辨认或者控制能力，此谓不可控的应激；二是诱因虽然出乎主体之意料，但根据其能力及当时的具体情况仍未丧失或者未完全丧失辨认和控制能力，此谓可控性的应激；前者影响定罪故属定罪要素，后者则不影响定罪而只是量刑情节。激情诱因则不具有如此特性，这也是据以判断行为人到底是处于激情状态还是应激状态的标准。应激诱因与激情诱因的此等区别势必导致激情犯与应激犯在量刑上的差异，应激诱因的出乎意料性使得应激犯较之于激情犯，倘若其他状况相同时 [①] 在从宽幅度上一般应该更大。应激犯多出现在防卫过当与避险过当中，这也可以在某种程度上解释为何世界各国的立法都给予了防卫过当和避险过当以很大的从宽

[①] 所谓其他状况相同，例如，诱因中都不存在或者都不存在被害人（或第三人）过错，在诱因中不存在他人过错时则认识和意志程度相当，而在被害人（或第三人）存在过错时则过错程度相当，等等。

幅度。[①] 除了应激的此点特性外，应激所涉及的其他问题与激情一样，在此便不再赘述。

3. 心境

如上所述，心境是一种较为平静、微弱而持久的情绪状态。心境与激情、应激一样都存在诱因，心境往往由对人有重要意义的事件引发，而与犯罪行为密切相关的是消极心境。消极心境的产生原因也是多方面的，如工作挫折、事业失败、人际矛盾、身体疾患、至亲辞世、环境恶劣等都可能引起人的消极心境，除此之外，主观认识对心境的产生和维持也起着十分重要的作用。与激情和应激的突发性、强烈性、短暂性不同的是，心境具有平静、微弱、持久的特点，尤其是在持久性上，心境持续的时间可以是几小时、几周、几个月甚至更长的时间。心境会影响人的整个精神活动，其中即包含认识和意志。心境依功能之不同可分为不良心境和良好心境。不良心境亦即消极、悲观的心境，它往往会使人厌烦、意志消沉，降低人的活动效率，有碍于人的健康；良好心境亦即积极、乐观的心境，它往往会促进人的主观能动性的发挥，提高活动效率，增强克服困难的信心，有益于人的健康。[②] 由此可见，不良心境往往对认识和意志起着阻碍作用，而良好心境则往往对认识和意志起着强化作用。不过，我们并不能就此简单地认为，对在不良心境下的犯罪在量刑时应从宽处罚，而对在良好心境下的犯罪在量刑时就应从严处罚。因为，心境的平静、微弱、持久的特点，意味着相对激情和应激而言，心境本身对行为人的认识和意志的影响最为轻弱，因而其本身对刑事责任的影响也最为微弱，故在量刑时主要应

---

① 当然，在防卫过当和避险过当中，行为人的情绪状态并非就一定处于应激状态，也可能是激情。应激只是防卫过当及避险过当从宽处罚的可能依据，二者从宽处罚还存在其他依据，如被害人过错、目的的正当性等。

② 叶奕乾、何存道、梁宁建：《普通心理学》（第四版），华东师范大学出版社 2010 年版，第 215—216 页。

着眼于诱因的具体情况,即诱因正当与否,或者说是否具有可宽宥性。因此,在心境状态下实施的犯罪,在量刑时起主要作用的是其诱因,但无论如何,整体而言,对于心境犯,量刑时在从宽或从严的幅度上都相对于激情犯或者应激犯来得更小。

第四章 反映行为客观危害程度的酌定量刑情节

已如前述，行为在客观层面包含行为所依赖的客观条件（即行为的手段或方法）、行为对象以及行为后果（即行为对象在行为的作用下所发生的状态改变）等内容。与之相对应，犯罪行为在客观层面也同样应包含犯罪所依赖的客观条件（即犯罪的手段或方法）、犯罪对象和犯罪后果等内容，而反应犯罪行为的客观危害程度之酌定量刑情节也是通过这些内容予以体现。故在本章中，笔者便拟探讨作为酌定量刑情节的犯罪对象、犯罪后果以及犯罪的手段或方法。

第一节　犯罪对象与犯罪后果

一、犯罪对象与犯罪后果的概念

（一）犯罪对象的概念

在我国刑法学界，有关犯罪对象的概念，代表性的观点有：（1）传统观点认为，犯罪对象是指犯罪行为直接作用的具体的物或者具体的人。[①]（2）犯罪对象就是犯罪客体，指的是具体的人或者物，犯罪对

[①] 高铭暄：《中国刑法学》，中国人民大学出版社1989年版，第92页。

象应该与行为、结果紧密联系在一起。①（3）所谓犯罪对象，就是承担一定刑法所保护的社会关系并为犯罪行为所作用或影响的事物。②（4）认为犯罪对象应区分出直接犯罪对象与间接犯罪对象。直接犯罪对象是指犯罪行为直接作用和影响的、在一定程度上反映犯罪客体的具体人或物；间接犯罪对象是指犯罪行为指向的、直接作为犯罪客体之物质承担者的人或物的某种属性、状态、特征。③

在德日刑法学界，与我们的犯罪对象相当的概念是行为客体，有关行为客体的认识主要有：（1）行为客体是行为得以实现的外部世界的对象，主要有人、物和非物质的对象，此外还有一些构成要件，它们没有任何行为客体，属于这种情况的有纯正行为犯，如重婚、伪造身份、逃跑等。④（2）行为客体是指构成要件中规定的外部行为的对象，而且根据自然的因果的存在进行考察后能够认识的、具有外部的、物的对象性质并同时成为构成要件的要素。⑤

笔者以为，中外刑法学界在犯罪对象认识上的差异反映在如下几个问题上：

其一，犯罪对象的外延何在？人和物能够成为犯罪对象，但除此之外，是否还包含其他事物，如人的集合体以及人和物相结合形成的某种机构、组织或其他共同体能否成为犯罪对象？我国有学者就此指出，人的集合体由于不能为犯罪行为所直接作用，故不能成为具体罪的犯罪对象，侵害人的集合体参加的社会关系，其犯罪对象也只能是自然人或具体物，而不是人的集合体自身。⑥在笔者看来，人与人或人

---

① 高铭暄：《新中国刑法学研究综述》，河南人民出版社1989年版，第140页。
② 李洁：《论犯罪对象》，《法律科学》1996年第5期。
③ 许发民、康诚：《犯罪对象概念的反思与重构》，《法学研究》2007年第5期。
④ 汉斯·海因里希·耶赛克、托马斯·魏根特：《德国刑法教科书》，徐久生译，中国法制出版社2001年版，第335页。
⑤ 野村稔：《刑法总论》，全理其、何力译，法律出版社2001年版，第100页。
⑥ 李洁：《论犯罪对象》，《法律科学》1996年第5期。

与物形成的结合体并非不能成为犯罪对象，例如，破坏军婚罪的军婚，聚众冲击国家机关罪的国家机关，聚众扰乱公共场所秩序、交通秩序罪的公共场所秩序、交通秩序等，便属于人与人或人与物形成的结合体，只是这种结合体最终确实可归结为人或物，如破坏军婚罪的军婚可归结为人，聚众冲击国家机关罪的国家机关和聚众扰乱公共场所秩序、交通秩序罪的公共场所秩序、交通秩序，在受犯罪行为作用时实际受到作用的仍然是物或人。

其二，犯罪对象是否要求必须具有合法性？我国有学者指出，具体的人或物作为刑法所保护的某种社会关系的主体或物质表现，或者反映客体受到侵犯的某种社会关系有密切联系的人，必须具有合法性，才能成为犯罪对象。①对此，笔者的观点是，犯罪对象无须具有合法性之特征，理由如下：（1）虽然犯罪行为是将犯罪对象改变至刑法所不允许的存在状态，但据此我们并不能反推出犯罪对象的原有存在状态就一定是一种合法的存在状态。固然，将犯罪对象由合法状态改变为法不允许的状态是犯罪行为的常态，但在有些情形中，刑法规范会基于特定的目的而禁止他人对具体人或物的特定不法存在状态做违背其目的的状态改变。例如，窝藏、包庇罪，洗钱罪，掩饰隐瞒犯罪所得、犯罪所得收益罪等。还有其他针对他人占有的赃款赃物实施的犯罪，如盗窃、诈骗、抢劫他人非法占有的赃款赃物。虽然这些犯罪的犯罪对象不具有合法性，但刑法规范基于便于追查违法犯罪行为的目的或其他目的，而禁止他人对它们的既有存在状态进行改变，否则将不利于司法机关对相关违法犯罪行为进行追查或导致其他后果。可见，具体人或物的特定存在状态即便不具有合法性也可能体现某种刑法价值，进而能够成为相关犯罪的犯罪对象。（2）正如我国有学者所指出的，如果要求犯罪对象必须具有合法性会造成理论上的混乱，例如，在盗

---

① 马克昌：《犯罪通论》，武汉大学出版社2005年版，第126页。

窃枪支罪中，盗窃警察合法持有的枪支时就有犯罪对象，而从非法持有者手中盗窃枪支就没有了犯罪对象，同样在普通盗窃罪中，盗窃他人合法财物时，就存在犯罪对象，而盗窃他人不合法的财物（如贿赂）时就没有了犯罪对象。如果同一种犯罪时而有犯罪对象，时而又没有犯罪对象，这是不可思议的。[1]

其三，犯罪对象是否毫无例外地都能为犯罪行为所直接作用？对于此一问题，越来越多的犯罪对象研究者认为，绝大多数犯罪的犯罪对象能够被犯罪行为所直接作用，但也有些罪的犯罪对象却不能为犯罪对象所直接作用，比较典型的有伪造货币罪、抢劫罪、诈骗罪和敲诈勒索罪等。基于此等认识，研究者们提出应对传统犯罪对象概念进行重构，如有学者认为应该区分犯罪对象和行为对象，另有学者则主张应区分直接犯罪对象和间接犯罪对象，还有论者提出其他的解决方案。[2]对此，笔者仍然坚持传统见解，即认为所有的犯罪对象均无一例外地能被犯罪行为所直接作用，根本理由在于：犯罪对象乃犯罪行为的内容，如若犯罪对象不能被犯罪行为所直接作用，意味着只能借助于行为之外的其他中介作用，即论者所谓的间接作用。但问题是，不属于犯罪行为的他事物之作用对象何以能够被归于犯罪行为的内容呢？如若承认这一结论，那么犯罪行为的存在范围势必漫无边界。可见，此一认识不仅有违常识，也违反逻辑。

除了上述问题之外，笔者认为，还需明确的是，犯罪行为究竟是如何对犯罪对象产生影响的？明确此一问题，将有助于我们把握犯罪对象的确切内涵。犯罪对象具有客观性，即系客观世界中的人或物，

---

[1] 王学沛：《关于犯罪对象若干观点的质疑》，《法律科学》1998 年第 5 期。

[2] 李洁：《论犯罪对象与行为对象》，《吉林大学社会科学学报》1998 年第 3 期；许发民、康诚：《犯罪对象概念的反思与重构》，《法学研究》2007 年第 5 期；薛瑞麟：《关于犯罪对象的几个问题》，《中国法学》2007 年第 5 期；徐光华：《犯罪对象问题研究》，载陈兴良主编：《刑事法评论》（第 20 卷），北京大学出版社 2007 年版；常磊：《犯罪对象概念的批判性考察》，《法制与社会发展》2009 年第 4 期，等等。

依据客观事物普遍联系原理，世间事物无不处于普遍联系之中。这种联系表现为事物内部诸要素之间以及事物与事物之间相互依赖、影响、转化等关系。联系的普遍性与多样性在现象形态上表现为人或物的不同存在状态，不同的存在状态往往表现出不同的社会属性，而社会属性上的差异又往往意味着社会价值或社会重要性程度上的不同，由此对以其为对象的行为之性质及社会价值产生影响。例如，贮存于仓库中的变压器，那么与它相联系的就是贮存于仓库中的其他东西，这时变压器就具有作为仓库中存货之一部分特征，因而体现的是公私财产的所有权，也即只具有一般财物之属性，对其行窃构成盗窃罪；但若是正在使用中的变压器，那么它就具有作为公用电力设施之一部分特征，此时它所代表的社会关系就不单是公私财产的所有权，而更在于关涉到以不特定多数人的生命、健康和重大公私财产安全为内容的公共安全，对其盗窃则属危害公共安全的犯罪。由此可见，作为犯罪行为指向的犯罪对象，笼统而言，可以说是犯罪行为所直接作用的人或物，但确切而言，应是犯罪行为所直接作用的人或物的特定存在状态。

经由以上分析，有关犯罪对象之定义，笔者的见解是：犯罪对象是指被犯罪手段所作用的而为刑法所禁止改变的人或物的特定存在状态。

在界定犯罪对象的概念后，还需澄清的问题是：犯罪对象是否为犯罪构成要件之要素？对此，我国刑法学界的通说是：犯罪对象是犯罪客体的具体体现，而犯罪客体则是对犯罪对象的理论升华和概括。在通常情况下，犯罪对象不能决定犯罪的性质，而犯罪客体则决定着犯罪的性质。刑法中由犯罪对象决定犯罪性质是极个别的情况。总之，犯罪对象作为犯罪构成必要要件在刑法中加以规定的只是很少一部分，但是，所有的犯罪都有犯罪客体，也就是说，犯罪客体是一切犯罪构成都必不可少的要件。[1] 犯罪对象到底应否为构成犯罪的必备要件或

---

[1] 高铭暄：《刑法学原理》（第一卷），中国人民大学出版社 2005 年版，第 501—503 页。

要素，对此，笔者的见解是：在直接故意犯罪中，由于对象不能犯的存在，意味着即便客观上没有作用到犯罪对象，如犯罪对象不在现场，行为仍然成立相关罪的未遂犯，故犯罪对象并非客观要件之要素；但在间接故意犯罪及过失犯罪中，因犯罪结果乃两种类型犯罪成立的必备要素，又因犯罪结果乃犯罪对象存在状态改变所致，故在这两种类型的犯罪中，犯罪对象为行为成立犯罪的必备要素。当然，犯罪对象若是作为主体主观认识及意志之指向而言，对犯罪对象的认识或应当认识乃为一切犯罪成立在主观方面所不可或缺的内容。例如，在故意杀人罪中，如果主体所认识的对象并非是有生命的人，那么基于此等认识形成的意志就不可能是希望人死的态度，也即不具有杀人之故意，进而不可能成立故意杀人罪；再如，若认为系自己合法占有的财物，那么基于此认识实施的行为就不可能具有非法占有之目的，进而不成立相关财产犯罪；又如，若认为对象是一具女尸而实施奸淫，哪怕客观上是一位昏迷不醒的女性，由于主观上不具有强奸之故意，故不成立强奸罪，如此等等，作为主观认识内容的犯罪对象在其他犯罪成立中的作用也同样如此。

（二）犯罪后果的概念

犯罪后果不等同于犯罪结果，犯罪结果属于犯罪后果之一种类型，是犯罪后果的常见形式，但犯罪后果不限于犯罪结果，前者的存在范围要远大于后者。

在界定犯罪后果之前，有必要首先界定作为犯罪后果的常见形式——犯罪结果。在我国刑法学界，犯罪结果又被称为危害结果，一般是将其作为犯罪客观要件中的要素加以探讨。对于何谓犯罪结果或危害结果，学者们的观点不一，主要有：（1）危害结果有广义与狭义之分。广义的危害结果，是指由危害行为所引起的一切危害结果，包括直接结果和间接结果，属于犯罪构成要件的结果和不属于犯罪构成要件的结果。狭义的危害结果，是指刑法规定作为某种犯罪构成要件的危害结果，亦即犯罪行为对某罪直接客体造成的危害。[①]（2）所谓危害结果，是指危害行为对刑法所保护的社会关系所造成的实际损害和现实危险。[②]或认为，犯罪结果是犯罪行为对我国刑法所保护的社会关系造成或可能造成的一定损害。[③]（3）（危害）结果是行为给刑法所保护的法益所造成的现实侵害事实与现实危险状态。[④]（4）犯罪结果是犯罪行为作用于犯罪对象所引起或可能引起的，从客观方面反映社会危害性质与量的一切事实现象。它既是犯罪构成客观方面的必备条件，又是量刑的必备依据。[⑤]

在笔者看来，欲合理界定犯罪结果的概念，首先需要明确的是其外延问题。有关犯罪结果的外延，笔者认为当限于这两种类型：一是作为结果犯之犯罪结果，二是作为结果加重犯之犯罪结果。其中，第一种类型又包含两种情形，即作为决定犯罪成立与否的犯罪结果以及作为决定成立犯罪既未遂的犯罪结果，前者即过失犯罪及间接故意犯罪中的犯罪结果，后者则是在直接故意结果犯中的犯罪结果。除此之外，由犯罪行为所造成的后果都不应纳入犯罪结果的范畴。譬如，甲基于杀人的故意却只导致被害人乙轻伤，致乙轻伤就不应认定为是该杀人行为的犯罪结果，正确认识应该是，故意杀人罪的犯罪结果是被害人死亡而非其他，要不然，任何罪的犯罪结果都将不再具有确定性。可见，在界定犯罪结果概念时，应将某一罪的犯罪结果与构成该罪的具体行为实际造成的后果区分开来，唯其如此，犯罪结果方具有确定性。在确定犯罪结果的外延后，接下来需要明确的是，犯罪结果系由

[①] 高铭暄：《刑法学原理》（第一卷），中国人民大学出版社2005年版，第552—553页。
[②] 马克昌：《犯罪通论》，武汉大学出版社2005年版，第191页。
[③] 杨春洗、杨敦先：《中国刑法论》，北京大学出版社2001年版，第98页。
[④] 张明楷：《刑法学》（第四版），法律出版社2011年版，第165—166页。
[⑤] 叶俊南：《犯罪结果概念研究——兼论犯罪结果与相关概念的关系》，《中国法学》1996年第1期。

何而来？对于该问题，只要我们把握犯罪行为的发生过程便不难找到答案。犯罪行为是犯罪主体借由相关客观条件作用于犯罪对象，从而改变犯罪对象的原有状态至他种法定状态。其中，被改变后的他种状态可能是犯罪对象的另一种存在状态（量变），也可能变成了他种事物（质变），而犯罪结果即表现为这种法定状态。由此可见，犯罪结果系由犯罪行为对犯罪对象的改变而来，换言之，若犯罪行为所改变的并非犯罪对象，那么由此产生的也非犯罪结果，将犯罪结果限定于犯罪行为对犯罪对象的改变，目的也在于使得犯罪结果具有确定性。最后，由于犯罪对象为犯罪行为所直接作用，而犯罪结果又是犯罪行为对犯罪对象的改变所致，故犯罪结果只能是直接结果，而不能是间接结果。例如，甲杀害乙，乙母因乙被杀极度悲伤而自杀身亡，乙母的死就不应作为犯罪结果。

经由以上分析后可知，犯罪结果应当是指犯罪行为对犯罪对象所作出的法定的实质性状态改变。其中所谓的实质性改变是指这种改变将对定罪、量刑或既遂犯的成立产生实质性的影响，即影响到行为的罪与非罪，或者在已经构成犯罪的情况下，影响行为的既未遂或导致法定刑升格之情形。前者即是作为犯罪客观要件要素之犯罪结果，而后者则包含作为决定既遂犯成立之犯罪结果和作为结果加重犯成立之加重的犯罪结果。

在确定犯罪结果后，接下来对犯罪后果进行界定。犯罪后果不同于犯罪结果，犯罪后果包含犯罪结果，除犯罪结果外，还扩及犯罪结果以外的由犯罪行为所引起的其他有害后果。详言之，这种后果除了犯罪行为对犯罪对象所做出的实质性改变外，还包括对犯罪对象所做出的非实质性的改变，以及对犯罪对象以外的人或物的存在状态所做出的直接或间接的有害改变。可见，犯罪后果可谓是犯罪行为所引起的一切危害，故其范围要比犯罪结果宽泛得多。由于犯罪结果系作为犯罪客观要件之要素，或者是作为犯罪既遂成立之要素，又或是作为法定刑升格之要素。第一种类型的犯罪结果由于受禁止重复评价原则之限制，该种犯罪结果不应再作为量刑情节。而第二种类型的犯罪结果因系既遂犯之成立要素，而刑法分则规范之法定刑又是以既遂犯为模式或标准，换言之，此种类型的犯罪结果已成为确定基准刑的要素，故不能纳入量刑情节之范畴。第三种类型的犯罪结果则由于已被法定化而上升为了法定量刑情节，故也非本部分所要探讨的酌定量刑情节。换言之，在笔者看来，犯罪结果不属于酌定量刑情节，作为酌定量刑情节的是犯罪后果中除却犯罪结果以外的犯罪后果。

二、作为量刑情节的犯罪对象与犯罪后果之立法考察

犯罪对象与犯罪后果作为量刑情节在许多国家和地区的刑法典中都做出了规定，尤其是犯罪后果，正如美国学者保罗·H.罗宾逊所指出的，"全部现有的数据都表明全世界都持有一个根深蒂固的观念，即损害结果是重要的，这增加了犯罪人的可谴责性和应受刑罚。"[①] 可以说，在所有类型的量刑情节中，犯罪后果在法定化程度方面相对而言是最全面、最充分的。在法定化方式上，不仅有总则性的规定，更有近乎遍及个罪的分则性规定，此类立法例可谓俯拾皆是，限于篇幅，于此只略举一些国家或地区的刑法典总则性规范中有关犯罪对象以及犯罪后果[②]的规定。对二者做出规定的立法主要有：《德国刑法典》第46条第2款强调，在量刑时必须考虑到"行为的有责后果"。《意大利刑法典》第61条（普通加重情节）规定："下列情节，当不属于犯罪构成要件或者特别加重情节时，使犯罪变得较为严重：……7）在侵犯

[①] 保罗·H.罗宾逊：《刑法的分配原则：谁应受罚，如何量刑？》，沙丽金译，中国人民公安大学出版社2009年版，第154页。

[②] 我国一些译者将有些国家刑法典中的作为量刑情节的犯罪后果翻译为犯罪结果，这种所谓的犯罪结果在笔者看来应为犯罪后果。

财产罪、其他对财产造成侵犯的犯罪或者出于营利目的而实施的犯罪中，使犯罪被害人遭受特别严重的财产损失的；8）加重或者试图加重已实施的犯罪后果的；……"该法第62条（普通减轻情节）规定："下列情节，当不属于犯罪构成要件或者特别减轻情节时，使犯罪变得较轻：……4）在侵犯财产罪或其他对财产造成侵犯的犯罪中，使犯罪被害人遭受的财产损失特别轻微的；或者出于营利目的而实施的犯罪中，所追求的或者获取到的利益特别微小，并且所造成的损害或危险后果也特别轻微的；……"《奥地利联邦共和国刑法典》第32条（量刑的一般原则）第3款规定，"一般而言，行为人造成的损害或危害越大，或者损害虽不是行为人直接造成，但为其罪责所及……，量刑越严厉。"此外，该法典第33条（特别的从重事由）规定："行为人具备下列情形之一的，构成特别之从重处罚事由：……7.行为时利用他人的无自卫能力或无救助能力的。"《韩国刑法典》第51条（量刑条件）规定，"量刑应参酌下列事项：……2.与被害人的关系。3.犯罪的……结果。"《俄罗斯联邦刑法典》第63条（加重刑罚的情节）规定："一、加重刑罚的情节是：……⑦由于他人执行职务或履行社会义务而对该人及其亲属实施犯罪；⑧对犯罪人明知正在怀孕的妇女实施犯罪，以及对幼年人、其他没有自卫能力或孤立无援的人实施犯罪或者对从属于犯罪人的人实施犯罪；……"《希腊刑法典》第79条（刑罚的司法裁量）规定："……2.法院在评价犯罪的严重程度时，应当考虑：a）犯罪所造成的损害或者所导致的危险。"我国台湾地区所谓的刑法典第57条（刑罚之酌量）规定，在科刑时尤应注意的事项就包含"犯罪所生之危险或损害"；我国澳门地区刑法典第65条（刑罚分量之确定）就特别强调"事实所造成之后果之严重性"，如此等等。

我国刑法第61条规定："对于犯罪分子决定刑罚的时候，应当根据犯罪的事实、犯罪的性质、情节和对于社会的危害程度，依照刑法的有关规定判处。"其中当然包含犯罪后果的内容，《量刑指导意见》也明确规定，在确定基准刑时应考量犯罪后果。

三、作为量刑情节的犯罪对象与犯罪后果之适用问题

在我国刑法中，犯罪对象与犯罪后果或多或少地已被法定化，不过可以看到，对二者的法定化近乎全部集中在刑法分则规定的个罪之中。分则法定化的方式是酌定情节法定化的重要形式，但对于像犯罪对象和犯罪后果这种重要而常见的量刑情节，若缺乏总则性的规定而仅在分则中予以法定化，其缺陷也相当明显，即当分则未予明确规定而量刑又应当予以考量时往往容易被忽视。有鉴于此，接下来便拟探讨作为一般性量刑情节的犯罪对象和犯罪后果。在笔者看来，对作为量刑情节的犯罪对象与犯罪后果的适用应注意的问题有：

其一，如上所述，犯罪结果是犯罪行为对犯罪对象所做出的实质性改变，这种实质性改变包含影响罪与非罪、行为之既未遂及法定刑升格与否。在这些情形中，犯罪结果或成为构成要件要素，或作为确定基准刑之要素，或作为法定刑升格之要素，总之，犯罪结果都不属于酌定量刑情节。还有，在犯罪后果中，还包含犯罪行为对犯罪对象所做出的非实质性的改变，这种情形包含：在犯罪未完成形态中对犯罪对象所造成的损害，如基于杀人的故意致被害人轻微伤、轻伤、重伤等；以及在犯罪既遂后造成的非结果加重犯之加重结果，如甲基于杀人的故意而杀死孕妇乙。问题是，在这些情形中，犯罪对象还能否作为量刑情节呢？对此，笔者的见解是，犯罪后果若系犯罪行为对犯罪对象的改变而来，当犯罪后果出现时，对犯罪后果的评价中由于已经包含了对犯罪对象的评价，故不应对犯罪对象再做单独评价。以甲基于杀人的故意杀死孕妇乙为例，乙死亡之犯罪结果已发生，但由于乙是孕妇，是弱者，孕妇死亡同时意味着胎儿死亡，显然，作为对象的孕妇与作为后果的孕妇死亡不能同时作为量刑情节。因为对孕妇死亡这一犯罪后果的评价中本身包含

了对孕妇的评价，否则，若认为由于犯罪行为针对的是孕妇故应从重处罚，又认为孕妇死亡由于通常具有更为严重的社会危害性，故也应基此从重处罚，如此无疑违反了禁止重复评价原则。而如果犯罪行为所针对的是某种特殊对象，但却未发生客观的损害后果，由于不存在犯罪后果的问题，那么该特殊对象原则上应成为量刑情节。例如，甲基于杀人的故意意图杀死孕妇乙，但未得逞，乙毫发未损，那么乙是孕妇这一事实原则上即可作为从重量刑情节。总之，当犯罪后果若系由犯罪行为对犯罪对象的特定存在状态改变而来，受禁止重复评价原则的限制，不能同时将犯罪对象和犯罪后果作为量刑情节。

其二，刑法学界一致认为，犯罪结果无论是作为犯罪构成要件之要素还是作为结果加重犯之加重结果，均要求主体对之具有罪过，或言之，至少应属主体应该认识或应该控制之范围。但是，犯罪后果的外延要比犯罪结果宽泛得多，除了包含犯罪行为对犯罪对象所做的非实质性改变外，还包含对非犯罪对象所进行的改变，其中存在的问题是：作为量刑情节的犯罪后果是否也应如犯罪结果一样，限于主体罪过所及之范围？对于这一问题，在中外刑法理论及司法实务界都存在较大的争议。

在德国刑法理论及实务界多数人认为，《德国刑法典》第18条之规定[1]同样适用于量刑领域，即"对行为人而言，犯罪构成要件以外的结果至少必须是可预见的，因为过失是罪责的起码的前提条件。在故意犯罪情况下有些作者甚至要求，结果被包括于行为人的故意之中。支持这一观点的理由是，其他加重处罚的不法因素，只有在行为人知晓的情况下始可作不利于他的评价"[2]。但在司法实务中，也有判决认

---

[1] 该法典第18条（对犯罪特别结果的加重处罚）规定，"本法对特别结果的加重处罚，只有当正犯和共同正犯对特别结果的产生至少具有过失时，始适用。"
[2] 汉斯·海因里希·耶赛克、托马斯·魏根特：《德国刑法教科书》，徐久生译，中国法制出版社2001年版，第1058—1059页。

为应"允许对存在于构成要件之外的犯罪后果,例如强奸犯罪的被害人自杀未遂或者购买行为人的毒品的毒品瘾君子因吸毒而死亡,作出(通常情况下是加重的)评价"[①]。有关量刑情节的存在范围,意大利刑事立法则经历了由"客观归罪"到"主、客观二分"的转换过程,根据《意大利刑法典》原第59条第1款的规定,不论是犯罪的加重或减轻情节均应按"客观归罪"的原则来加以认定,行为人没有认识到情节的存在或错误地认为其不存在,并不影响犯罪情节的成立。后来因认为该规定明显违反了宪法第27条第1款规定的罪过原则,于是对其进行了修改,修改后的第59条第1款规定:"减轻或免除刑罚的情节应作有利于行为人的认定,即使行为人对此没有认识,或错误地认为其不存在。"该条第2款则规定:"加重刑罚的情节,只有在为行为人所认识,或者因过失而没有认识,或因过失决定的错误而认为其不存在时,才应由行为人承担。"可见,基于有利于犯罪人的原则,对减轻情节仍然采取客观标准,而对加重情节则适用罪过标准,即要求行为人对之至少具有过失。[②] 在我国刑法理论和实务界,对此也存在分歧,如著名刑法学家张明楷教授认为,影响量刑的结果应是"可归责的结果","可归责的结果,意指行为人至少对结果具有过失(预见可能性);如果某种结果虽然由行为造成,但行为人对此没有故意与过失,则不能影响量刑"。"对于行为人没有罪过的结果(不可归责之结果),即使客观上由犯罪行为造成,也不能作为从重量刑的情节加以考量。例如,行为人为了遗弃女婴,于清晨将女婴抱至早市,希望有人抱走女婴,并在一旁偷偷观看。但一辆卡车经过时,将婴儿辗死。如果婴儿被卡车辗死是行为人不能预见的,就不能因为婴儿死亡而对行

[①] 汉斯·海因里希·耶赛克、托马斯·魏根特:《德国刑法教科书》,徐久生译,中国法制出版社2001年版,第1058页。

[②] 杜里奥·帕多瓦尼:《意大利刑法学原理》(注评版),陈忠林译,中国人民大学出版社2004年版,第284—285页。

为人从重处罚。"① 但我们可以看到，我国的刑事立法及相关司法解释对此并未严格采取罪过原则，如我国刑法第 240 条拐卖妇女儿童罪中作为法定刑升格情形之一的"造成被拐卖的妇女、儿童或者其亲属重伤、死亡或者其他严重后果的"，其中"造成被拐卖的妇女、儿童的亲属重伤、死亡或者其他严重后果"，一般认为，是指被拐卖的妇女、儿童的亲属因为妇女、儿童被拐卖而受刺激或在寻找被拐卖的妇女、儿童过程中重伤、死亡或出现其他严重后果之情形。② 据此可知，行为人对此等后果未必要求具有罪过。此外，现有司法解释也有类似的规定，例如，最高人民法院、最高人民检察院发布的《关于办理诈骗刑事案件具体应用法律若干问题的解释》（法释〔2011〕7 号）第 2 条就规定，"诈骗公私财物达到本解释第一条规定的数额标准，具有下列情形之一的，可以依照刑法第 266 条的规定酌情从严惩处：……（五）造成被害人自杀、精神失常或者其他严重后果的"。诈骗犯罪分子对被害人所造成的自杀、精神失常等犯罪后果很难说必定存在过失，但仍可以将造成的这些后果作为量刑情节予以从重处罚。而在轰动一时的"徐玉玉案"中，该案一审判决书也明确指出："陈文辉……在诈骗被害人徐玉玉的犯罪过程中，直接拨打诈骗电话，骗取徐玉玉钱款，并造成徐玉玉死亡，系罪责最为严重的主犯，对其酌情从重处罚。"③ 由此可

---

① 张明楷：《结果与量刑——结果责任、双重评价、间接处罚之禁止》，《清华大学学报》2004 年第 6 期。

② 高铭暄：《中国刑法解释》（下卷），中国社会科学出版社 2005 年版，第 1656 页。

③ 参见山东省临沂市中级人民法院（2017）鲁 13 刑初 26 号刑事判决书。徐玉玉被诈骗死亡的大体经过为：2016 年，徐玉玉以 568 分的高考成绩被南京邮电大学录取。8 月 19 日下午 4 点 30 分左右，她接到了一通陌生电话，对方声称有一笔 2600 元助学金要发放给她。在这通陌生电话之前，徐玉玉曾接到过教育部门发放助学金的通知。"18 日，女儿接到了教育部门的电话，让她办理了助学金的相关手续，说钱过几天就能下来。"徐玉玉的母亲李自云告诉记者，由于前一天接到的教育部门电话是真的，所以当时他们并没有怀疑这个电话的真伪。按照对方的要求，徐玉玉将准备交学费的 9900 元打入了骗子提供的账号……发现被骗后，徐玉玉万分难过，当晚就和家人去派出所报了案。在回家的路上，徐玉玉突然晕厥，不省人事，虽经医院全力抢救，但仍没能挽回她 18 岁的生命。（参见 https://baike.baidu.com/item/ 徐玉玉案 /20461294?fr=aladdin）

见，我国的立法、相关司法解释及司法实务对量刑情节的选择与适用并未严格秉持罪过原则。

对于量刑情节的存在范围是否应限于罪过所及之范围的问题，笔者的见解是，由于人的行为乃主客观的统一体，根据客观世界普遍联系之原理，客观世界中的任一因果链条均具有无限性，它向上可以无限回溯，向下可以无限顺延，故行为在客观世界中的存在界域无法通过行为的外在表现本身加以确定，而唯有诉诸行为的主观。详言之，应以行为人认识或应该认识并为其控制或者应该控制为限，由于控制能力以认识能力为前提，有认识能力未必有控制能力，而有控制能力则必有认识能力，具有控制能力是主体承担刑事责任的必要条件。故划定行为的客观存在界域之标准可简化为：是否属于主体的应该控制之范围，如果超出了行为人应该控制之范围，原则上就不应纳入行为的范围或作为行为之内容。这是理性分析的结果。

不过，在笔者看来，确定行为客观存在界域的上述标准可以作为判定原则，而不应作为绝对的标准，在此标准之下，还是应允许少量例外情形的存在，这些例外情形应只限于作为反映犯罪行为客观危害程度的量刑情节，而不应包含作为客观要件或要素之事实要素。换言之，在定罪标准的设定上应严格遵循主客观相统一原则，在量刑论上，原则上也应遵循主客观相统一原则，只是在极少量情形中允许某些超出行为人认识或控制能力范围的事实作为量刑情节。就中缘由在于：在罪与非罪标准的设定上之所以必须严格遵循主客观相统一原则而排除客观归罪，主要理由在于我国现行刑法已完全摒弃"客观归罪"。我国刑法第16条规定："行为在客观上虽然造成了损害结果，但是不是出于故意或者过失，而是由于不能抗拒或者不能预见的原因所引起的，不是犯罪。"该规定也是对罪过作为犯罪成立必要条件之反面规定，因此，在犯罪成立标准的设定上必须严格遵循主客观相统一原则，否则，势必违反作为刑法基本原则之一的罪刑法定原则。而在量刑环节，作为例外之所以允许某些超出行为人认识或控制能力范围的事实作为量刑情节，理由则主要在于，如上所言，行为的客观存在界域以主体应该控制为限，此乃理性分析的结果，但是纯粹的理性分析之结论未必就完美无瑕，理性"仅仅意味着逻辑推理的可能性、无矛盾性以及建构性而已"[①]，人类除了具有理性外，还有着丰富的情感，理性分析之结论未必能引起人们情感上的共鸣。正因如此，作为衡量司法公正之尺度，除了"合法"与"合理"之外，还应"合情"。言意未尝不是，"理"并不能替代"情"，纯然的"理"可能有不近乎"情"之时，合法应以合理为价值内核，当"理"不近乎"情"时，便需借助"情"加以补充或修正，唯其如此，方能使裁判结果除具合理性外，还能使公众在情感上产生共鸣，进而能最大限度地获得公众认同，实现司法公正。

　　行为的边界当以主体应该控制为限，此乃理性分析的结果，而某些超乎主体辨认控制能力范围的、反映行为客观危害程度的事实之所以仍将其确定为量刑情节，正是基于情感的考量，是情感对理性的补充或修正。换言之，某些事实虽然超出行为人的辨认控制范围，但若不将它们作为量刑情节，在情感上是说不过去的。譬如此等案件：乙原本经济困难，某日其至亲丙在家忽患急病病危，乙好不容易筹借到救命所需的医疗费 5000 元，孰知在回家的路上遭甲抢夺，丙终因无钱送医死亡。事后查明，甲抢夺时根本不知其所抢的是他人用于救命的钱，更无从预见丙死亡之后果。在该案中，甲的行为显然不构成故意杀人罪及过失致人死亡罪，但若认为由于甲不知其所抢的是救命钱进而无法预见他人死亡之后果，故无须对此进行评价，因而对该后果无须承担任何责任，这在情感上是让人难以接受的。对该案正确的处理应是，甲的行为构成抢夺罪，而将因客观上抢夺的是救命钱进而导致丙死亡之事实作为从重量刑情节，这样便在合理性的基础上兼顾了社会公众的情感。再如：（1）A

---

　　① 登特列夫：《自然法：法律哲学导论》，李日章等译，新星出版社 2008 年版，第 166 页。

杀害B女，B女是孕妇，但A行为时根本不知B已怀孕。（2）C男强奸D女，D女未成年，但C行为时不知D未成年之事实。那么B女是孕妇及D女未成年的事实同样可以作为从重量刑情节。当然，需要注意的是，以前一案件为例，虽然B是孕妇这一事实对A而言有无认识均不排除其作为量刑情节之地位，但是，A对B是孕妇这一事实有无认识对量刑的影响还是有明显的区别。因为，未能认识到B是孕妇，B是孕妇这一事实只影响到行为的客观危害，而若明知B是孕妇仍然予以杀害，则不仅影响到行为的客观危害，还表明主体具有更深的主观恶性，故在从重处罚的幅度上较之前者无疑应更大。再若A基于某种原因（如自己娶妻无望，见别人能传宗接代）对所有孕妇都存在嫉恨、报复等心理，意图专门对孕妇施以加害，当他基于此等心理杀害孕妇B时，B是孕妇这一事实则同时波及了犯罪本质的三个层次，A的该行为不仅具有更大的客观危害和更深的主观恶性，而且表明其具有较大的人身危险性，从重处罚之幅度较前面两种情形都更大。同理，对于行为人遗弃女婴至早市，希望有人抱走，女婴却被经过的卡车辗死，即使行为人对此后果不能预见，也可作为从重处罚情节。还有因诈骗、抢夺、抢劫、强奸等导致被害人（或其亲属）自杀、精神失常或者其他行为人不能预见的危害后果，均可作为从重处罚情节。

对于并非属于行为人辨认控制范围内的事实能否成为量刑情节尚存在以下问题：

其一，以上列举的都是对行为人不利的事实，问题是，若是对行为人有利的事实，但行为人对此毫无认识，那么此等事实能否成为量刑情节呢？笔者认为，从逻辑上说，由犯罪行为引起的超出行为人辨认控制范围的危害后果都可以成为量刑情节，那么未认识到的对行为人有利的事实无任何理由不能成为量刑情节，且在立法上也不乏其例，其中最为典型的就是未遂犯。众所周知，未遂犯未达既遂之事实是完全出乎行为人的意料的。还有如此等案例：甲在公交车上巧碰其仇人乙，于是拔刀刺乙的胳膊后逃离，事后查明，乙胳膊被刺时手已伸入他人挎包行窃，甲对此并不知情，但客观上阻止了乙的盗窃行为。笔者认为，本案中甲客观上阻止了乙行窃之事实可以作为从轻量刑情节。可见，并非属于行为人辨认控制范围的无论是对行为人不利的事实还是有利的事实，均可以成为量刑情节。

其二，不论是对行为人不利的后果还是对行为人有利的事实，由于都超出了行为人的认识控制范围，那么它们的范围是否会漫无边际？或言之，它们本身的存在范围如何确定？笔者认为，对此一问题可以区分为两种情形分别做答：一是能够成为量刑情节的对行为人不利的后果是否包括间接后果？对此，笔者的回答是肯定的。例如以上列举的诈骗、抢夺、抢劫、强奸等导致被害人（或其亲属）自杀便可谓是一种间接的后果。当然，一般而言，犯罪行为达至该危害后果所经历环节越多，犯罪行为对该后果的原因力或作用力就越弱，从严幅度就越小。不过，需要强调的是，对于超出行为人辨认控制范围的对行为人不利的后果成为量刑情节，必须满足行为人的行为与该后果之间客观上存在引起与被引起的关系，或者说存在事实上的因果关系，否则便无由成为量刑情节。二是超出行为人认识控制范围的对其有利的事实成为量刑情节，如何确定其外延？不难发现，对行为人有利的事实包含两类：减少他人行为之社会危害性乃至客观上有益于社会的事实和减少自己犯罪行为之社会危害性的事实。对于前者，也必须与罪犯的行为存在事实上的因果关系，否则该行为无法与行为人发生关联，当然也就无由成为影响其行为的量刑情节。而对于后者，笔者认为，此等事实中还应引起注意的是，罪犯的亲友在罪犯不知情的情况下对其犯罪行为实施的补救行为。例如，甲盗窃乙的财物，甲的亲属丙在甲不知情的情况下替其退赃，又如，丙将丁砍伤后逃离现场，事后丙父将丁送医治疗。虽然两案例中的事后补救行为并非出自罪犯自身，但从情感及其他方面（如形势政策）考虑，还是应将此等补救措施作为对罪犯有利的量刑情节。对此，我国的司法解释已有所体现，如 2010 年最高人民法院发布的《关于处理自首和立功若干具体问题的意见》就规定："犯罪嫌疑人被亲友采用捆绑等手段送到司法机关，或者在亲友带领侦查人员前来抓捕时无拒捕行为，并如实供认犯罪事实的，虽然不能认定为自动投案，但可以参照法律对自首的有关规定酌情从轻处罚。"由于参照的是对罪犯更有利的自首的相关规定，而非直接认定为坦白或认罪，显然是考量了亲友的捆绑扭送或带领侦查人员抓捕犯罪嫌疑人等事实，而此等事实均不属于行为人的认识控制之范围。由此可见，罪犯的亲友对罪犯实施的犯罪行为进行的补救，即使此等补救行为不属于罪犯的认识控制范围，也可以作为对罪犯有利的量刑情节。当然，这并不意味着非罪犯的亲友针对犯罪行为实施的减少犯罪行为社会危害性的行为就绝对会影响量刑，而是说当罪犯亲友若实施该行为，对罪犯从宽处罚的幅度一般应更大些，例如，甲意图杀害其仇人乙，在行凶的过程中被他人制伏而未得逞。不管案中的他人是谁，不影响适用对甲有利的未遂犯之量刑情节，只不过，案中的他人若是罪犯的亲友，那么对其从宽处罚之幅度应更大一些而已。

第二节 犯罪对象与犯罪后果中的特殊类型

在犯罪对象与犯罪后果中，存在若干类型的量刑情节，于此笔者拟探讨其中的两种较为常见而又特殊的类型，即对亲属犯罪之亲属身份及对犯罪后果存在原因力的被害人或第三人行为。

一、为或对亲属犯罪之亲属身份

此类犯罪主要包含两种情形：一是对亲属（人身权、财产权等）实施的犯罪，二是为维护亲属的利益而实施的犯罪。在这里需要探讨的是，在这两种情形的犯罪中，亲属之身份为何及如何对量刑产生影响。

（一）亲属范围的界定

探讨作为量刑情节之亲属身份，首先需要确定的是亲属之范围。在我国古代宗法制下，律法对亲属做了严格的等级划分，而亲属的范围除律法依服制加以确定外，各族之家族法还起着重要的补充作用，亲属之外延事实上含摄了"九族"中的所有成员，如此宽泛的范围设定显然已不符合现时代的观念。在我国现行法律规范体系中，涉及亲属的规定多体现在民事法规范中，不过，在民事法规范内部（含相关司法解释），有关亲属范围的规定并不完全一致，如1988年最高人民法院发布的《关于贯彻执行〈中华人民共和国民法通则〉若干问题的意见试行》第12条明确规定："民法通则中规定的近亲属，包括配偶、父母、子女、兄弟姐妹、祖父母、外祖父母、孙子女、外孙子女。"这与我国婚姻法以及民事诉讼法有关亲属范围的规定相一致，不过，依据我国继承法有关继承顺序的规定可知，继承法确定的亲属包括：配偶、子女、父母、兄弟姐妹、祖父母、外祖父母、丧偶儿媳、丧偶女婿。此外，我国1979年制定的刑事诉讼法和1990年制定的行政诉讼法及相关司法解释也有关于近亲属的规定，如旧刑事诉讼法第106条第6项规定："'近亲属'是指夫、妻、父、母、子、女、同胞兄弟姊妹。"[1] 还有最高人民法院于2000年发布的《关于执行〈中华人民共和国行政诉讼法〉若干问题的解释》第11条规定："行政诉讼法第二十四条规定的近亲属，包括配偶、父母、子女、兄弟姐妹、祖父母、外祖父母、孙子女、外孙子女和其他具有扶养、赡养关系的亲属。"而

---

[1] 虽然旧刑事诉讼法分别于1996年、2012年历经两次修订，且两次修订都没对"近亲属"作出规定，但理论仍然对旧法有关近亲属范围界定持肯定态度。（陈光中：《刑事诉讼法》[第六版]，北京大学出版社、高等教育出版社2016年版，第133页）

在我国刑法中，虽然不少条文（如刑法第 98 条、234 条之一、240 条、388 条之一、390 条之一等）中出现了（近）亲属的概念，但却并未在立法上明确亲属的范围。①在学理上，我国刑法学界较为通行的见解是，近亲属主要是指夫、妻、父、母、子、女、同胞兄弟姊妹、祖父母、外祖父母、孙子女、外孙子女。②在我国刑法中，还规定了一些与亲属概念密切关联的概念，如刑法第 260 条规定的虐待罪，该罪的对象为"家庭成员"，何谓家庭成员，一般是指基于血亲关系、婚姻关系、收养关系在同一个家庭中生活的成员，其以具有亲属关系为前提，若不具有亲属关系，即使在一起共同生活，如同居关系，也不能成为本罪的对象。③可见，家庭成员为亲属关系所包容，由于"家庭成员"除了具有亲属关系还有共同生活关系，因此属于亲属中关系最为密切者。还有，如《刑法修正案（九）》还增设了"虐待被监护人、看护人罪"，该罪的对象为被监护人和被看护人，那么监护人、看护人和亲属的关系如何呢？根据我国民法通则之规定，监护人包括父母、配偶、成年子女、兄姐、祖父母、外祖父母以及关系密切的其他亲属、朋友等，而对于看护人的范围为何，我国的规范性文件并未予以明确，但由于该罪将看护人与监护人相并列，故二者显然存在明显的差异，且应不存在重合或交叉关系。一般认为，幼儿园老师对儿童，养老机构

---

① 考察世界各主要国家的刑法典，可以发现也多是如此，作为例外的是《德国刑法典》和《奥地利联邦共和国刑法典》。《德国刑法典》第 11 条规定："亲属指下列人员：a. 直系血亲、直系姻亲、配偶、同居者、有婚约者、兄弟姐妹、兄弟姐妹的配偶、配偶的兄弟姐妹。上列关系不受同居关系或婚姻关系的解除，或血亲姻亲关系消灭的影响；b. 养父母和养子女。"《奥地利联邦共和国刑法典》第 72 条（亲属）规定，"（1）本法所说的亲属是指直系血亲、直系姻亲、配偶、配偶的兄弟姐妹、兄弟姐妹、兄弟姐妹的配偶、子女和孙子女、父母和祖父母的兄弟姐妹、堂表兄弟和堂表姐妹、非婚生子女的父母或母亲、养父母、养子女、监护人和被监护人。（2）共同生活之人视为亲属；他们中任何一方的子女和孙子女，也互为亲属。"

② 高铭暄、马克昌主编：《刑法学》（第七版），北京大学出版社、高等教育出版社 2016 年版，第 635 页。

③ 高铭暄、马克昌主编：《刑法学》（第七版），北京大学出版社、高等教育出版社 2016 年版，第 487 页。

的工作人员对老人、残疾人，医院的医生、护士对病人等之间便存在一种看护关系。由上述规定可知，自然人作为监护人，除朋友外，与被监护人之间是一种亲属关系。

立足于上述实定法规范可知，亲属关系的产生主要依据有血缘、婚姻以及法律拟制而产生。因此，直系血亲如父母、子女、祖父母、外祖父母、孙子女、外孙子女等，婚姻中的配偶，以及基于法律拟制的养父母、养子女、具有抚养关系的继父母、继子女等，都属于亲属的范围。在基于血缘关系形成的亲属中，存在较大争议的是亲属中旁系血亲的范围，笔者以为，属于亲属的旁系血亲可以婚姻法禁止结婚之情形为依据，即原则上应限于"三代以内"的旁系血亲，包含兄弟姐妹、伯、叔、姑、舅、姨、侄子（女）、外甥（女）、堂兄弟姐妹、姑舅表兄弟姐妹、姨表兄弟姐妹等。原则上做如此限制的理由在于：一则此等血缘关系的确极为紧密；二则从生活经验来看，此等范围内的血亲在日常生活中的人情往来一般更为频繁，故彼此关系也通常较之于他人更为亲密；三则旁系血亲的范围极为庞杂，在实定法上除婚姻法有明确限定外并无其他法律依据。当然，在笔者看来，亲属的认定也不应过于教条，原因在于，亲属间的情感也即亲情是一种特殊的情感，其形成除了以血缘、婚姻和法律拟制为基础，更在于日常生活中较为频密的往来乃至共同生活。其中，基于共同生活形成的亲情又是其他亲情所难以比拟的，因此，即使在血缘关系上超出了以上罗列的范围，甚至不存在血缘或姻亲关系，如朋友作为监护人与被监护人，只要处于共同生活关系，也可以认定为他们之间存在亲属关系。

（二）亲属身份影响量刑之立法考察

亲属身份作为量刑情节乃至定罪情节在古今中外的法典中都较为常见，透过这些立法不难发现，亲属身份作为定罪情节或量刑情节往往因犯罪类型的不同而存在差异，具体表现为：

其一，亲属间侵犯人身的犯罪。除却已被当今时代非罪化的行为，亲属间侵犯人身的犯罪行为包含杀害、伤害亲属，遗弃，虐待，性侵等犯罪。对于亲属间侵犯人身的犯罪，中西方古代在处罚上都有别于普通侵犯人身的犯罪，但在具体处理上还是各自有别。

1. 杀、伤亲属的犯罪

在我国古代，杀、伤亲属的犯罪被区分为两类，即杀、伤尊亲属的犯罪和杀、伤卑亲属的犯罪，这两类犯罪在处刑上存在明显的差异。[1]在我国古代社会，为维持封建纲常和宗法伦理，严格遵循着上下、亲疏、贵贱的等级体系，亲属间杀、伤犯罪的处理也因之存在明显的差异。具体表现为：对卑幼杀、伤尊长的处罚要重于常人间的杀、伤犯罪，而对于尊长杀、伤卑幼的处罚则轻于常人间的杀、伤犯罪。在西方古代，对亲属间的杀、伤犯罪的处罚也异于常人间的杀、伤犯罪。古希腊哲人亚里士多德曾言："有意或无意的伤害、杀人、吵架和诽谤，所有这些罪行如果发生在非亲属之间，人们看得较轻，如果加到父母或近亲身上，就成为伤天害理的罪恶。"[2]至古罗马，在公元2世纪以前，家长仍拥有对子女的生杀权，但君士坦丁一世时律法做了更易，

---

[1] 以作为中华法系典范的《唐律》为例：其一，对于卑幼杀、伤尊长的行为，依据唐律之规定，"诸谋杀其亲尊长、外祖父母、夫、夫之祖父母、父母者，皆斩。犯奸而奸人杀其夫，所奸妻妾虽不知情，与同罪。""谋杀缌麻以上尊长者，流二千里；已伤者，绞；已杀者，皆斩。"（《唐律疏议·贼盗一》）"诸殴缌麻兄姊，杖一百。小功、大功，各递加一等。尊属者，又各加一等。伤重者，各递加凡斗伤一等；死者，斩。即殴从父兄姊，准凡斗应流三千里者，绞。""诸殴兄姊者，徒二年半；伤者，徒三年；折伤者，流三千里；刃伤及折支，若瞎其一目者，绞；死者，皆斩；詈者，杖一百。伯叔父母、姑、外祖父母，各加一等。即过失杀伤者，各减本杀伤罪二等。"（《唐律疏议·斗讼二》）其二，对于尊长杀、伤卑幼行为，根据唐律规定，"即尊长谋杀卑幼者，各依故杀罪减二等；已伤者，减一等；已杀者，依故杀法"（《唐律疏议·贼盗一》）。"若尊长殴卑幼折伤者，缌麻凡人一等，小功、大功递减一等；死者，绞。即殴杀从父弟妹及从父兄弟之子孙者，流三千里；若以刃及故杀者，绞。""若殴杀弟妹及兄弟之子孙、孙、玄孙者，各依本服论。外孙者，徒三年；以刃及故杀者，流二千里。过失杀者，各勿论。"（《唐律疏议·斗讼二》）

[2] 亚里士多德：《政治学》，吴寿彭译，商务印书馆1983年版，第50页。

杀害儿子与杀害父亲一样论罪[①], 科刑重于一般的杀人罪。[②] 及至现代, 对于亲属间的杀、伤犯罪区别处理的立法例仍不在少数。[③] 由上可见, 亲属间侵犯人身的犯罪如今在立法上一般只对卑亲属杀、伤尊亲属之情形做出专门规定, 且均一如古代中西立法, 予以加重处罚。

2. 性侵、虐待和遗弃等犯罪

亲属相奸(含和奸与强奸)在我国古代是一种严重违背纲纪伦常的行为, 被视为"禽兽行", 对之惩处要重于非亲属间的性侵行为, 强

---

① 在古罗马, 杀害亲属的行为(谓"杀亲罪""亲杀罪"或"弑亲罪")被视为是最可怕的罪行, 为此专门制定了"庞培法", 对此种罪行规定特异的刑罚, 并设置弑亲审问处及任命弑亲审问官专门审理此类案件。(参见梅因:《古代法》, 商务印书馆1984年版, 第216—217页)"庞培法"规定, 凡使其双亲或儿子加速死亡的, 或使其他亲属加速死亡的, 或其杀害在法律上称为亲杀罪的人, 无论其行动是公开的或隐蔽的, 是亲杀罪的教唆犯或从犯, 即使不是家人, 一律处以杀亲罪的刑罚。他不是受到剑、火或其他通常方式的刑罚, 而是同狗、公鸡、蛇和猴各一, 一起封闭在袋内。在把他禁闭在这种可怕的监牢之后, 即依当地地形, 把他投入海中或河里, 在他还活着的时候, 即已开始被剥夺了基本的活命条件, 生时不见日, 死无葬身之地。(参见查士丁尼:《法学总论》, 商务印书馆1989年版, 第241页)

② 周枏:《罗马法原论》(上册), 商务印书馆2001年版, 第151页。

③ 例如, 现行《法国刑法典》有关"故意伤害生命罪"(第221—4条)、"酷刑及野蛮暴行罪"(第222—3条)、"暴力罪"(第222—8条)等, 都规定有针对"合法直系尊亲属或非婚尊亲, 或者养父或养母"作为加重处罚情节。《意大利刑法典》第576条规定:"如果前条规定的行为实施于下列情况之一, 适用无期徒刑: ……2)针对直系尊亲属或者卑亲属, 并且出现第61条1)项和4)项规定的某一情节, 使用了投毒手段或陷害手段, 或经过预先策划的; ……"该法577条还规定, "如果第575条规定的行为实施于下列情况之一, 适用无期徒刑: 1)针对直系尊亲属或者直系卑亲属的; ……如果行为是针对配偶、兄弟姐妹养父母养子女或者直系姻亲实施的, 处以24年至30年有期徒刑。"《韩国刑法典》第250条(杀人、杀害尊亲属)规定:"(一)杀人的, 处死刑、无期或者五年以上劳役。(二)杀害自己或者配偶的直系尊亲属的, 处死刑或者无期劳役。"该法第257条(伤害、尊亲属伤害)规定:"伤害他人身体的, 处七年以下劳役、十年以下停止资格或者一百万元以下罚金。(二)对自己或配偶的直系尊亲属, 犯前项之罪的, 处一年以上十年以下劳役。"《阿根廷刑法典》第80条(侵犯生命的犯罪)规定:故意杀害尊亲属、卑亲属或配偶的, 应处终身监禁, 其普通杀人罪是处八年至二十年监禁或劳役。我国台湾地区所谓的刑法典第272条(杀直系血亲尊亲属罪)规定:"杀直系血亲尊亲属者, 处死刑或无期徒刑。"其普通杀人罪为处死刑、无期徒刑或十年以上有期徒刑。我国澳门地区刑法典第129条(加重杀人罪)规定:"一、如死亡系在显示出行为人之特别可谴责性或恶性之情节下产生, 行为人处十五年至二十五年徒刑。二、在显示出上款所指之特别可谴责性或恶性之情节中, 包括下列情节: a)行为人系被害人之直系血亲卑亲属、直系血亲尊亲属、被害人收养之人或收养被害人之人。"

奸尤甚。①而对于类似于现今虐待罪和遗弃罪的"殴詈父祖""供养有缺"均被列入"十恶",为"不孝"之表现。现今我国台湾地区所谓的刑法典第230条(血亲为性交罪)规定:"与直系或三亲等内旁系血亲为性交者,处五年以下有期徒刑。"在西方古代,对亲属间的性侵、虐待等犯罪也被视为是严重的犯罪。②此等认识在西方现代立法例中仍有所体现,例如,《德国刑法典》第173条亲属间的性交规定:(1)与有血缘关系的直系卑亲属性交的,处3年以下的自由刑或罚金刑。(2)有血缘关系的直系尊卑亲属性交的,处2年以下的自由刑或者罚金刑。有血缘关系的兄弟姐妹性交的,处相同之刑罚。《保加利亚刑法典》也规定,强奸尊、卑亲属的,处五到十五年徒刑,而一般强奸处三到十年的徒刑。《意大利刑法典》第609条—3强奸罪的加重情节规定,针对不满16岁的人实施性行为的,并且犯罪人是该人的直系尊亲属、父亲、养父或监护人的,处6年至12年有期徒刑(普通强奸罪是5年至10年有期徒刑)。第609条—4规定,直系尊亲属与不满16岁的未成年卑亲属实施性行为的,按照强奸罪的规定处罚。该法第591条还规定,"遗弃不满14岁未成年人或者由于精神疾病、身体疾病、年老或其他原因而不能生活自理并且由其照看或者应当由其照顾的人的,处以6个月至5年有期徒刑。……如果行为是由父母、子女监护人配偶收养人或者被收养人实施的,刑罚予以增加。"《德国刑法典》第221条规定,遗弃其孩子应处1年以上10年以下自由刑,而普通遗弃处3

---

① 如唐律规定:和奸(即通奸)者,男女各徒一年半;有夫者,徒二年。强者,各加一等。奸缌麻以上亲及缌麻以上亲之妻,若妻前夫之女及同母异父姊妹者,徒三年;强者,流二千里;折伤者,绞。妾,减一等。奸从祖祖母姑、从祖伯叔母姑、从父姊妹、从母及兄弟妻、兄弟子妻者,流二千里;强者,绞。奸父祖妾、谓曾经有父祖子者。伯叔母、姑、姊妹、子孙之妇、兄弟之女者,绞。即奸父祖所幸婢,减二等。(参见《唐律疏议·杂律上》)

② 例如,《圣经》中规定有:"任何人咒骂父母,必须处死";他罪有应得","无论谁都不可跟他骨肉之亲有性关系","若有人跟他父亲的其他妻子私通,两人都要处死;他们罪有应得。若有人跟媳妇私通,两人都要处死;他们乱伦,罪有应得"。(《圣经·旧约·利未记》第18、20章)据此可知,对于亲属间的强奸、猥亵、虐待等犯罪也应处死。

个月以上 5 年以下自由刑。

3. 亲属间侵犯财产的犯罪

亲属间侵犯财产的犯罪主要包含盗窃、抢夺、抢劫、侵占、敲诈勒索、诈骗等。在我国古代，对于亲属间侵财犯罪也明显异于常人间侵财犯罪，对前者的处罚一般而言要轻于后者，且关系越近减轻处罚的幅度越大，其中，若是同居关系的亲属，处罚则更轻。[①] 受此影响，我国台湾地区所谓的刑法典第 324 条规定："于直系血亲、配偶或同财共居亲属之间，犯本章之罪者，得免除其刑。前项亲属或其它五亲等内血亲或三亲等内姻亲之间，犯本章之罪者，须告诉乃论。"我国澳门地区刑法典第 203 条也规定有对于亲属间的盗窃等行为非经自诉不得进行刑事程序。在西方古罗马时代："凡处于家长或主人权力下的人，如从家长或主人那里窃取其物的，即构成盗窃。……但不发生诉权，因为在他们之间不可能根据任何原因发生诉权。如盗窃是在他人提供帮助和计谋下实行的，既然发生了盗窃，即可对该他人提起盗窃之诉，因为事实上的确由于他的帮助和计谋而发生盗窃。"[②] 古罗马的此等立法对西方国家的现代立法仍有着程度不同的影响，例如，《法国刑法典》第 311 条—12 规定："进行盗窃属下列情形的，不得引起刑事追究：1. 盗窃尊卑直系亲属之财物；2. 盗窃配偶之财物，但夫妻已分居或者允许分别居住之情况除外。"《德国刑法典》第 247 条规定："盗窃或侵占家属、监护人、照料人的财物，或被害人与行为人同居一室的，

[①] 同样以唐律为例，《唐律疏议·贼盗四》规定："诸盗缌麻、小功亲财物者，减凡人一等；大功，减二等；期亲，减三等。杀伤者，各依本杀伤论。"《唐律疏议·贼盗三》规定："缌麻以上自相恐喝者，犯尊长，以凡人论；强盗亦准此。昕卑幼，各依本法。""谓恐喝缌麻、小功卑幼取财者，减凡人一等，五疋徒一年；大功卑幼减二等，五疋杖一百；期亲卑幼减三等，五疋杖九十之类。"需要注意的是，上述亲属间盗窃的规定限于别居亲属，至于同居卑幼对尊长的盗窃不适用该规定，而适用"卑幼私辄用财"之规定。（参见《唐律疏议·户婚一》）同居的尊长对卑幼则不存在盗窃的问题。还有较为特殊的是强盗（抢劫）罪，依唐律规定："别居期亲以下卑幼，於尊长家行强盗者，虽同於凡人家强盗得罪，若有杀伤，应入十恶者，仍入十恶。"（《唐律疏议·贼盗三》）

[②] 查士丁尼：《法学总论》，商务印书馆 1989 年版，第 193 页。

告诉乃论。"《意大利刑法典》第十三章（侵犯财产罪）第三节（本章各节的共同规定）第 649 条规定："不受处罚的情况，对在亲属间实施的犯罪的告诉，有下列情形之一的，实施本章规定的行为不受处罚：1）针对未依法分居的配偶实施行为的；2）针对直系尊亲属、直系卑亲属、直系姻亲、收养人或者被收养人实施行为的；3）针对与行为人共同生活的兄弟姐妹实施行为的。如果本章所规定的行为是针对已经分居的配偶、不与行为人共同生活的兄弟姐妹、叔舅、侄甥或者与其共同生活的二亲等姻亲实施的，经被害人告诉才予以处罚。"《奥地利联邦共和国刑法典》第 141 条（偷窃）规定："为不利于其配偶、直系亲属、兄弟、姐妹，或为不利于其他亲属，只要行为人与此等亲属共同生活，行为不处罚。"可见，在现代西方国家，对于亲属间的侵犯财产行为，若属于共同生活的家庭成员则一般不构成犯罪或不予处罚，非共同生活关系的，多要求被害人告诉才处理或减免处罚。

4. 对亲属犯罪的容隐行为

对亲属犯罪的容隐行为是指亲属实施了犯罪而对其进行窝藏、包庇或对其犯罪所得进行掩饰、隐瞒的行为，也即所谓的"亲亲相隐"。亲亲相隐源于周代[1]，而后儒家经典《论语》载有：叶公语孔子曰："吾党有直躬者，其父攘羊，而子证之。"孔子曰："吾党之直者异于是：父为子隐，子为父隐，直在其中矣。"[2] 此后在礼法合一的过程中，亲亲相隐于汉代正式成为法律规范[3]，此后为历朝历代的律法所沿袭，直

---

[1] 《国语·周语》载：温之会，晋人执卫成公归之于周。晋侯请杀之，王曰："不可。夫政自上下者也，上作政而下行之不逆，故上下无怨。今叔父作政而不行，无乃不可乎？夫君臣无狱，今元咺虽直，不可听也。君臣皆狱，父子将狱，是无上下也。"此被认为是有关"亲亲相隐"最早的文字记载。

[2] 《论语·子路》。

[3] 汉宣帝时发布诏令曰："父子之亲，夫妇之道，天性也。虽有患祸，犹蒙死而存之。诚爱结于心，仁厚之至也，岂能违之哉！自今，子首匿父母、妻匿夫、孙匿大父母，皆勿坐。其父母匿子、夫匿妻、大父母匿孙，罪殊死，皆上请廷尉以闻。"（《汉书·宣帝纪》）

至清末。① 以唐律为例，亲亲相隐制度对定罪量刑的影响表现为：同居亲属或不同居的大功以上亲属相隐不构成犯罪，小功以下的亲属相隐，减轻处罚。② 若违反该制度，根据唐律规定，"告祖父母、父母者，绞"，理由是，"父为子天，有隐无犯。如有违失，理须谏诤，起敬起孝，无令陷罪。若有忘情弃礼而故告者，绞"。③ 如今，我国台湾地区所谓的刑法典第167条规定："配偶、五亲等内之血亲或三亲等内之姻亲图利犯人或依法逮捕拘禁之脱逃人，而犯第一百六十四条或第一百六十五条之罪者，减轻或免除其刑。"④ 该法第170条"加重诬告罪"还规定，"意图陷害直系血亲尊亲属，而犯前条之罪者，加重其刑至二分之一。"我国澳门地区刑法典第331条（袒护他人罪）中也有类似的规定。西方古罗马时代，父亲和"在父权下之子"相互之间不能提起控诉⑤，也不得令父子之间相互作证⑥，且规定若对尊亲属提起刑事诉讼的（叛逆罪和不效忠皇室罪不在此限），卑亲属丧失继承权。⑦ 父亲有权不向受害人交出子女，因为父亲对子女的遭遇比子女本人更加感觉痛苦及基于廉耻观念故不能这么做。⑧ 如今不少大陆法系国家的刑法典中都还有相关的规定，《德国刑法典》第139条（不告发计划的犯罪行为的不处罚）规定："……对其亲属的犯罪行为虽未告发，如已真

---

① 不过，亲亲相隐制度在不同朝代适用范围还是存在差别，其适用范围由最初的只单方强调"父为子隐"扩及五服以内的期亲乃至妻亲。

② 《唐律疏议·名例六》规定："诸同居，若大功以上亲，及外祖父母、外孙，若孙之妇、夫之兄弟。及兄弟妻，有罪相为隐；部曲、奴婢为主隐，皆勿论。即漏露其事，及擿语消息，亦不坐。其小功以下相隐，减凡人三等。"

③ 《唐律疏议·斗讼三》。

④ 我国台湾地区所谓的刑法典第164条和165条分别规定的是藏匿人犯或使之隐避、顶替罪和湮灭刑事证据罪。

⑤ 梅因：《古代法》，商务印书馆1984年版，第83页。

⑥ 桑德罗·斯奇巴尼选编：《民法大全选译·司法管辖权 审判 诉讼》，黄风译，中国政法大学出版社1992年版，第61页。

⑦ 周枏：《罗马法原论》（下册），商务印书馆2001年版，第527页。

⑧ 查士丁尼：《法学总论》，商务印书馆1989年版，第223页。

诚努力阻止犯罪的实施或避免犯罪结果的产生的，不负刑事责任。"该法第21章（包庇与窝藏）第258条（阻挠刑罚）第6项规定："为使家属免于刑罚处罚而为上述行为的，不处罚。"依据《法国刑法典》第434—1和434—6条之规定，重罪之正犯或共犯的直系亲属、兄弟姐妹以及这些人的配偶或众所周知其姘居生活的人，了解某一重罪在可防止、可限制或可予制止时，不将此种情况告知司法当局或行政当局，或者向重罪之正犯或共犯本人提供住所、隐蔽场所、生活费、生活手段或其他任何逃避侦查逮捕之手段的，不构成犯罪。《日本刑法典》第159条（藏匿犯人）规定："直系血亲或者配偶，为了本人①利益犯前两项之罪的，不处罚；其他亲属为了本人的利益犯前两项之罪的，可以免除处罚。"该法第四十章（有关赃物的犯罪）第360条规定："犯第三百五十八条之罪的人与本犯之间，具有直系血亲、配偶、同居的亲属或者这些人的配偶关系的，可以免除刑罚。"此外，意大利、奥地利、韩国、西班牙、瑞士、挪威、芬兰、泰国等国的刑事立法也都有类似的规定。

（三）亲属身份影响定罪和量刑之依据审视及适用中应注意的问题

有关亲属间的犯罪，从中西古今立法例可以看出它们的共性，总体而言，对于亲属间侵犯人身的犯罪从重处罚，而对于亲属间侵犯财产的犯罪以及容隐行为则减免处罚。需要明确的是，立法如此区别对待是否合理？其理据何在？这也是亲属身份本身能否成为量刑情节必须解决的问题。对于亲属间侵犯人身的犯罪从重处罚而对于亲属间侵犯财产的犯罪及容隐行为则减免处罚各自的依据为何，我国著名法学家范忠信先生做了较为全面地揭示："对亲属间侵犯人身的犯罪从重处罚之依据在于：其一，亲属之爱是人类最基本、最原始、最深厚的爱，

---

① 本条规定的"本人"是指被藏匿、被包庇的人。

是其他一切爱的基础或发源地。对一般人侵害，虽违背人类'同类相怜'（爱）的义务，但毕竟只违背了更高更远层次的义务，是外层或引伸义务；对亲属侵害，则违背了人类最深最低层次的义务，是内层或原始义务。爱亲属是'天然之善'，害亲属是'天然之恶'。比起破坏'后天之善'（人定之善）的'后天之恶'来，'天然之恶'理当更严厉惩处。其二，亲属之间一般都有互相关爱之'恩'。忘恩负义，当然犯罪恶性更大。父母对子女有'养育之恩'，夫妻之间有'相濡以沫之恩'（爱），兄弟之间有'手足之恩'。知恩图报之情感是人类最善良的本性之一，忘恩负义者的犯罪恶性是远重于一般人犯罪的。其三，亲属之间通常总比非亲属间多一层信任，相处时一般基本上没有戒备之心，对信任者犯罪最容易得逞，因而犯罪性质也更严重。而对侵犯尊亲属人身的犯罪加重处罚除上述理由外，还有：尊亲属对卑亲属一般有特殊之恩（如生身之恩、哺育之恩、教养之恩、呵护之恩），故非有比侵害一般亲属更险恶的动机目的不足以驱使人背逆此恩；对尊亲属的侵害包含对教导权威的蔑视、挑战、侵犯；侵害尊亲属在多数情况下也是侵害体力衰弱者。"[①]

对亲属间侵犯财产犯罪减免处罚的理据在于：其一，古今中外，家庭或亲属圈被视为某种意义上的"法人"，其成员之间形成一种概括的"法人财产权"，亲属间的侵犯财产并未改变此种财产权的属性，只是改变了占有人或使用人而已。其二，就伦理道德而言，中西似乎都认为，不管同居与否，亲属间有互相提供物质财利方面帮助之伦理义务（非法律义务），既然有此种义务，则亲属间即使不正当地取得对方财产也不被视为很丑恶的事情。其三，亲属间（即使不同居）财产界限的确远不如非亲属间清楚，在财产界限不清或至少划清近亲属间财产界限的观念不发达情形下的侵财行为，其社会危害相对而言要

[①] 范忠信：《"亲亲尊尊"与亲属相犯：中外刑法的暗合》，《法学研究》1997年第3期。

轻一些。其四，家庭或亲属圈从古至今都有被视为"法人"或"变相法人"的倾向，既然如此，就应给予其一定的自治权，对亲属间的侵财行为减免刑罚或作为自诉罪即是国家刑罚权给这种自治权程度不等的让渡。①

而对亲属犯罪的容隐行为之所以减免刑罚的依据在于：其一，亲属之爱，是人类一切感情联系的基础，是一切爱的起点，容隐制度的出发点就是对人类的这种最初始、最基本的爱护亲属之情感的正视和宽容。其二，在国家利益和亲情私利的矛盾冲突场合，容隐制度在价值取向上偏向后者，但归根结底还是为了保全国家长远利益。其三，亲属团体有被视为是一个"法人"或"变相法人"的倾向，团体成员间因此存在利害荣辱或权利义务的连带关系，当罪犯因犯罪受罚时往往会让其亲属连带感受到耻辱、精神损失及物质损失，如此将迫使人们在亲属犯罪时情不自禁地采取匿护行为，国家立法不得不对此种行为宽容，内中包含有保护人的基本尊严和处遇、反对司法专横和株连的用意。②

以上是我国学者所揭示的对于亲属间侵犯人身的犯罪从重处罚而对于亲属间侵犯财产的犯罪及容隐行为减免处罚之依据。应该说，这些依据全面而深刻，不过，立足于现时代，这些依据能否成为如今立法的依据还得重新审视，因为这直接关涉亲属身份能否成为量刑情节的问题。不过，立足于量刑论，在探讨亲属身份如何影响量刑之前，首先得解决其定位问题，即它到底属于犯罪行为哪一层面的何等因素之内容？笔者认为，亲属身份应当属于犯罪对象之内容，理由在于，在设立"杀害直系血亲尊亲属罪"的国家或地区，如我国台湾地区的理论就明确要求，行为人必须对于被害人系直系血亲尊亲属有所认

---

① 范忠信：《"亲亲尊尊"与亲属相犯：中外刑法的暗合》，《法学研究》1997 年第 3 期。
② 范忠信：《中西法律传统中的"亲亲相隐"》，《中国社会科学》1997 年第 3 期；《亲亲相为隐：中外法律的共同传统》，《比较法研究》1997 年第 2 期。

识，并且进而有决意加以杀害的主观心态，始具有本罪的构成要件故意；否则，行为人若无此认识，自无本罪的构成要件故意可言。① 可见，亲属身份乃主观认识之指向，因此属于犯罪客观方面且系犯罪对象之内容。

在我国的现有立法中，亲属身份并未被法定化而仍然属于酌定量刑情节，即便在最高司法机关发布的大量司法解释中，有关亲属身份影响定罪量刑的问题也只在盗窃、诈骗和敲诈勒索等罪的相关解释中涉及，至于亲属身份在其他犯罪中是否会影响或如何影响定罪量刑，司法解释并未明确。接下来笔者拟在审视上述依据的基础上，依据不同犯罪类型，探讨亲属身份对量刑的影响。

1. 亲属身份对亲属间侵犯人身犯罪的量刑影响

如上所述，中西古代立法都将亲属间的杀、伤犯罪与常人间的杀、伤犯罪区别对待，通常是对于卑亲属杀、伤尊亲属予以加重处罚，而对于尊亲属杀、伤卑亲属则予以减轻处罚。前一做法（即对卑亲属杀、伤尊亲属予以加重处罚）如今仍为不少国家或地区的立法所保留，甚至有的（如韩国及我国台湾地区）为此还专门设立了杀害尊亲属罪。于此需要究明的是，在现时代，亲属间的杀、伤犯罪与常人间的杀、伤犯罪是否还有必要区别对待，尤其是对于卑亲属杀、伤尊亲属的行为是否应加重处罚？之所以提出此一问题乃在于，只要我们稍微留意一下有些国家相关规定的立法沿革就可以发现，有些国家的刑法典之前就明确规定有处罚比普通故意杀人罪严厉得多的杀害尊亲属罪，但后来却废止了相关规定。如1871年《德国刑法典》第215条规定的是杀害尊亲属罪，且配以绝对确定的法定刑——死刑，至1941年该条被废止。《日本刑法典》第200条原也为杀害尊亲属罪专条，法定刑为死刑和无期徒刑，该条于1995年也被删除。引人注目

---

① 林山田：《刑法各论》（上），北京大学出版社2012年版，第38页。

的是日本刑法理论和实务界对该条规定的态度变化，日本最高裁判所于 1950 年做出判决认为，原第 200 条关于杀害尊亲属罪的规定是合宪的，但遭到了刑法学者的反对，反对理由为：在杀害尊亲属的场合有不少是值得宽恕的，再者该罪的法定刑也过于苛刻，违反了宪法规定的平等原则。而后最高裁判所于 1974 年 4 月 4 日的一次判决中又改变了原来的观点，认为该条规定违宪，最终于 1995 年在立法上删除了该条规定。① 即便在保留该罪的我国台湾地区，也有学者主张应予废止。② 当然，该罪的废除与侵犯亲属人身权的犯罪应否区别对待并非同等意义上的问题，换言之，即便有些国家废除了杀害尊亲属罪，我们也无法据此得出在杀、伤亲属的犯罪中，亲属身份不会对量刑产生影响。因为，1973 年日本最高裁判所在认定其刑法第 200 条的规定违宪的同时，八名法官还指出，杀害尊亲属与杀害一般人相比，应受高度的道义非难，在法律上加重其刑是合宪的，只是该罪加重的程度超过了合理的范围，因此违宪。③ 可见，在杀害尊亲属的犯罪中，该判决并未否定尊亲属身份作为加重量刑情节的合理及合法（宪）性。

那么在杀、伤亲属的犯罪中，亲属身份本身能否影响量刑进而成为量刑情节呢？笔者对此持肯定态度。虽然宪法确立了平等原则，人的生命权等价，但亲属关系在任何时代都是一种迥乎寻常的特殊关系（基于本源之爱、有某种意义上的恩及更为信任等）。换言之，前述依据即便如今看来在很大程度上仍然有效，且在笔者看来，亲属间故意侵犯人身的犯罪（不限于杀、伤犯罪），被害人无论尊卑，都是对这种特殊关系的侵犯，由此反映出行为人通常具有更大的主观恶性，故亲

---

① 张明楷：《外国刑法纲要》，清华大学出版社 1999 年版，第 470 页。
② 林山田：《刑法各论》（上），北京大学出版社 2012 年版，第 38 页。
③ 张明楷：《外国刑法纲要》，清华大学出版社 1999 年版，第 470 页。

属身份本身原则上应作为从重量刑情节。① 与之相反的是，若是亲属间的过失侵犯人身权的犯罪，亲属身份则应当作为从轻情节。就中缘由在于，因过失犯罪中的行为人对危害结果的发生持反对否定心态，而亲属间的这种特殊关系又决定了行为人对亲属造成的人身权损害后果之反对否定心态往往更为强烈，且通常是关系越近，反对否定之程度愈加强烈，因而主观恶性相对而言更轻，故应从轻处罚。不过，亲属间故意侵犯人身的犯罪，在把亲属身份本身作为从重量刑情节的同时，还须特别注意的是，对亲属这种人际关系中最为亲密的人的人身施以加害通常都不是无缘无故的，而往往有其缘由。正如我国台湾学者林山田先生在探讨卑亲属杀害直系尊亲属时所指出的："父母与子女之间的关系乃人伦中最为重要与最为密切的关系，行为人若非精神状态异常，或有不足为外人道的特殊情事，始会有杀害父或母的行为。"② 此中缘由（精神状态异常或其他特殊情事）也适用于其他亲属间侵犯人身权的犯罪。③ 具体而言，如果主体精神异常属限制刑事责任能力之情形，只有在行为人能够认识到对象乃自己亲属的情况下，亲属身份才可以作为从重处罚情节，否则只能适用我国刑法第 18 条第 3 款之规定，亲属身份不能作为从重处罚情节。在其他特殊情事中，尤其应注意的是被害人过错，不难发现，现实中亲属间侵犯人身犯罪的案件中多数都与被害人过错有关，往往是因为被害人存在过错（有的是存在严重的过错），行为人在忍无可忍的情况下才施以加害，此类案件不胜枚举。

---

① 不过，笔者认为，在亲属间侵犯人身的犯罪中，虽然亲属身份是从重量刑情节，但卑亲属对尊亲属的侵犯与尊亲属对卑亲属的侵犯在从重程度上还是应有所区别，一般而言，前者的从重幅度较之于后者更大，理由是，虽然亲属间严格的尊卑等级序列随着宗法制的消亡而淡化，取而代之的是法律面前人人平等原则，但亘古亘今未变的是，在亲属之恩中，直系尊亲属对卑亲属多了一层养育之恩。还有，亲属身份作为从重量刑情节也存在例外之情形，如虐待罪，由于其对象必须是共同生活的家庭成员，即与行为人具有亲属关系，由于亲属身份本身是构成要件要素，故不能再将其作为从重量刑情节，否则便有违禁止重复评价原则。

② 林山田：《刑法各论》（上），北京大学出版社 2012 年版，第 38 页。

③ 杀婴之情形笔者已在前文论述。

此外也需考察行为人的犯罪动机、被害人谅解等情节，如在暴力干涉婚姻自由罪中，亲属若是基于可宽容的动机（如是为了亲人的幸福或前程着想）而为，还有在犯罪后有不少被害人基于亲情对行为人予以谅解。因此，在量刑时除了要考虑行为人与被害人之间的亲属关系外，还必须考查是否存在其他影响量刑的情节，情节对量刑的影响，只有在全面考量的基础上方能使量刑结论公正合理。

总之，在亲属间侵犯人身的犯罪中，应区分为两种情形，即故意的侵犯人身犯罪与过失的侵犯人身犯罪。在前者中，亲属身份原则上应作为从重量刑情节，且一般而言，行为人与被害人的关系越近从重幅度越大，在从重幅度上，卑对尊的侵犯要比尊对卑的侵犯更大。而在后者中，情形则完全相反，即亲属身份应作为从轻量刑情节，且关系越近，从宽处罚幅度越大。除此之外，还必须综合考量其他量刑情节，如行为人精神状况、被害人有无过错、犯罪动机、被害人谅解等。

2. 亲属身份对亲属间侵犯财产犯罪的量刑影响

通过上述立法考察可知，在亲属间侵犯财产的犯罪（尤其是在盗窃罪）中，各主要国家的刑法典中均有关于亲属身份影响定罪量刑之规定，对此，我国刑法并无相关规定。不过，在我国最高司法机关发布的司法解释中有类似规定，2013年4月2日最高人民法院、最高人民检察院发布的《关于办理盗窃刑事案件适用法律若干问题的解释》第8条规定有："偷拿家庭成员或者近亲属的财物，获得谅解的，一般可不认为是犯罪；追究刑事责任的，应当酌情从宽。"2011年3月1日最高人民法院、最高人民检察院发布的《关于办理诈骗刑事案件具体应用法律若干问题的解释》第4条规定："诈骗近亲属的财物，近亲属谅解的，一般可不按犯罪处理。诈骗近亲属的财物，确有追究刑事责任必要的，具体处理也应酌情从宽。"2013年4月23日，最高人民法院、最高人民检察院发布的《关于办理敲诈勒索刑事案件适用法律若干问题的解释》第6条规定："敲诈勒索近亲属的财物，获得谅解的，一般不认为是犯罪；认定为犯罪的，应当酌情从宽处理。"以上三个解释一如多数国家的刑法典之规定，亲属间的侵财行为，原则上不作为犯罪处理，的确有追究刑事责任必要的，在处罚上也应区别于常人间的侵财犯罪。毫无疑问，此之所谓的处罚区别应是同等情况下轻于常人间的侵财犯罪，即亲属身份在量刑时应作为从宽量刑情节。

依据现有的司法解释，亲属身份只是在盗窃罪、诈骗罪和敲诈勒索罪中可以作为从宽量刑情节，问题是，我们是否可以就此推及至所有的财产犯罪呢？或言之，在其他财产犯罪中，亲属身份是否也应作为从宽量刑情节呢？对此，笔者的回答是肯定的。虽然，在新中国成立后，随着宗法制度和宗法组织的消亡，宗族成员之间的人身及财产依附关系已远不如先前社会那般紧密，但不容否认的事实是，亲属关系在任何时代都是一种异于寻常的特殊关系，这种特殊关系迄今仍然表现为上文我国有学者所揭示的，即家庭或亲属圈是一种有着类似于"法人"的利益共同体，由此导致亲属间的财产界限未如常人间分明，及引申出亲属间有互帮互助（如提供物质帮助）之伦理义务和应赋予其某种意义上的自治权。此等理据决定了亲属身份不仅在盗窃罪、诈骗罪和敲诈勒索罪中对量刑产生影响，而且对其他侵犯财产权犯罪的量刑也同样会产生影响，即原则上都应作为从宽量刑情节。不过需要注意的是，这里所称的侵犯财产犯罪应不限于我国刑法分则第五章规定的侵犯财产权犯罪，还应包括其他以侵犯财产权为目的的犯罪，如（以勒索财物为目的）绑架罪、合同诈骗罪、（以骗财为目的）招摇撞骗罪、信用卡诈骗罪等等。由此引申的问题是，有些侵犯财产权的犯罪，除了侵犯财产权外，还可能侵犯了其他法益，主要是人身权，如抢劫罪、敲诈勒索罪、（以勒索财物为目的的）绑架罪等。在此类犯罪中，亲属身份对量刑会产生怎样的影响呢？对此，笔者的观点是，行为以侵财为目的，只要手段并未故意对被害亲属造成轻伤以上的伤害或死亡后果的，亲属身份应作为从宽量刑情节。① 反之，侵财过程中若故意造成了被害亲属轻伤以上的伤害或死亡之后果，则亲属身份只能作为从重量刑情节，而若在侵财过程中过失造成了被害亲属轻伤以上的伤害或死亡之后果，则相较于同等情况下的常人间犯罪，亲属身份还是应作为从宽量刑情节。此外，还需注意的是，在亲属间侵犯财产权犯罪的量刑中，应秉持的原则是，关系越近从宽幅度越大，而若是共同生活的家庭之间的侵财行为则原则上不应作为犯罪处理，当不得不作为犯罪处理时，对其从宽处罚之幅度无疑也应是最大的。

3. 亲属身份对容隐犯罪量刑的影响

如上所述，我国古代法律中所确立的亲亲相隐制度可谓儒家文化

---

① 我国司法实践中有过此等判例，如程乃伟案，其基本案情为：被告人程乃伟，男，1979年12月17日出生于河南省博爱县，汉族，初中文化程度，待业，住河南省焦作市李河中街50号。2000年3月18日因本案被逮捕。2000年春节后的一天，被告人程乃伟到博爱县阳庙镇阳邑村其舅父程会生家玩时偷走了一个传呼机，受到程会生的指责。程会生后将此事告诉了村里其他人，程乃伟觉得无脸见人，遂产生了报复其舅父的动机。同年3月6日11时45分，程乃伟租用"面的"车到阳庙镇阳邑学校，将放学的程会生之子程明聪（10岁）骗上车拉走。行至金城乡东金城村时，程乃伟给其舅打电话说："聪聪在我这里，你把我逼急了。限你两个小时内，将6000元钱送到温博公路，由北向南走，我能看见你。不要报警，如报警，就往坏处想！"程乃伟给程明聪买了一些小食品之后，程乃伟开车到南里村附近等候。程会生向"110"报了警。程乃伟的父亲程有财获悉后立即骑摩托车赶往阳邑，与公安人员一起来到现场。当时，程乃伟和程明聪正在车上扑克。程有财下车走到"面的"车边，搂住了程乃伟的脖子。程乃伟见有公安人员，就把一块碎碗片放在程明聪的脖子上说："你们不要过来，过来我就杀了他！"在其父夺碗片时，程乃伟划伤了程明聪的脖子（表皮伤0.05×3.5cm），公安人员随即将程乃伟抓获。对于该案，一审法院（博爱县人民法院）判决被告人程乃伟犯绑架罪，判处有期徒刑十一年，并处罚金6000元。宣判后，被告人程乃伟以没有使用暴力，构不成绑架罪，且认罪态度好，一审量刑重为理由，向焦作市中级人民法院提出上诉。二审认定被告人程乃伟犯绑架罪，判处有期徒刑五年。二审宣判后，焦作市中级人民法院依法报请河南省高人民法院复核。河南省高级人民法院经复核，同意二审判决，依法报请最高人民法院核准。最高人民法院经复核认为，被告人程乃伟的行为构成绑架罪。被告人虽不具有法定的减轻处罚情节，但鉴于本案发生于亲属之间，犯罪情节较轻，被告人有悔罪表现，对其依法可以减轻处罚，并可以适用缓刑。一、二审判决认定的事实清楚，证据确实、充分，定罪准确，审判程序合法。但一审量刑过重，二审判决依法对被告人程乃伟减轻处罚，判处五年有期徒刑仍显过重，应予改判。该院根据《中华人民共和国刑法》第239条第1款、第63条第2款的规定，于2001年12月6日做出如下判决：一、撤销博爱县人民法院（2000）博刑初字第45号刑事判决、河南省焦作市中级人民法院（2000）焦刑终字第141号刑事判决。二、被告人程乃伟犯绑架罪，判处有期徒刑三年，缓刑五年。

直接影响下的产物，在新中国成立后，这一制度在我国的法律规范体系中已不见其踪影，由此产生的问题是，对亲属犯罪的容隐行为在现时代应否如过往那般对之出罪？退而言之，即便在不能出罪的情况下，对于此类行为的处罚是否应有所区别，或者说，亲属身份在此类行为中能否作为从宽量刑情节？

对于前一问题，我国的立法和司法实践都持否定态度，因为我国的刑法典对于窝藏、包庇罪，掩饰、隐瞒犯罪所得、犯罪所得收益罪等均未将为亲属而实施的此类行为排除出这些犯罪的范围，而在司法实践中，将为亲属而实施的此类行为认定为犯罪之情形可谓屡见不鲜。对于为护匿亲属而实施的窝藏、包庇等行为能否出罪的问题，笔者原则上也持否定态度[①]，就中缘由在于，犯罪绝非仅仅是对被害人的侵犯，更在于威胁到了作为整体的国家和社会利益，若将此等行为出罪无异于是将家庭或亲属圈之利益凌驾于作为整体的国家和社会利益之上，故显然缺乏合理性。需要澄清的是，不少国家和地区的刑事诉讼法典中都规定有针对亲属的指控有拒绝作证的权利。[②] 我国现行刑事诉讼法第 188 条也规定："经人民法院通知，证人没有正当理由不出庭作证的，人民法院可以强制其到庭，但是被告人的配偶、父母、子女除外。"笔者以为，诉讼法上的此等规定并不能成为上述行为出罪之理据，因为，针对亲属的指控拒绝作证的行为与为维护亲属的利益或为帮助亲属逃避刑事制裁而积极实施的窝藏包庇，掩饰隐瞒犯罪所得、犯罪所得收益等行为不可等量齐观，具体理由如下：

其一，依据我国刑事诉讼法第 60、188 条之规定，证人没有正当理由拒绝出庭或者出庭后拒绝作证的最多处以十日以下的司法拘留。

[①] 当然也不排除个案可能因为情节显著轻微危害不大而出罪。

[②] 如《德国刑事诉讼法》第 52 条、《日本刑事诉讼法》第 147 条、《意大利刑事诉讼法》第 199 条、《俄罗斯刑事诉讼法》第 56 条以及我国台湾地区刑事诉讼有关规定第 180 条、澳门地区《刑事诉讼法》第 121 条等，都规定亲属有拒绝作证的权利。

故就我国现行法规范体系而言，证人拒绝出庭作证的行为并不构成犯罪，而为维护亲属的利益或为帮助亲属逃避刑事制裁而积极实施的窝藏包庇、掩饰隐瞒犯罪所得、犯罪所得收益等行为，依据我国刑法的规定均属犯罪行为，故二者之法律性质有着霄壤之别。

其二，依据诉讼法上规定的亲属有拒绝出庭作证之权利，我们并不能推导出亲属也具有实施窝藏包庇，掩饰隐瞒犯罪所得、犯罪所得收益等行为之权利，诉讼法设立亲属拒绝出庭作证的权利主要是顾及亲情伦理，强迫人们行大义灭亲之举未免强人所难，同时也考虑到亲属因存在特殊利害关系而影响证言的证明力。由此可知，为维护亲属的利益或为帮助亲属逃避刑事制裁而积极实施的窝藏包庇，掩饰隐瞒犯罪所得、犯罪所得收益等行为显然不是亲属拒证权的逻辑顺延，而是对拒证权的滥用，逾越了其应有的界限。

其三，为维护亲属而实施上述行为并非行为人不得已的选择，或言之，行为人在实施还是不实施上述行为之间仍有选择之自由，在有选择自由的前提下实施了危害社会的行为，故行为人之行为是具有罪过的。

综上所析，为维护亲属的利益或为帮助亲属逃避刑事制裁而积极实施的窝藏包庇，掩饰隐瞒犯罪所得、犯罪所得收益等行为原则上不应出罪，即亲属身份在这些罪中不应成为定罪要素，不过，于此需要进一步探讨的是，亲属身份在这些罪中虽然不能成为定罪要素但能否成为量刑情节呢？对此，笔者的回答是肯定的，我国学者所揭示的对容隐行为减免处罚之依据迄今仍然可以成为理据。一方面，亲属之爱乃人类最初始、最基本的情感，是家庭和社会赖以维系的根本，而容隐行为即是这种最初始、最基本情感的表现形式之一，故其具有可宽宥性；另一方面，亲属之间存在着一定程度的利害荣辱之连带关系，此等关系也将在一定程度上迫使行为人在亲属犯罪时采取匿护行为，如此也使得容隐行为具有可宽宥性。因此，在窝藏包庇，掩饰隐瞒犯罪所得、犯罪收益等罪中，亲属身份应当作为从宽处罚情节。

还需进一步澄清的是，可宽宥的构成犯罪的容隐行为其界限何在？理论探讨多只限于窝藏、包庇罪，掩饰、隐瞒犯罪所得、犯罪收益罪两罪，至于其他为维护亲属利益而实施的犯罪行为是否也同样具有可宽宥性呢？笔者认为，亲属关系的上述特殊性决定了为维护亲属利益而实施的犯罪行为都或多或少具有可宽宥性，因此，为维护亲属利益而实施的犯罪行为不应限于窝藏、包庇罪，掩饰、隐瞒犯罪所得、犯罪收益罪，还包含伪证罪、妨害作证罪以及（为使犯罪或涉嫌犯罪的亲属逃避刑事制裁或获得轻判）行贿罪等。其中，对为使犯罪或涉嫌犯罪的亲属逃避刑事制裁或获得轻判而行贿的行为从宽处罚，除了在我国的传统法律中有所体现外[①]，也见于如今有的国家的刑事立法中。如《西班牙刑法典》第424条规定："刑事案件罪犯的配偶或者类似配偶的其他关系人、尊亲属、卑亲属、血亲同亲或者拟制同亲等为罪犯的利益进行行贿的，对行贿人处3个月至6个月罚金。"其法定刑要明显轻于一般行贿罪之法定刑（该罪法定最低和最高刑分别为1年和6年徒刑）。

为维护亲属利益而实施的犯罪行为或多或少都具有可宽宥性，那么影响从宽幅度的因素有哪些呢？笔者认为，主要包含以下因素：其一，行为人与被维护亲属关系之远近，一般而言，关系越远，从宽幅度越小，反之越近则越大，其中，为维护共同生活的亲属之利益，从宽幅度应是最大的。其二，对犯罪亲属进行护匿的，应考虑被护匿亲属所犯罪行之性质，一般而言，被护匿亲属所犯罪行之性质越严重或越恶劣，从宽幅度越小，反之则越大。[②] 此外，在本情形中，除了要

---

① 范忠信：《中国法律传统的基本精神》，中国人民大学出版社2001年版，第405页。
② 在我国古代自唐以降的律法中都有规定，对于直接危害封建统治的严重犯罪行为，如谋反、谋叛、谋大逆等罪行，亲属不得相隐，此等规定虽然体现了皇权绝对至上之立法理念，但不能否定的是，犯罪的性质的确会对亲属容隐行为的处罚产生影响。

考虑被护匿亲属所犯罪行之性质外，还需考虑被护匿亲属被判处刑罚的轻重，一般而言，被护匿亲属被判处刑罚越重，从宽幅度也应越小，反之则越大。

二、被害人行为因素

随着社会的发展变迁，人类认识能力不断深化拓展，犯罪中心主义的观点逐渐为互动理论所取代，即犯罪不仅仅被视为犯罪人向被害人实施的单向度行为，而是在特定场域中的犯罪人与被害人之间的互动与博弈的结果，自此，被害人不再被视为消极被动的犯罪对象，而是型塑犯罪活动的积极参与者，这尤其体现在被害人对犯罪的发生与进展具有推动作用时，犯罪中心主义的观点逐渐为互动理论所取代，汉斯·封·亨蒂希早在1941年就曾强调罪犯与受害者关系的互相影响性。[①] 我国台湾学者张甘妹认为："犯罪行为，乃根据犯罪者及其被害者二者间之关系而产生。若无犯罪之加害者，自无被害者之可言。然自反面观之，若无被害对象，则不发生犯罪亦属事实。以往之犯罪研究，偏向于犯罪者单方面之研究而忽略了在被害方面所具之各因素，以及加害、被害二者间相互关联性之重要意义。"[②] 即将犯罪不仅仅视为犯罪人所实施的单向度行为，而是发生在特定场域中的犯罪人与被害人之间的互动、博弈，正如冯·亨梯所说："在某种意义上说，被害人决定并塑造了罪犯。尽管最终的结果可能是单方面的，但是，直至该戏剧性事件的最后一刻，被害人与犯罪人之间都具有深刻的相互作用，而被害人可能在该事件中起到决定性的作用。"[③] 被害人行为作为影响犯

[①] 汉斯·约阿希姆·施耐德：《犯罪学》，吴鑫涛、马君玉译，中国人民公安大学出版社1990年版，第818页。

[②] 张甘妹：《犯罪学原论》，汉林出版社1985年版，第355页。

[③] 郭建安：《犯罪被害人学》，北京大学出版社1997年版，第153—154页。

罪的重要情节因素值得我们探讨，根据被害人行为性质之不同，可以将其分为被害人承诺、被害人过错及被害人谅解三类行为，接下来笔者将对它们分别予以论述。

（一）被害人过错

1. 被害人过错之概念界定

被害人过错实指被害人的过错行为，因为，过错作为纯粹的内在心理若不表现于外是无从为人们所把握也无法对犯罪行为产生影响的。不难发现，被害人过错不仅在刑法理论中加以研究，而且也为犯罪学所关注。并且较为一致的看法是，刑法意义上的被害人过错是以犯罪学意义上的被害人过错为前提和基础。犯罪学意义上的被害人过错乃是事实层面的过错，包含被害人因疏忽大意的合法行为而遭致的侵害及被害人因实施违法犯罪行为而招致的侵害。而刑法学意义上的被害人过错由于直接影响到刑罚责任的分配，故显然不能直接搬用犯罪学意义上的被害人过错，而应受到更为严格的限制。显而易见的是，某些犯罪学层面的被害人过错必须加以剥离，只是到底应如何限缩还存在诸多不同见解。我国有学者提出，被害人过错即指实施了违法犯罪行为，或者违背道德或其他社会规范行为，或者过失行为，从而与加害行为的发生之间具有一定直接关系的、被害人应当承担的责任。[1] 另有学者则指出，被害人过错是指受行为人主观意志支配的外在行为超过了一定社会一定时期公认的行为规范标准，而受到否定性评价和谴责，并对加害人的加害行为或结果产生密切的关联。[2] 还有学者认为，刑法视野下的被害人过错应该是指被害人违反了谨慎义务且与法益损害结果的产生具有一定程度的因果关系，并对行为人的刑事责任评价

---

[1] 汤啸天：《犯罪被害人学》，甘肃人民出版社1998年版，第110页。
[2] 赵良剑：《刑事被害人过错认定的若干实务问题》，《四川警官高等专科学校学报》2006年第3期。

产生实质影响的价值否定性行为。① 上述观点均提出被害人过错之不当性，只是第一种观点提出违背道德规范的行为也属被害人过错。笔者认为，因道德规范本身具有多层次性及多元性，若不加任何区分则极可能将一些轻微违反道德行为，如女性衣着暴露、屋主忘记锁门等归结为被害人过错，如此未免过于宽泛。第二种观点则以社会公认的行为规范判断被害人有无过错，第三种观点则以被害人是否违反谨慎义务为标准。三种观点都附设过错行为与犯罪行为或损害后果之间须有因果关系作为进一步的限制条件。相对而言，后两种见解界定的被害人过错的范围更小。

在笔者看来，欲合理界定刑法意义上的被害人过错，首先必须确定的是被害人过错的判断标准，这也是上述观点的根本性分歧所在。第一种观点似乎主张一切社会规范均可作为判断标准，第二种观点认为是特定时期社会公认的行为规范，第三种观点则以是否尽到谨慎义务为判断标准，至于谨慎义务的具体性质似乎不限于法律义务。理论对于刑法意义上的被害人过错之判断标准尽管存在较大的分歧，但不存在争议的是，刑法意义上的被害人过错之判断标准包含法律规范。问题是，其标准是否仅限于法律规范，能否包含其他社会规范，如道德规范？毫无疑问，刑法意义上的被害人过错具有影响定罪或量刑之功能，或言之，对刑事责任有无或轻重产生影响，而刑事责任乃法律责任之一种，就被害人过错而言，其对刑事责任有无或轻重的影响本质上系折抵法律责任一种形式。按理说，能折抵法律责任的本身也应是法律责任，换言之，被害人也应对该后果承担一定程度的法律责任，而要承担法律责任则应以违反法律义务为前提，如此，被害人过错的判断标准似乎应只限于法律规范。笔者以为，刑法意义上的被害人过

---

① 潘庸鲁：《关于被害人过错基本问题的思考——以一起反暴力拆迁致人死亡案为视角》，《江苏警官学院学报》2011年第3期。

错之判断标准理所当然地包含法律规范，但却不应限于法律规范，个中缘由在于：在有被害人的犯罪中，犯罪行为的确侵犯了被害人的权利，但从被害人的角度来说，只要被害人未侵犯他人的合法权利，被害人是可以放弃相关权利的，放弃（哪怕是故意放弃）权利的行为都不是违法行为，不承担法律责任，被害人过错所指向的权利中由于包含自己的合法权利。[①] 故此种情形中的所谓过错显然有别于指向他人合法权利的侵权行为之过错要素以及作为犯罪成立要件之主观罪过，侵权行为之过错要素及犯罪之罪过要件均属法律要件，判断标准只能是法律之规定，而被害人过错由于未必是违法行为，而过错又是一种否定性评价，故其判断标准也就不应限于法律规范了。当然，还需进一步澄清的是，除法律规范外，其他社会规范有无限制？我们知道，社会规范的存在范围极为宽泛，且多数都具有不成文性，其外延可谓漫无边际，我们显然不能认为一切社会规范均可成为刑法意义上的被害人过错之判断标准，而应进行合理限制。对此，笔者认为，首先应排除因多元价值观导致的、存在较大分歧的一些社会规范。如女性衣着暴露，在过往社会，或许公认为是不妥之举，但是随着时代的进步，价值的多元化，如今不少人会认为这是展示个性，并无不妥，因此，在这一点上，笔者认同上述第二种观点，即应以特定时代社会公认的行为规范为标准。不过，笔者以为，还应对此做进一步的限缩，即应将那些轻微违反社会公认的行为规范之被害人过错排除在外，做如此限缩，一方面是因刑事责任的严厉性决定了被害人的轻微过错不足以对其产生影响，另一方面也因在多数案件中，被害人往往都存在程度不等的过错，而其中的轻微且常见之情形往往已被立法内化于量刑基准之中，进而不能成为量刑情节。例如，忘记锁门或买了价低质劣的锁而遭窃、在僻径黑夜独行而遭侵犯等。因此，刑法意义上的被害人

[①] 当然，被害人过错行为所指向除了自己的合法权利外，也包含他人的合法权利。

过错应以特定时代社会公认的行为规范为判断标准，且应排除被害人轻微过错之情形。在确定判断标准之后，还需究明的是，上述三种观点都提及被害人过错与加害行为或犯罪后果的关系问题，只是各自在用语上稍有差别。笔者也肯定它们之间的关联性，因为，若它们之间不存在任何关联，被害人过错也就无从对定罪量刑产生影响，在笔者看来，其间的关联应为，被害人过错与加害之犯罪行为之间具有引起或促进的关系，或者说，被害人过错对犯罪后果的发生具有原因力。

综上所述，刑法意义上的被害人过错应是指较为严重地违反了特定时期社会公认的行为规范，且对加害之犯罪行为具有引起或促进关系的行为。

2. 作为量刑情节的被害人过错之立法考察

考察域外立法，不难发现，被害人过错系较为常见的法定从宽量刑情节。如《美国联邦量刑指南》第五章 K 部分第 2 节第 10 条（被害人行为）第 1 款规定："被害人的错误行为在相当程度上诱使了犯罪行为的，为了反映犯罪行为的性质和情节，法院可以在指南幅度之下减轻量刑。在决定减轻程度时，法院应当考虑：（a）被害人较之被告人的身高和体能，或其他相关身体特征；（b）被害人行为的持续性和被告人为防止冲突所作出的努力；（c）被告人合理预见到的危险，包括被害人好斗的名声；（d）被告人现实面临的、来自于被害人的危险；和（e）被害人在实质上诱使危险发生的其他相关行为。"《美国模范刑法典》第七·一条第 2 款规定："下列所定事由，虽不拘束裁判所之裁量，但应被考虑为保留拘禁刑之宣告之有利的情状。……（5）被害人诱发或助长被告人之犯罪行为之实行。"[1]《俄罗斯联邦刑法典》第61条（减轻刑罚的情节）第 1 款第 8 项规定："由于被害人的行为不合法或不道德而实施犯罪。"该法第 107 条还规定："由于被害人的暴力、挖

---

[1] 萧榕：《世界著名法典选编刑法卷》，中国民主法制出版社 1998 年版，第 57 页。

苦或严重侮辱，或者被害人的其他违法行为或不道德行为（不作为），以及由于被害人经常不断的不法行为或不道德行为而长期遭受精神创伤，从而在突发的强烈精神激动（激情）状态中实施杀人的，处3年以下限制自由；或处3年以下剥夺自由。"《德国刑法典》第213条（关于故意杀人的减轻情节）规定："非故意杀人者的责任，而是因为被害人对其个人和家属进行虐待或者重大侮辱，致使故意杀人者当场义愤杀人，或具有其他减轻情节的，处1年以上10年以下的自由刑。"《意大利刑法典》第62条（普通减轻情节）规定："下列情节，当不属于犯罪构成要件或者特别减轻情节时，使犯罪变得较轻：……2）在因他人非法行为造成的义愤状态中做出的反应；……5）被害人的故意行为与犯罪人作为或者不作为共同造成结果的；……"《芬兰刑法典》第6条（降低刑罚的理由）第2项规定"导致犯罪的强烈的同情心或者异常的和突然的诱惑、被害方异常的巨大过错作用，或者导致罪犯遵守法律有责性下降的其他相应情形。"《瑞士联邦刑法典》第63条关于减轻处罚规定："……（5）行为人因被害人行为的诱惑；……"《保加利亚刑法典》第128条规定，行为人因被害人对其本人或其近亲属施以暴力、严重侮辱或诽谤引起强烈激动状态而杀人者，另成独立罪名，以别于普通杀人，而规定较轻之法定刑。《葡萄牙刑法典》第72条（刑罚的特别减轻）第2款规定："在前款的适用中，尤其应当考虑下列情节：……b) 行为人基于名誉方面的原因，或者因为被害人本身的强烈要求或引诱，或者因为不正当的挑衅或不应遭受的侵犯而实施行为的……"《朝鲜民主主义人民共和国刑法典》第40条（从轻处罚的情节）规定："刑罚中从轻处罚的情节如下：……9. 被害人存在过错的犯罪。"我国澳门地区刑法典第66条（刑罚之特别减轻）第2款规定："二、为着上款之规定效力，尤须考虑下列情节：……b）……或因被害人本身之强烈要求或引诱，又或因非正义之挑衅或不应遭受之侵犯而作出的行为……"如此等等。

作为量刑情节[①]的被害人过错在我国的立法和司法解释中也有所体现，例如，在作为法定量刑情节的防卫过当中，就包含有被害人过错之情节。[②] 司法解释则有，最高人民法院、最高人民检察院发布 2013 年 4 月 27 日起施行的《关于办理敲诈勒索刑事案件具体应用法律若干问题的解释》第 6 条第 2 款规定："被害人对敲诈勒索的发生存在过错的，根据被害人过错程度和案件其他情况，可以对行为人酌情从宽处理；情节显著轻微危害不大的，不认为是犯罪。"2010 年 2 月 8 日最高人民法院印发的《关于贯彻宽严相济刑事政策的若干意见》中规定："对于因恋爱、婚姻、家庭、邻里纠纷等民间矛盾激化引发的犯罪，因劳动纠纷、管理失当等原因引发、犯罪动机不属恶劣的犯罪，因被害方过错或者基于义愤引发的或者具有防卫因素的突发性犯罪，应酌情从宽处罚。"根据 2000 年 11 月 15 日最高人民法院发布的《关于审理交通肇事刑事案件具体应用法律若干问题的解释》第 2 条和第 4 条之规定可知，交通肇事罪者刑事责任的有无轻重与行为人和被害人之间的过错程度紧密相关；1999 年 10 月 27 日最高人民法院发布的《全国法院维护农村稳定刑事审判工作座谈会纪要》中规定："对故意杀人犯罪是否判处死刑，不仅要看是否造成了被害人死亡结果，还要综合考虑案件的全部情况。对于因婚姻家庭、邻里纠纷等民间矛盾激化引发的故意杀人犯罪，适用死刑一定要十分慎重，应当与发生在社会上的严重危害社会治安的其他故意杀人犯罪有所区别。对于被害人一方有明显过错或对矛盾激化负有直接责任，或者被告人有法定从轻处罚情节的，一般不应判处死刑立即执行。"2007 年 1 月 5 日最高人民法院

[①] 作为定罪情节的被害人过错在我国的司法解释中也有所体现，例如，2000 年 7 月 19 日起施行的《最高人民法院关于对为索取法律不予保护的债务非法拘禁他人行为如何定罪问题的解释》规定："行为人为索取高利贷、赌债等法律不予保护的债务，非法扣押、拘禁他人的，依照刑法第二百三十八条的规定定罪处罚。"此种情形中，被害人过错就成为影响定罪的情节。

[②] 当然不限于被害人过错情节，还考虑到犯罪目的和动机等情节。

发布的《关于为构建社会主义和谐社会提供司法保障的若干意见》再次强调:"严格执行'保留死刑、严格控制死刑'的政策,对于具有法定从轻、减轻情节的,依法从轻或者减轻处罚,一般不判处死刑立即执行;对于因婚姻家庭、邻里纠纷等民间矛盾激化引发的案件,因被害方的过错行为引发的案件,案发后真诚悔罪并积极赔偿被害人损失的案件,应慎用死刑立即执行。"

3. 被害人过错影响量刑之依据及适用问题

关于被害人过错行为影响定罪量刑的依据,国外目前主要存在有条件的权利理论、自我创设危险理论、期待可能性理论、效率与成本理论、分配理论、被害人值得保护理论和社会标准理论等等。这些理论要么侧重于刑事责任的客观层面(如有条件的权利理论、自我创设危险理论),要么仅关注刑事责任的主观层面(如期待可能性理论),要么仅主张刑事责任的功利主义目的(如效率与成本理论、分配理论、被害人值得保护理论),要么仅注重刑事责任的道德基础(如社会标准理论)。因此,均存在不足之处。[①] 国内有研究者结合美国刑法理论总结认为,主要存在被害人行为正当说、被害人行为可谅解说及当事人责任分担说。但其反对被害人行为正当说,认为被害人过错行为不能使得犯罪行为正当化,但被害人行为可谅解说及当事人责任分担说各具有一定合理性。[②] 还有学者认为,主要有责任分担说、承诺说及谴责降低说。责任分担说将犯罪人和被害人的责任置于同一范畴评价,忽视了被害人和犯罪人之间身份不同与责任属性的差异。承诺说不能说明被害人主观上对法益损害实际持否定态度。因而赞成谴责降低说。[③]

[①] 初红漫:《被害人过错与罪刑关系研究》,西南政法大学 2012 年刑法博士学位论文,第 68—86 页。

[②] 蒋鹏飞:《作为辩护理由的被害人过错:概念界定、理论基础与认定标准》,《中国刑事法杂志》2009 年第 8 期。

[③] 潘庸鲁:《关于被害人过错基本问题的思考——以一起反暴力拆迁致人死亡案为视角》,《江苏警官学院学报》2011 年第 3 期。

笔者认为，刑法意义上的被害人过错之所以能够影响定罪或量刑，其根本依据在于，如上所述，被害人过错行为与加害之犯罪行为具有引起或促进的关系，或者说对犯罪后果的发生具有原因力。此等关系即意味着最终造成的危害社会之后果乃犯罪行为与被害人过错行为之合力所致，加害人之责任也势必因之而部分分流，当被害人过错行为之危害达到一定量时甚至可能完全抵消加害行为之社会危害性（如正当防卫之情形）。此外，当作为整体的行为的社会危害性处于罪与非罪的临界区域时，被害人过错行为将导致加害行为出罪，因而成为定罪情节，在其他多数情形中，被害人过错行为则只是会对量刑产生影响的量刑情节。

笔者认为，被害人过错作为量刑情节在适用中应注意如下问题：

（1）被害人过错对量刑的影响集中体现在过错的程度上，过错程度越大，对加害之犯罪行为从宽处罚的幅度就越大，反之则越小。具体而言，被害人过错程度的衡量需考虑被害人过错行为本身违反规范的程度。一般而言，仅违反非法律规范的被害人过错在程度上要小于违反法律规范的被害人过错。在违反法律规范情形中，被害人之过错程度又与违反法律规范的性质直接相关。我们知道，在违法性程度上，民事违法、行政违法和刑事违法是依次递增的，被害人之过错程度也会依此而逐级递增，而在同一层次的违法性中，也存在差异，其衡量标准应是被害人过错行为所侵犯权利的重要性程度。当然，若违反的仅是非法律规范，也同样存在程度上的差异，非法律规范中由于多数具有不成文性，故据此判断被害人过错之程度还需借助生活经验、常识、情理等。

（2）被害人过错并非在所有犯罪中都可以作为量刑情节。笔者认为，在诈骗类犯罪（如诈骗罪、金融诈骗犯罪、合同诈骗罪、招摇撞骗罪等）中，量刑基准中应该包含有被害人过错因素，因为在诈骗类犯罪中，都存在加害之行骗人虚构事实或隐瞒真相进而使被害人产生错误认识，被害人基于错误认识使自己受害之内容。如所周知，被害人之所以会产生错误认识，都或多或少地存在过错，如愚昧无知、缺乏警惕或贪财图利等，或言之，在诈骗类犯罪中，行骗者之所以能得逞与被害人过错紧密相关，兼之量刑基准又以既遂犯为基础，因此，在诈骗类犯罪的量刑基准中，应当包含了被害人过错之因素，故在此类犯罪中，被害人过错就不应作为量刑情节了。

（3）在已上升为法定量刑情节的防卫过当中，被害人过错不能作为量刑情节，原因在于，防卫过当的对象条件是不法侵害人，不法侵害人也是防卫过当行为的被害人。因此，在任何防卫过当中无不存在被害人过错行为，且属于较为严重甚至极为严重的过错，立法对防卫过当规定"应当减轻或者免除处罚"，毫无疑问已经考虑了被害人过错因素，因而不能将其再作为从宽量刑情节，否则，将有违刑法禁止重复评价原则。

（二）被害人承诺

被害人承诺是指法益主体同意他人对自己有权支配之权益的处置或侵害。其源自古罗马法学家乌尔比安"对意欲者不产生侵害"之法律格言，即行为人实施某种侵害行为时，如果该行为及其产生的结果正是被害人所意欲的行为与结果，那么，对被害人就不产生侵害的问题。不过，正如我国著名刑法学家张明楷教授所指出的，被害人承诺不违法必须受到严格的限制，否则构成违法。[①] 于此探讨的是，违反被害人承诺之限制条件因而构成犯罪的情况下，被害人承诺对量刑的具体影响。

1.被害人承诺之立法考察

考察域外立法，被害人承诺作为定罪情节或量刑情节在总则中进

[①] 张明楷：《刑法格言的展开》，法律出版社1999年版，第243—254页。

行规定的还是较为鲜见，多数都在分则个罪中做出规定，在总则中明确规定的有《意大利刑法典》，该法第50条规定："侵害或危害权利之行为，系经依法有处分权人之同意者，不罚。"此外，《朝鲜民主主义人民共和国刑法典》第17条（基于被害者请求之加害者的刑事责任）也规定："加害者基于被害者的请求而侵害其人身或财产的，只对其中具有社会危害性的部分承担刑事责任。"在刑法典分则中，被害人承诺作为定罪或量刑情节则多体现在受嘱托杀人罪、协助自杀罪、教唆（引诱或怂恿）自杀罪和堕胎罪中，如《德国刑法典》第216条（受嘱托杀人）第1款规定："应受被害人明示且真诚之要求而将其杀死的，处6个月以上5年以下自由刑。"其处刑要明显轻于该法第211条谋杀罪及第212条故意杀人罪之处刑。《奥地利联邦共和国刑法典》除了规定有受嘱托杀人罪（第77条）外，其第78条还规定了协助自杀罪，该条规定："引诱他人自杀，或者在他人自杀时给予帮助的，处6个月以上5年以下自由刑。"《日本刑法典》第202条，《韩国刑法典》第252条，《葡萄牙刑法典》第134、135条，我国台湾地区所谓的刑法典第275条，以及我国澳门地区刑法典第132、133条，等等，也有类似的规定。《西班牙刑法典》第143条第4项还对安乐死做了如此规定："由于被害人因足以致其死亡或者持续、严重、不能忍受的严重疾病而提出认真、明确的请求，而杀害或者通过必要、直接的行为参与杀害被害人的，根据本条第二项、第三项的规定减轻一至两级判处刑罚。"此外，《德国刑法典》第228条规定："在被害人同意的情况下所为之伤害行为，仅在该行为尽管被害人同意也违背善良风俗时，才是违法行为。"《奥地利联邦共和国刑法典》第90条（被害人同意）规定："（1）被害人同意，且侵害或危害不违反良俗的，身体伤害或对身体安全的危害，不违法。（2）如果被害人已年满25岁，或基于其他原因而实施的手术不违反良俗的，医生经本人同意而实施的绝育，不违法。（3）对生殖器加以改变或作其他侵害，导致对性感受造成持久的影响的，不能被同意。"《德国刑法典》第218条a规定，若是孕妇要求中止妊娠则不符合中止妊娠罪之犯罪构成要件；而依《葡萄牙刑法典》第140条堕胎罪的规定，未经孕妇同意堕胎的，处2年至8年监禁，而经得孕妇同意的，处3年以下监禁；《西班牙刑法典》第144条和第145条有关堕胎罪的规定也与此相类似。不过，在我国的刑事立法和司法解释中，并无被害人承诺作为定罪情节或量刑情节之明确规定，因此，有必要在理论上探讨其能否影响定罪量刑以及在适用中的问题。

2. 被害人承诺影响定罪量刑之根据

由上可知，不少国家的刑事立法都肯定被害人承诺具有影响定罪量刑之功效。接下来需要探究的是，被害人承诺影响定罪量刑之根据。有关被害人承诺阻却违法性也即影响定罪之根据主要存在法律行为说、利益缺乏说、利益衡量说以及法的保护放弃说等。法律行为说由于混淆了公法和私法的界限，混同了法律行为在民法和刑法中的不同意义，现很少学者支持该观点。利益缺乏说不能解释对于生命权，即使被害人承诺许可加害人剥夺自己的生命，国家为何仍然要追究加害人的刑事责任。利益衡量说所强调的利益衡量，实质是国家权力和公民权利两者的权衡。被害人承诺的正当性得到了公民权利学说的支持，因为被害人承诺体现了公民自由决定权。当公民自由决定权和被害人承诺放弃的权利相比较时，其权衡取舍会深深打上刑法类型的烙印。刑法的类型分为国权主义刑法和民权主义刑法。国权主义刑法的基本特点是，刑法所要限制的是国民的行为，保护国家的利益。民权主义刑法是以保护国民的利益为出发点，而限制国家行为的刑法。[①] 被害人承诺就是刑法中的一块试金石，探测出公民自由权的范围到底有多大、多宽、多广。随着经济社会的发展，世界各国都已达成共识，保障公民

---

① 李海东：《刑法原理入门（犯罪论基础）》，法律出版社1998年版，第5页。

基本人权不受侵犯，发展和丰富公民基本人权的内容，为公民基本人权的实现创造更好的条件，是现代国家存在的唯一目的。[①]民权主义刑法的勃兴已成为人类文明进步发展中不可阻挡的潮流，基于对公民权利的尊重和保护，国家必然会认可和支持公民在一定权利范围内享有自决权，在这种范围内，公民所同意的事项理所当然地具备合法性。因此，笔者认为，体现对公民自决权尊重和保护的利益衡量说可较好地阐明被害人承诺之所以具有阻却违法性或作为定罪情节之缘由。当行为在违反被害人承诺之限制条件构成犯罪的情况下，由于被害人承诺之事实的存在，仍然在一定程度上体现了公民的自决权，故也能因此而影响量刑。当然，与被害人过错一样，被害人承诺也对犯罪后果的发生具有原因力，因而也能分流部分责任。此外，被害人承诺若作为行为成立犯罪后的伴随情节，在加害人对此有认识时，也反映出加害人的主观恶性较弱，由此也能对量刑产生影响。

3. 被害人承诺作为量刑情节之适用问题

笔者以为，被害人承诺作为量刑情节在适用中存在如下问题：

（1）在超出承诺权限的情况下，被害人承诺对量刑的影响

被害人承诺阻却犯罪成立要求承诺者所承诺放弃的必须是其有权处分的个人权益，那么在超出承诺者承诺权限的情况下，被害人承诺是否会对量刑产生影响呢？笔者认为，应区分为以下情形再做具体分析：

其一，当承诺者承诺他人侵害自己的权利但同时侵害或威胁他人合法权利或公共利益时，如果承诺者和加害者都对加害行为侵犯他人合法权利或公共利益具有故意时，则成立共同犯罪，应按共同犯罪的处理原则来确定加害者与承诺者的刑事责任，承诺者之承诺此时不能

---

① 陈忠林：《刑法散得集》，法律出版社 2003 年版，第 19 页。

成为独立的量刑情节①。例如，其房屋与其他诸多房屋相连的房主同意他人烧毁自己的房子，房主与放火者之行为成立共同犯罪，房主的同意行为不能作为独立的量刑情节。当承诺者对加害者之加害行为侵犯他人合法权利或公共利益具有过失或不具有罪过时，由于承诺者与加害者不成立共同犯罪，此时承诺者之承诺行为应当作为加害之犯罪行为的从宽量刑情节。理据在于，一则承诺行为对犯罪后果具有原因力，二则犯罪后果中包含有承诺者有权放弃之权利损害。

其二，一般而言，只要不侵犯他人的合法权利，法律是允许权利人自己处分或交由他人处分自己的权利的，但是国家基于某些方面利益的考量，对于极少量的权利，法律不禁止权利主体自己对之加以处分，但却禁止他人唆使、协助或代为处分，若他人唆使、协助或代为处分的则可能构成犯罪。其中，最为我们熟知的就是生命权，依据我国法律之规定，自杀原则上不承担法律责任，不过，我国刑法理论和实务界均普遍认同，虽然我国刑法中并未规定教唆自杀罪、帮助自杀罪和受嘱托杀人罪，但教唆自杀、帮助自杀和受嘱托杀人的都应按故意杀人罪追究刑事责任。除生命权外，我国有权威刑法学者认为，重大健康权也是如此。②那么在教唆自杀、帮助自杀和受嘱托杀人构成故意杀人罪以及教唆自伤、帮助自伤、受嘱托伤害致人重伤构成故意伤害罪的情形中，被害人承诺是否应作为从宽量刑情节呢？通过上述有关被害人承诺之立法考察可知，不少国家的刑法典中都设立了教唆自杀罪、帮助自杀罪和受嘱托杀人罪，这些罪的法定刑要明显轻于普通故意杀人罪。对此，我国刑法学界也普遍认同，教唆自杀、帮助自杀和受嘱

---

① 不能作为独立的量刑情节是因为，依据我国刑法规定，共同犯罪人之刑事责任系以各共同犯罪人在共同犯罪中所起的作用确定，而承诺者之承诺行为对于确定各共同犯罪人所起的作用（或主从）还是有帮助的。换言之，在存在承诺者承诺行为的共同犯罪中，主犯、从犯和胁从犯中已经考虑了承诺者承诺之行为。

② 张明楷：《刑法格言的展开》，法律出版社1999年版，第248—249页。不过，对于帮助自伤或受嘱托伤害致人重伤的行为，在我国司法实务中似乎并不会一概入罪，如变性手术。

托杀人应属于情节较轻的故意杀人罪。笔者对此也表示认同，并认为，对这些行为从宽处罚的主要依据在于，法律并不禁止生命权主体处分自己生命权之行为，故法律应在一定程度上尊重生命权主体对自己生命的自决权，而对经生命权主体（即被害人）有效承诺剥夺其生命权或诱发、协助其剥夺自己生命权的行为从宽处罚，在某种程度上体现了对这种自决权的尊重。还需注意的是，在经被害人承诺剥夺其生命权的情形中包含有一种特殊行为，即安乐死。一般认为，安乐死是指患者身患现代医学无法医治之绝症，极度痛苦，濒临死亡，基于患者的请求，使用适当医学方法，使其无痛苦地死亡的行为。由于其中除了包含有被害人承诺的因素外，"加害人"还是基于人道主义之动机，因此，在经被害人承诺剥夺其生命权的各种情形中，安乐死又更具可宽恕性，故对其从宽处罚的幅度也应更大。准此以推，在经被害人承诺加害其重大健康权的行为认定为犯罪的情况下，被害人承诺无疑更应作为从宽处罚情节。

（2）被害人之承诺能力对量刑的影响

被害人承诺的有效性以被害人具有承诺能力为前提，唯有具有承诺能力，其承诺才可能是出于真实意思表示。承诺能力又以辨认能力为前提，承诺之辨认能力是对承诺者能够认识或理解承诺事项之性质、后果及意义等。承诺能力直接影响承诺之效力，承诺者无承诺之能力则其承诺是无效的，若加害人明知承诺者无承诺能力，在承诺者做出承诺后对其加害的，能否将被害人承诺作为量刑情节对加害人从宽处罚呢？譬如，案例一：甲明知乙是儿童，在经乙同意后对其进行伤害或剥夺其生命；案例二：丙男明知丁是幼女，在征得丁的同意后与其发生性关系。对此，笔者的回答是否定的，原因是，被害人由于没有承诺能力故不成立被害人承诺，相反，作为两案行为对象的儿童和幼女，对此明知反映出行为人更大的主观恶性，因而应从重处罚。总体而言，被害人承诺能力受年龄、智力和精神状况等因素的影响，承诺能力越强,承诺就越有效,对加害人从宽处罚的幅度就越大,反之,从宽幅度就越小,直至否定被害人承诺之成立。

(3)承诺错误对量刑的影响

承诺错误是指具有承诺能力的承诺者所做出的并非其真实意思表示的承诺,或者说基于对承诺事项的性质、后果和意义等存在错误认识所做出的承诺。承诺错误由于不是出于承诺者真实意思表示故无效,即不成立被害人承诺。例如,甲男趁着黑夜潜入乙女的住所意图奸淫乙女,乙女误认为甲男是自己的丈夫而同意与其发生性关系。本案中,乙的同意便属于承诺错误,不成立被害人承诺。不过,承诺错误虽然不成立被害人承诺,但它还是可能会对量刑产生影响,只是在处理上,笔者认为,承诺错误若符合被害人过错的,则应按被害人过错进行处理。

(三)被害人谅解

被害人谅解,亦称为被害人宽恕或被害人和解,是指被害人基于真实意思表示在犯罪发生后、法院生效判决前向主管机关提出谅解或宽恕加害人的行为。需要探讨的是,被害人谅解能否成为量刑情节?以下笔者拟在考察域外与被害人谅解相关的立法以及我国立法及相关司法解释的基础上,探究其影响定罪量刑之根据及适用问题。

1.被害人谅解之立法考察

作为定罪或量刑情节的被害人谅解在域外立法中也多有体现,例如,《德国刑法典》第46条a款规定:"行为人具备下列情形之一的,法院可依第49条第1款减轻其刑罚,或者,如果科处的刑罚不超过1年自由刑或不超过360单位日额金之罚金刑的,则免除其刑罚:1.行为人努力与被害人达成和解,对其行为造成的损害全部或大部予以补偿,或认真致力于对其行为造成的损害进行补偿的。"《俄罗斯联邦刑法典》第76条规定:"初次实施轻罪和中等严重犯罪的人,如果他与被害人和解并弥补给被害人造成的损害,则可以被免除刑事责任。"

《奥地利联邦共和国刑法典》第 42 条规定："依职权进行追诉的行为的法定刑为罚金刑、3 年以下自由刑，或此等自由刑和罚金刑具有下列情形的，行为不处罚：1. 行为人的罪责轻微，2. 行为没有造成后果或仅造成轻微后果，只要行为人真诚努力，基本上消除了行为后果、给予赔偿，或以其他方式予以和解，且 3. 无须科处刑罚，即可防止行为人继续实施应受刑罚处罚的行为，或防止他人实施应受刑罚处罚的行为。"《塞尔维亚共和国刑法典》第 59 条（犯罪人和被害人之间的和解）规定："就应当被判处三年以下监禁或罚金的犯罪而言，如果犯罪人已经完全履行了其同被害人所达成和解协议中所规定的全部义务的，则法庭可以对其免于处罚。"《阿尔巴尼亚共和国刑法典》第 48 条规定："有下列情节的，减轻刑罚：……e）实施犯罪行为的人和被害人之间的关系已经恢复正常的。"

我国刑法并未对被害人谅解做明确规定，但在程序法中有相关的规定，我国刑事诉讼法第 206 条规定："人民法院对自诉案件，可以进行调解；自诉人在宣告判决前，可以同被告人自行和解或者撤回自诉。"被害人谅解作为定罪或量刑情节多规定在我国最高司法机关发布的司法解释中。例如，2007 年 1 月 5 日，最高人民法院发布的《关于为构建社会主义和谐社会提供司法保障的若干意见》规定："当宽则宽，最大限度地减少社会对立面。重视依法适用非监禁刑罚，对轻微犯罪等，主观恶性、人身危险性不大，有悔改表现，被告人认罪悔罪取得被害人谅解的，尽可能地给他们改过自新的机会，依法从轻、减轻处罚，对具备条件的依法适用缓刑、管制、单处罚金等非监禁刑罚，并配合做好社区矫正工作；重视运用非刑罚处罚方式，对于犯罪情节轻微，不需要判处刑罚的，予以训诫或者具结悔过、赔礼道歉、赔偿损失，或者建议由主管部门予以行政处罚或行政处分。"最高人民检察院 2007 年 1 月 15 日发布的《关于在检察工作中贯彻宽严相济刑事司法政策的若干意见》也规定："对于轻微刑事案件中犯罪嫌疑人认罪悔过、赔礼道歉、积极赔偿损失并得到被害人谅解或者双方达成和解并切实履行，社会危害性不大的，可以依法不予逮捕或者不起诉。确需提起公诉的，可以依法向人民法院提出从宽处理的意见。"2010年2月8日最高人民法院印发的《关于贯彻宽严相济刑事政策的若干意见》中规定："被告人案发后对被害人积极进行赔偿，并认罪、悔罪的，依法可以作为酌定量刑情节予以考虑。因婚姻家庭等民间纠纷激化引发的犯罪，被害人及其家属对被告人表示谅解的，应当作为酌定量刑情节予以考虑。犯罪情节轻微，取得被害人谅解的，可以依法从宽处理，不需判处刑罚的，可以免予刑事处罚。"2013年4月2日最高人民法院、最高人民检察院发布的《关于办理盗窃刑事案件适用法律若干问题的解释》第8条规定："偷拿家庭成员或者近亲属的财物，获得谅解的，一般可不认为是犯罪；追究刑事责任的，应当酌情从宽。"2011年3月1日最高人民法院、最高人民检察院发布的《关于办理诈骗刑事案件具体应用法律若干问题的解释》第4条规定："诈骗近亲属的财物，近亲属谅解的，一般可不按犯罪处理。诈骗近亲属的财物，确有追究刑事责任必要的，具体处理也应酌情从宽。"2013年4月23日，最高人民法院、最高人民检察院发布的《关于办理敲诈勒索刑事案件适用法律若干问题的解释》第6条规定："敲诈勒索近亲属的财物，获得谅解的，一般不认为是犯罪；认定为犯罪的，应当酌情从宽处理。"2013年11月11日最高人民法院、最高人民检察院发布的《关于办理抢夺刑事案件适用法律若干问题的解释》第5条规定："抢夺公私财物数额较大，但未造成他人轻伤以上伤害，行为人系初犯，认罪、悔罪，退赃、退赔，且具有下列情形之一的，可以认定为犯罪情节轻微，不起诉或者免予刑事处罚；必要时，由有关部门依法予以行政处罚：……（三）被害人谅解的；……"

2. 被害人谅解影响定罪量刑之根据及适用问题

以上域外立法及我国相关立法及司法解释都肯定被害人谅解对定

罪量刑的影响，在探讨被害人谅解对量刑的具体影响之前，首先需要究明的是，被害人谅解到底能否对定罪量刑产生影响？如果能，其依据何在？

已如笔者前文所析，犯罪不同于一般违法行为，二者的主要区别在于：一般违法行为只侵犯了其他部门法规定的具体权利，而犯罪则不仅仅侵犯了其他部门法规定的具体权利，更在于它侵犯了其他部门法为保护具体权利所设定的特定法律制度，此时若不动用刑法制裁，该法律制度就将崩溃，那么该制度之下的每一公民的权利都将得不到保障，更甚者，任何一项法律制度的崩溃都意味着作为整体法律秩序的崩溃。如此，全体公民的基本人权将得不到有效的保障，故犯罪之严重社会危害性在于它侵犯了整体的法律秩序和全体公民的基本人权。正因如此，与民事和行政案件有着显著区别的是：在刑事案件中，作为原告的一方原则上是代表国家或全体公民的公诉机关而非被害人。从严格意义上来说，刑事案件的被害人应是全体公民，而作为个体的直接被害人自然无法代表全体公民的意志，故若其对犯罪人谅解或双方达成和解而主张不追究犯罪人的刑事责任，原则上应是无效的。换言之，公诉机关原则上不能因为直接被害人与罪犯达成了谅解就放弃追诉权。由此可见，被害人谅解原则上是不影响定罪的。不过，依据我国刑事诉讼法之规定，除了占据绝对主导地位的公诉罪外，还有少量的自诉罪，自诉罪因其情节较为轻微，危害不是很大，因而不是国家刑事司法资源投入及司法机关打击的重点，法律于是赋予被害人或相关人自行提起刑事诉讼的权利。刑事自诉制度的设立一方面有助于节约司法资源，将有限的司法资源投入到打击那些社会危害较为严重的犯罪上，另一方面也有助于化解社会矛盾、维护社会稳定和保护被害人的权利。在自诉案件中，被害人与加害人达成谅解将导致加害行为不被追诉，或者即便在被追诉情况下，被害人谅解将对量刑产生影响，学界对此基本无疑义。存在较大争议的是，在公诉罪中，被害人与罪犯达成谅解虽然原则上对定罪不产生影响①,但能否对量刑产生影响?或者说,被害人谅解在公诉罪中能否成为从宽量刑情节?

对于被害人谅解在公诉罪中能否成为量刑情节,我国有研究者明确持否定态度,理由为:其一,根据我国刑法第 61 条之规定,判断刑事责任大小只能依据犯罪的事实、犯罪的性质、情节和对于社会的危害程度四个方面。事后出现的被害人谅解不可能成为已经客观存在了的"犯罪的事实"的组成部分,被害人谅解是被害人对犯罪人及其行为的个人态度,既不属于犯罪人的主客观因素,也不属于犯罪行为的表现,不能评价犯罪人的主观恶性和犯罪行为的客观危害性。被害人谅解只是被害人对自己权利的放弃,并不能抵消犯罪行为对社会所造成的损害,自然也不能减轻罪犯的刑事责任。以不影响刑事责任大小的事实来确定适用刑罚的轻重,有违罪责刑相适应原则。其二,我国刑法总则和分则所规定的量刑情节中,并不包含被害人谅解,故其不属于法定量刑情节;因酌定量刑情节也必须符合刑法理论和立法精神,故只有能够反映行为的社会危害程度和行为人的人身危险程度的各种事实情况才能成为量刑情节。而被害人谅解既不能影响犯罪行为对犯罪客体所造成的损害,也不能反映犯罪人的人身危险性,因而不属于酌定量刑情节的范畴。其三,以被害人谅解作为量刑情节,不仅牺牲了被害人的利益,在本质上更是牺牲了社会的利益,这将有可能掩盖社会对惩罚犯罪的需求,引起公众对司法公正的怀疑。如果被害人的意见可以左右量刑,甚至可以决定罪犯的生死,那么,对于两名犯罪情节完全相同的罪犯,却可能因为所侵犯的被害人态度的不同而承担不同的刑事责任,那刑法的公平如何体

---

① 也有例外,譬如上述最高司法机关发布的有关盗窃罪、诈骗罪和敲诈勒索罪的司法解释就明确规定,获得被害亲属谅解的,一般不按犯罪处理。还有最高人民法院、最高人民检察院、公安部 1984 年 4 月 26 日颁布的《关于当前办理强奸案件中具体应用法律的若干问题的解答》中规定:"第一次性行为违背妇女的意志,但事后并未告发,后来女方又多次自愿与该男子发生性行为的,一般不宜以强奸罪论处",理论一般也认为,这也是被害人谅解阻却犯罪成立之情形。

现？① 另有研究者也指出，不论依现有的刑法规定、对规定的学理解释及依主流的刑罚正当化根据理论，还是基于恢复性司法理念，被害人谅解都不应成为酌定量刑情节。②

因此，必须解决被害人谅解能否成为量刑情节的问题。不容否定，量刑必须依据我国刑法第61条的规定，即应依据犯罪的事实、犯罪的性质、情节和对于社会的危害程度。而通过笔者的前述分析可知，能够成为量刑情节的事实必须反映犯罪的本质，即要么是反映行为的客观危害程度，要么是反映主体之主观恶性程度，要么是反映主体之人身危险性程度。显然，单纯的被害人谅解是无法体现主体的人身危险程度及主观恶性程度的，故剩下的就只能考察被害人谅解能否反映行为的客观危害程度了。上述否定被害人谅解作为酌定量刑情节的首要理由是，被害人谅解属于事后出现的事实，因而不可能成为已经客观存在了的"犯罪的事实"的组成部分。笔者认为，将事后出现的事实一概排除出犯罪事实的范围并不符合刑法理论之通识及刑法规定。例如，作为法定量刑情节的自首、坦白和立功都是罪犯的事后行为，按论者的逻辑，它们既非犯罪的事实、犯罪的性质和犯罪的情节③，也无法反映犯罪行为对于社会的危害程度，那么就不应成为量刑情节，这显然不具合理性。还有，如前所述，不少国家和地区的刑法典以及我国的相关司法解释也都规定了赔偿损失之量刑情节，按论者观点，也是无由成为量刑情节的。而已如笔者前文所析，不少罪犯的罪前和最后表现是可以成为量刑情节的，原因是它们能够反映罪犯的人身危险、主观恶性或客观危害。不过，被害人谅解的确具有特殊性，它不是罪犯的罪前罪后表现，而是犯罪被害人的行为，但笔者认为，它仍然能

---

① 刘兵：《被害方谅解能否成为量刑情节》，《检察日报》2008年8月5日，第五版。
② 王瑞君：《刑事被害人谅解不应成为酌定量刑情节》，《法学》2012年第7期。
③ 或许有论者会认为，刑法第61条规定的是"犯罪的事实、犯罪的性质、情节"，"犯罪的"不修饰"情节"，但问题是，如果情节不是"犯罪的"，它们的存在范围如何确定？难道只要立法规定，任何东西都可以成为量刑情节？如此量刑情节岂不成了立法者随心所欲的产物？

够成为量刑情节,理由在于,它能够反映犯罪行为的客观危害。对此,反对者定会驳称,犯罪一旦结束,客观危害已然成为既定事实,不会再因任何事实的存在而增加或减少。而笔者的回答是:行为所造成的客观危害可能因行为人的事后行为而部分抵消,由此导致客观危害减少进而影响到犯罪行为整体的社会危害性,因而影响量刑,这也是赔偿损失作为从宽情节的理据之一。单纯的被害人谅解能够成为量刑情节的根据在于,犯罪是对全体公民基本人权的侵犯,其中当然包含了被犯罪行为所直接侵害的被害人的权利,而如上文被害人承诺部分所述,被害人的多数权利是允许放弃的,被害人放弃其相关权利意味着行为的客观危害减少进而对作为整体的社会危害性也相应减少。不过,相对于全体公民的基本人权而言,被害人的权利的确给人以沧海一粟、恒河一沙之感,被害人权利的放弃对全体公民的基本人权而言,其影响也因之看似微弱。但即便如此,我们还是不能完全忽略其存在,毕竟完整的人权保障理所当然地包含了对被害人权利的保护,更何况其乃犯罪行为后果的直接承受者,因此,量刑公正也要求裁判者不能忽略任何对量刑产生影响的因素。而事实上,在犯罪行为所侵犯的客体中,被害人的权利并未如感觉或想象的那般微不足道,作为犯罪后果的直接承受者,现代刑事立法和刑法理论都充分肯定罪犯刑事责任的程度与被害人的相关权利是否受到犯罪行为实际侵害直接相关,其中最明显的表现就是犯罪既、未遂的区分。如所周知,不少犯罪既、未遂的区分都是以被害人的相关权利(如人身权、财产权等)是否实际受到侵害为标准,由此导致量刑上迥然有别。而在理论上,德国刑法学界的学者们甚至建议,应当根据被害人因犯罪行为所致的"生活质量"的降低,将刑罚划分成不同的层次。[①] 由此可见,被害人的权利对

---

① 汉斯·海因里希·耶赛克、托马斯·魏根特:《德国刑法教科书》,徐久生译,中国法制出版社 2001 年版,第 1048 页。

量刑的影响并非微不足道。此外，立法及理论不存疑异的是，被害人谅解在自诉罪中对定罪量刑起着极为重要的作用，那么被害人谅解何以能对自诉罪的定罪量刑产生重要影响呢？根由无非是笔者所揭示的上述理据，而自诉罪与公诉罪并无本质区别（皆为犯罪，只是社会危害程度通常有别而已），故能对前者的社会危害性产生影响的事实势必也影响着后者的社会危害性，只是影响的程度有所不同而已。具体而言，行为的社会危害性越小，被害人谅解对行为的定性或构成犯罪后的量刑所产生的影响越为显著[1]，反之则越不明显。除非在极端情形中，否则不能完全忽略不计。还有，从刑罚功能的角度来说，刑罚一般预防功能中包含着对被害人的安抚功能[2]，被害人谅解意味着刑罚安抚功能在某种程度上的实现，也意味着刑罚的一般预防功能的部分实现，而刑罚的适用应当兼顾报应与预防，这也从另一角度揭示在量刑时应当考虑被害人谅解。

综上所述，即便单纯的被害人谅解也能对定罪或量刑产生影响，故被害人谅解在量刑论中即使法律并未予以明确规定，但仍有资格成为酌定量刑情节。

在确定被害人谅解具备酌定量刑情节之资格后，接下来需要探讨的是被害人谅解作为酌定量刑情节在适用中需要注意的问题。笔者认为，适用被害人谅解有以下问题值得注意：

其一，被害人谅解作为量刑情节对量刑产生的影响之总体表现，也是实务中适用被害人谅解情节应遵循的原则为：随着犯罪行为社会危害性的增大而对量刑的影响减小，直至影响消失；从另一视角来看

---

[1] 当行为的社会危害处于罪与非罪的临界区域时，若获得被害人谅解，行为的社会危害将因之减少而出罪，被害人谅解此时成为定罪情节，这也是在自诉罪和某些危害轻微的行为（如上述司法解释中规定的有关亲属间的盗窃、诈骗和敲诈勒索行为）中，被害人谅解之所以影响行为成罪与否的根据所在。

[2] 李永升主编：《刑法总论》，法律出版社2015年版，第291页。

则是，随着行为的社会危害性的减少而对量刑的影响增大，直至使行为出罪进而成为定罪情节。前一视角向我们提示，并非任何案件中的被害人谅解都会对量刑产生影响，在某些罪行极端严重的案件中，即便取得了被害人或其亲属的谅解也未必能成为"应当判处死刑但不是必须立即执行"之依据。①

其二，如上所述，即便单纯的被害人谅解也能成为量刑情节，但现实中的被害人谅解通常不是无缘由的，往往是在罪犯赔偿损失或认罪（悔罪）之后方获得被害人（或其亲属）的谅解的。关于赔偿损失和认罪，笔者已在前文论述，由于它们本身也属于量刑情节，故当存在赔偿损失或认罪与被害人谅解并存时，应一并考量决定从宽处罚之幅度，此时的从宽幅度无疑应比只具单一情节的从宽幅度更大。

其三，被害人谅解应为酌定从轻情节，那么与此相关的一个问题是，未获得被害人谅解，如在实务中经常出现被害人或其亲属要求严惩被告人，那么未获得被害人或其亲属谅解尤其是被害人或其亲属要求严惩被告人时，是否就应从重处罚呢？也即未获得被害人或其亲属的谅解能否成为酌定从重量刑情节？对此，笔者的回答是否定的，就中缘由在于：未能获得被害人或其亲属的谅解作为常态已然成为确定量刑基准之因素，而被害人谅解从宽处罚所参照的正是该量刑基准，故未获得被害人谅解本身也就无所谓从重处罚的问题。要不然，被害人谅解应从宽处罚，而未获得被害人谅解又须从重处罚，果真如此，那么无论从宽还是从重都将失去参照标准。因为，现实中在被害人谅解与不谅解之间不存在居中类型，故二者中，只有被害人谅解是量刑情节，被害人不谅解不是量刑情节。如此也就不难回答否定被害人谅

---

① 事实上，任一从宽量刑情节都具有此等特性，即在某些极端情形中，最终对量刑不产生任何影响。笔者于此提及是为纠正司法实务中的一种错误做法，即笔者将于后文论及的有些地方的司法机关对某些罪行极端严重的案件，只要存在被害人（或其亲属）谅解并且赔偿了损失的，就基本不判死刑立即执行。

解作为酌定量刑情节之论者在其文中提出的反诘了。其反诘为：如果被害方谅解可以成为酌定从轻情节，那么，被害方要求严惩被告人，是否就可成为从重情节呢？如果被告人在罪后有强烈的悔罪表现，但仍不能得到被害人的谅解，或者被害人已经谅解而被告人却毫无悔罪表现，在量刑情节上又该做何取舍呢？① 对于第一个反诘笔者已经回答，而对第二反诘笔者的回答是，此种情形对被告人只适用认罪情节，对第三个反诘的回答则是该情形只适用被害人谅解情节。

三、被害人居弱者地位

（一）弱者范围界定

弱者又称为弱势者，关于弱势者，现有理论探讨较多的是作为弱势者集合的弱势群体概念。何谓弱势群体，在理论上存在不同的认识。如有学者指出，弱者主要包含三种类型：首先，妇女、未成年人、老年人、残疾人等特殊群体；其次，2002年时任国务院总理的朱镕基在《政府工作报告》中提到的四类人：下岗职工、"体制外"的人、进城农民工、较早退休的"体制内"人员；最后，精神病患者、意外事故受害者、犯罪嫌疑人等。② 另有研究者认为，弱势群体是一个特殊的人群，他们往往因在市场活动中地位低下，其权益常常受到他人侵害，所以，亦称"易受侵害群体"，其构成主体主要包括易受侵害的妇女、未成年人、老年人、残疾人等。弱势群体由于自身的特殊性和易受伤害性，特别需要社会的关怀和保护。③ 还有学者认为，在我国，弱势群

---

① 刘兵：《被害方谅解能否成为量刑情节》，《检察日报》2008年8月5日。

② 胡玉鸿：《弱者权益保护研究综述》（上册），中国政法大学出版社2012年版，第61页以下。

③ 周运清、曾亚林：《弱势群体权益保护与福利政策比较研究》，《河南省政法管理干部学院学报》2002年第5期。

体可以指"城乡二元结构"体制下的农民及农民工、下岗职工、妇女、儿童、老人、残疾人等。[①]

根据《现代汉语词典》的解释,"弱"的字义有:"气力小,势力差(跟'强'相对);年幼",弱势者之"弱势"是指"弱小的势力。"[②]上述学者界定的弱势群体所包含的是作为广义上的弱势者。在刑法中,对作为量刑情节的弱势者应当进行严格的限制。在笔者看来,农民工、下岗职工和妇女应当被排除在外,原因是:一则这类群体数量过于庞大,无法也不应成为普遍性的影响量刑之情节;二则如若针对弱势者犯罪应从重处罚,那么从另一角度来说,当弱势者作为犯罪主体实施犯罪时,对其则应从宽处罚,而上述主体并不存在从宽处罚之理据。笔者认为,后一理由或视角是界定作为量刑情节的(被害人)弱势者范围的重要方法。遍检我国现有的刑事立法,在立法上对其从宽处罚的主体有:(1)未成年人,其依据是刑法第17条第3款有关未成年人犯罪应当从宽处罚之规定,以及第49条第1款有关犯罪时不满18周岁的人不适用死刑之规定。此外,也可以从刑法第29条第1款有关教唆未成年人犯罪应从重处罚之规定中获得印证。(2)老年人,其依据是刑法第17条有关老年人犯罪从宽处罚之规定,以及第49条第2款有关审判时已满75周岁的人原则上不适用死刑之规定。(3)孕妇,其依据是刑法第49条第1款有关审判时怀孕的妇女不适用死刑之规定。(4)残疾人,这里的残疾人包括生理残疾者和智力残疾者,其依据是我国刑法第19条有关又聋又哑或者盲人犯罪从宽处罚之规定,此外,在第260条之"虐待被监护、看护人罪"和262条之"组织残疾人、儿童乞讨罪"中,将残疾人与未成年人或儿童、老年人等并举,故残疾人无疑属于刑法上的弱势者。(5)需要被看护或没有独立生活能力的患者,

---

[①] 杨海坤、曹达全:《弱势群体的宪法地位研究》,《法律科学》2007年第4期。
[②] 中国社会科学院语言研究所词典编辑室编:《现代汉语词典》,商务印书馆2005年版,第1166—1167页。

其依据是刑法第 260 条之"虐待被监护、看护人罪"和 261 条"遗弃罪",在这两个罪中,刑法将其与未成年人、老年人和残疾人等并列,故其属弱势者。(6)精神病人,其依据是刑法第 18 条有关精神病人造成危害后果不负刑事责任或从宽处罚之规定。此外,在正当防卫的对象上,我国刑法理论通说认为,对于无责任能力的精神病人、未成年人的侵害行为实行正当防卫需要加以限制。一方面,从刑法精神来讲,无责任能力人的侵害行为明显不能等同于有责任能力的侵害;另一方面,从社会道义上讲,应当尽一切努力避免对精神病人、未成年人造成不应有的身体或精神损害。① 据此可知,精神病人也当属于弱势者。综上所述,具有刑法依据的作为量刑情节的被害人属弱势者包含:未成年人、老年人、孕妇、残疾人、需要被看护或没有独立生活能力的患者、精神病人。问题是,除了列举的这些能够从刑法上找到依据的弱势者外,是否还有其他类型的弱势者?笔者认为,灾民和难民也应为弱势者,灾民和难民因遭受灾难往往生活境况较为恶劣,心理通常也较为脆弱,以致自我保护能力较弱,故当属于弱势者。此外,遭受不可抗力、意外事件还有不法侵害的被害人往往也具有该特点,因此也应属于弱势者。

(二)作为量刑情节的被害人居弱者地位之立法考察

将被害人属于弱势者作为量刑情节在域外立法中并不鲜见,例如,《俄罗斯联邦刑法典》第 63 条(加重刑罚的情节)规定:"1. 加重刑罚的情节是:……(8)对犯罪人明知正在怀孕的妇女、幼年人以及其他没有自卫能力或孤立无援的人实施犯罪或者对依赖从属于犯罪人的人实施犯罪的。……"《奥地利联邦共和国刑法典》第 4 章

---

① 高铭暄、马克昌主编:《刑法学》(第七版),北京大学出版社、高等教育出版社 2016 年版,第 133 页。

（量刑）第 33 条（特别的从重事由）规定："行为人具备下列情形之一的，构成特别之从重处罚事由：……7. 行为时利用他人的无自卫能力或无救助能力的。"《塔吉克斯坦共和国刑法典》第 62 条（加重情节）规定："（1）下列情形认定为加重情节：……G. 明知受害人是孕妇而实施犯罪的，对未成年人、处于无助状况的人、依赖被告人的人实施犯罪的；……"《阿尔巴尼亚刑法典》第 50 条（加重情节）规定："有下列情节的，加重刑罚：……e）针对儿童、孕妇或者因为各种原因而无力自卫的人实施犯罪行为的；……"《智利刑法典》第 12 条规定："有下列情形的，加重刑事责任：……6. 在被害人不能抵抗犯罪的情况下，行为人滥用其性别或者力量上的优势的。……"《哥伦比亚刑法典》分则第 2 章（杀人罪）第 104 条（加重情节）规定："……7. 让被害人陷入无自卫能力或者劣势处境，或者利用这一处境。……"我国现有的司法解释中，《量刑指导意见》中规定有："对于犯罪对象为未成年人、老年人、残疾人、孕妇等弱势人员的，综合考虑犯罪的性质、犯罪的严重程度等情况，可以增加基准刑的 20% 以下。"

（三）被害人居弱者地位影响量刑之根据及适用问题

透过域外相关立法及我国的司法解释可知，被害人居弱者地位或属弱势人员都是作为从重处罚情节，那么对弱者侵害何以应作为从重处罚情节呢？在笔者看来，其主要根据在于：其一，同情弱者乃人之天然情感，对弱者同情心由来于人的移情能力，也即"感人之所感"，并同时能"知人之所感"，是既能分享他人情感，对他人的处境感同身受，又能客观理解、分析他人情感的能力。当弱者遭受侵害时，人们会出于本能地倾向于弱者，设身处地，推己及人，感人之所感，将其遭受的痛苦视为自己的痛苦，换言之，对弱者的伤害也让我们自己感到受了伤害。[①] 因此，对弱者的侵害也侵害到了人们对弱者的同情感，表现出行为更大的客观危害性，故应从重处罚。其二，由于生理、心智、精神或处境上的弱势，弱者往往自卫能力较弱甚至完全丧失自卫能力，进而更容易受到侵害。面对弱者，本应秉着敬老慈幼、济困扶危之情怀，但有的行为人却在认识到对方系弱者的情况下，仍恃强凌弱、乘人之危、落井下石，由此体现出行为人更大的主观恶性，因此应受更重的处罚。其三，不畏强者反映的是行为人勇敢的性格特征，而欺凌弱者则是行为人性格怯懦之表现，而性格乃人格之基本范畴，故对弱者加以侵害也能在一定程度上体现罪犯之人格，或者说在一定程度上反映出行为人更大的人身危险性，故也应从重处罚。

在揭示被害人居弱者地位或属弱者应作为从重量刑情节之依据后，接下来探讨对其适用应注意的问题。笔者认为，对其适用应注意以下问题：

其一，被害人为弱者作为量刑情节对其适用应遵循的原则是，被害人越是无自卫能力、越是无助或双方的实力相差越是悬殊，加害者对此认识越明确，那么对加害者从重处罚的幅度就越大。

其二，如上所述，在一些罪中，弱势者已成为犯罪构成要件之要素。例如，拐卖儿童罪，拐骗儿童罪，猥亵儿童罪，组织残疾人、儿童乞讨罪，组织未成年人进行违反治安管理活动罪，虐待被监护、看护人罪，等等。这些罪的犯罪对象虽然都属于弱势者，但由于这些对象属于成立这些罪的条件，故不能再作为从重量刑情节，否则，便违反了刑法禁止重复评价原则。

其三，除了上述作为犯罪构成要件之要素的弱势者不应作为量刑情节从重处罚外，对于其他针对弱势者的犯罪行为并非毫无例外地

[①] 丹尼尔·戈尔曼：《情感智商》，耿文秀、查波译，上海科学技术出版社1997年版，第106、115—116页。

应从重处罚。从重处罚应是加害者利用被害人处于弱势者地位,即原则上应要求加害者认识到被害人具有某方面的弱势并利用该弱势加以侵害的方可从重处罚。[①]例如,孕妇所具有的是生理上的弱势,生理上的弱势意味着自卫能力或反抗不法侵害的能力较弱,因此,对于利用该弱势而对孕妇实施的侵害人身权利的犯罪(如故意伤害、故意杀人、强制猥亵侮辱及抢劫罪等)以及某些侵犯财产犯罪(如抢夺、当面故意毁坏其财物等),应予从重处罚。需要注意的是,生理上的弱势并不意味着其他方面必然也处于弱势,如妇女怀孕与否在智识上并无差异,故针对孕妇实施的诈骗就不应将孕妇作为弱势者从而对加害者从重处罚。

第三节 犯罪的时间、地点和手段

任何犯罪都必然是在一定的时间、一定的地点及以一定的方式实施的。犯罪的时间、地点和手段(方法)作为客观事实,依据刑法理论通说,在某些罪中,可以成为影响定罪的要素。根据质量互变原理,凡是能够引起行为质变的因素也可以引起行为的量变,因此,犯罪的时间、地点和手段(方法)也应能成为量刑情节。本节中,笔者拟探讨的就是作为量刑情节的犯罪的时间、地点和手段。

一、作为量刑情节的犯罪时间、地点和手段(方法)之立法考察

考察域外立法,我们可以发现不少国家或地区的刑法典都对作为

[①] 至于作为例外的加害者主观上没有认识到被害人弱者地位而加以侵害之情形应如何处理的问题,笔者已于前文论述。

量刑情节的犯罪的时间、地点和手段做了明确规定，也即上升为了法定量刑情节。例如，《德国刑法典》第 46 条（量刑的基本原则）第 2 款规定了法院在量刑时，特别应注意的事项中就包含"行为的方式"。《意大利刑法典》第 61 条（普通加重情节）规定："下列情节，当不属于犯罪构成要件或者特别加重情节时，使犯罪变得较为严重：……4）采用了虐待手段，或者以残酷待人的方式实施行为的；5）利用特定的时间、地点或者人身条件，以阻碍公共的或者个人的防卫的；……"《俄罗斯联邦刑法典》第 63 条（加重刑罚的情节）规定："一、加重刑罚的情节是：……⑨犯罪手段特别残忍，对受害人进行虐待或严重侮辱，以及折磨受害人；⑩使用武器弹药、爆炸物品、爆破装置或仿造爆破装置、专门制造的机械、剧毒物质和放射性物质、药品和其他化学品犯罪，以及对他人采取身体或精神的强制实施犯罪；⑪在紧急状态、自然灾害或其他社会灾难条件下以及在聚众骚乱中实施犯罪；……⑬利用国家权力机关代表的制服或证件实施犯罪。"《塔吉克斯坦共和国刑法典》第 62 条（加重情节）第 1 款第 L 项规定："在紧急状况、社会灾难、其他大规模灾难情形下实施犯罪。"《斯洛伐克刑法典》第 37 条规定："从重处罚情节包括：……d）在发生自然灾害或者其他严重危及人的生命、健康、其他基本权利和自由、宪政制度、财产、公共秩序、道德的事件时实施犯罪的。……f）行为人公开地实施犯罪的。g）行为人在依据具有普适效力的法律规定予以特别保护的场所（尤其是他人的房屋或者公寓）中实施犯罪的。"《朝鲜民主主义人民共和国刑法典》第 39 条（从重处罚的情节）规定："刑罚中从重处罚的情节如下：……3.用残忍的手段和方法实施的犯罪；……5.利用战时或者灾害发生时实施的犯罪。"《西班牙刑法典》第 22 条（加重刑事责任情况）规定："……第二项：伪装，滥用上级权威，利用地点、时间或者他人的协助等削弱受害者事实防备的情节，以及为罪犯逍遥法外提供便利的。……第五项：在实施犯罪时故意且不人道地增加犯罪的损害以致造成另外不必要的伤害。"《希腊刑法典》第 79 条第 2 款规定："法院在评价犯罪的严重程度时，应当考虑：……b）……实行中所伴随的时间、地点、工作、方式等情节……"《智利刑法典》第 12 条规定："有下列情形的，加重刑事责任：……10. 在发生火灾、海难、叛乱、大规模骚乱、大规模动乱或者其他灾难或不幸时犯罪的。11. 在武装人员或者没有刑事责任能力之人的帮助下实施的。12. 在夜间或者人烟稀少地区实施的。由法院根据犯罪的性质和情节，决定是否考虑该情节。13. 以蔑视或者侵犯公共当局的方式或者在履行其职权的场所实施的。"《墨西哥联邦刑法典》第 52 条规定："在对每一个犯罪所规定的刑罚或者保安处分幅度内法官以犯罪的严重程度和行为人的责任程度为基础，考虑下列情节，量定其认为公正的刑罚或者保安处分：……Ⅲ. 规定行为实施的时间、地点、方法和场合。"《哥伦比亚刑法典》第 58 条（当罚性加重的情节）第 5 款规定："以隐蔽手段、滥用对被害人的优势地位或者利用被害人因为时间、手段、地点难以防卫或者识别正犯、共犯之境况实施当罚行为的。"《阿根廷刑法典》第 41 条规定，法院在决定刑罚时应当考虑下列因素："1. 行为的性质和实施该行为所使用的手段……；2.……例如：他的个人品质以及可以表明其危险性大小的情节，如时间、地点、时机等。"《奥地利联邦共和国刑法典》第 128 条（严重的盗窃）规定："（1）实施盗窃，具备下列情形之一的，处 3 年以下自由刑：1. 在火灾、洪灾期间、一般之窘境或被盗者面临的窘境期间实施盗窃，或利用被盗者无助状况实施盗窃的，2. 从宗教场所盗窃……，3. 从公开陈列馆、其他地点或公共建筑物内盗窃被普遍认可的具有科学、民俗、艺术或历史价值的物品的……"如此等等。

  我国最高司法机关发布的一些司法解释中也明确了作为酌定量刑情节的犯罪时间、地点和手段。例如，在四川汶川地震后，最高人民法院于 2008 年 5 月 27 日发布的《关于依法做好抗震救灾期间审判工作切实维护灾区社会稳定的通知》规定了对抗震救灾和恢复重建期间发生的七类犯罪行为应依法从重处罚[①]，其中灾区及抗震救灾期间涉及的就是作为量刑情节的地点和时间。最高人民法院、最高人民检察院发布2014年12月1日起实施的《关于办理危害药品安全刑事案件适用法律若干问题的解释》第1条规定："生产、销售假药，具有下列情形之一的，应当酌情从重处罚：……（五）在自然灾害、事故灾难、公共卫生事件、社会安全事件等突发事件期间，生产、销售用于应对突发事件的假药的……"《量刑指导意见》中规定："对于在重大自然灾害、预防、控制突发传染病疫情等灾害期间犯罪的，根据案件的具体情况，可以增加基准刑的20%以下。"至于作为酌定量刑情节的犯罪的手段或方法只是在某些个罪的相关司法解释涉及。例如，最高人民法院、最高人民检察院2011年4月8日起发布施行的《关于办理诈骗刑事案件具体应用法律若干问题的解释》第2条规定："诈骗公私财物达到本解释第一条规定的数额标准，具有下列情形之一的，可以依照刑法第二百六十六条的规定酌情从严惩处：（一）通过发送短信、拨打电话或者利用互联网、广播电视、报刊杂志等发布虚假信息，对不特定多数人实施诈骗的；……（三）以赈灾募捐名义实施诈骗的；……"

[①] 该通知第3条规定："对抗震救灾和灾后重建期间发生的以下犯罪行为应依法从重处罚：（一）盗窃、抢夺、抢劫、故意毁坏用于抗震救灾的物资、设备设施，以及以赈灾募捐名义进行诈骗、敛取钱财，拐卖灾区孤残儿童、妇女等犯罪行为。（二）为牟取暴利，囤积居奇、哄抬物价、非法经营、强迫交易等严重扰乱灾区市场秩序，影响灾区人民群众正常生产生活的犯罪行为。（三）故意编造、传播、散布不利于灾区稳定的虚假、恐怖信息，危害民族团结，严重影响抗震救灾和灾后重建工作开展的妨害公务、聚众扰乱社会秩序、公共场所秩序、交通秩序、聚众冲击国家机关等犯罪行为。（四）在灾区生产、销售或者以赈灾名义故意向灾区提供伪劣产品、有毒有害食品、假药劣药等犯罪行为。（五）国家工作人员贪污、挪用抗震救灾款物，滥用职权或玩忽职守危害抗震救灾和灾后重建工作顺利进行，严重损害党和国家形象的犯罪行为。（六）破坏电力、交通、通讯等公共设施的犯罪行为。（七）妨害传染病防治等危害公共卫生的犯罪行为。"

二、作为酌定量刑情节的犯罪时间、地点和手段（方法）影响量刑的根据及适用问题

通过上述立法考察可知，犯罪的时间、地点和手段（或方法）属较为常见的量刑情节，于此需要探讨的是，犯罪的时间、地点和手段何以能够影响量刑，或者说它们成为量刑情节的依据为何？

为何特定的犯罪时间或地点会影响量刑？在笔者看来，根据质量互变原理，特定的犯罪时间和地点何以会影响量刑和特定犯罪时间与地点在有些情形中何以会影响定罪本质上系同一问题。毫无疑问，犯罪的时间和地点属于客观事实，问题是，在某些罪（如非法捕捞水产品罪、非法狩猎罪等）中，犯罪的时间和地点本身是作为独立的要素，还是用以说明客观要件中某一要素的呢？对此，笔者的观点是，犯罪的客观方面中仅包含客观条件、犯罪对象以及犯罪后果三个因素，除此之外，并无其他独立因素，故犯罪的时间和地点并非客观要件中的独立要素，犯罪的时间和地点只是用以说明犯罪对象的存在状态或特征的。换言之，特定时间或地点的对象有时代表着某种特定的社会关系，进而有着特定的意义和价值，因此刑法对其加以特别保护，当行为人对之侵犯时将导致行为构罪，或者具有更为严重的社会危害性，进而接受较之通常更重的刑罚惩罚。至于手段或方法何以会影响量刑，在于特定的手段或方法往往会造成更严重的客观危害后果，当然也往往表现出行为人更大的主观恶性。

作为酌定量刑情节的犯罪时间、地点和手段（或方法）在适用中应当注意以下问题：

一是作为酌定量刑情节的犯罪时间和地点的适用问题。如上所述，特定的时期或地点的对象有时会受到法律的特殊保护，对其侵犯往往具有更为严重的社会危害性，这种社会危害性具体表现为更为严重的客观危害及更大的主观恶性，乃至更为严重的人身危险性。这种特定

时期最常见的有自然灾害期间、突发传染病疫情期间以及社会治安形势严峻时期等，犯罪的地点则较为多样，如灾区、疫区、住宅内、公共场所等，但并非特定的地点都能成为量刑情节，能否成为量刑情节往往因犯罪性质的不同而有所不同。例如，我国刑法已将在公共交通工具上抢劫作为加重情节，主要考虑到在公共交通工具上抢劫除了侵犯抢劫罪的客体外，还威胁到交通运输安全。有鉴于此，笔者认为，若在公共交通工具上盗窃由于不涉及对交通运输安全的威胁，故不应据此作为从重量刑情节。特殊时期或特定地点往往可以作为从重量刑情节，且从重的幅度与灾情、疫情或治安形势的严峻程度成正比，即灾情、疫情或社会治安形势越严重（或严峻），从重幅度越大，反之越小。不过，需要注意的是，并非在这些时期内的任何犯罪都一概应从重处罚，只有相关犯罪对抢险救灾、疫情防治产生不利影响或者会使本已严峻的社会治安状况恶化时，一般才可以作为从重量刑情节，否则与此无关的犯罪就不应将犯罪的时间和地点作为量刑情节。例如，对于在抢险救灾期间实施的虐待罪、重婚罪、暴力干涉婚姻自由罪等，还有如远离灾区、疫区实施的对抢险救灾、疫情防治不产生影响的犯罪，也不应将犯罪的时间和地点作为量刑情节。此外，需要注意的是，根据禁止重复评价原则，应避免犯罪的时间和地点与其他量刑情节出现重复评价。例如，在灾区以外的地方针对救灾款物实施盗窃、抢劫或假冒灾民身份实施诈骗等，此时，只需将犯罪对象（救灾款物）及手段或方法（假冒灾民身份）作为量刑情节即可，而不应将犯罪时间（抢险救灾期间）作为量刑情节，还有若在灾区或疫区实施犯罪，也只需将犯罪地点作为量刑情节，犯罪时间已内在的包含在了犯罪地点中。同理，在上文中笔者指出，灾民当属于弱势者类型之一，而针对弱势者犯罪原则上应从重处罚。但我们知道，灾民与灾害发生期间、灾区往往密切联系，系同一事物的不同表现，故在量刑时只需择其一作为量刑情节即可，否则将违反禁止重复评价原则。还需注意的是，并非特定的时间和地点只能作为从重量刑情节，例如，在灾区盗窃他人财物，若是基于趁火打劫而实施的，显然应从重处罚，而若是灾民由于遭受灾害饥寒交迫而实施的，犯罪的时间和地点就不应作为从重量刑情节。

在此，有关犯罪时间还值得一提的是，以上探讨的作为量刑情节的犯罪时间是用以说明犯罪对象特定存在状态的，但除此之外，犯罪时间还可能指犯罪的持续时间以及与之前犯罪的间隔时间，犯罪的持续时间及与之前犯罪的间隔时间也是可以作为量刑情节的。[1] 一般而言，犯罪的持续时间越长，从重处罚幅度越大，反之越小。对此，有的国家的刑法典有明确规定，例如《奥地利联邦共和国刑法典》第33条（特别的从重事由）规定："行为人具备下列情形之一的，构成特别之从重处罚事由：1.……或者其应受刑罚处罚行为持续了较长的时间的，……"犯罪的持续时间应作为量刑情节在持续犯（也称继续犯）中基本不存在争议，那么在其他犯罪中是否也可以作为量刑情节呢？笔者对此持肯定态度，例如，绑架扣押人质的时间、抢劫控制被害人的时间、刑讯逼供持续的时间、强制猥亵侮辱持续的时间[2] 等等。至于与之前犯罪的间隔时间可以作为量刑情节，笔者已在作为酌定量刑情节的再犯中探讨过，在此不予赘述。

二是作为酌定量刑情节的犯罪手段或方法的适用问题。犯罪手段或方法在有些罪中已经上升为了法定情节。例如，在拐卖妇女、儿童

---

[1] 基于此等考虑，笔者未将犯罪的时间与地点置于犯罪对象部分探讨。

[2] 实践中已经出现将犯罪的持续时间作为量刑情节的案例，例如郭某强制猥亵案，其基本案情为：2015年5月一晚，郭某邀请同事小丽和小张吃饭。席间，他和小丽各喝了4瓶啤酒，后小张先行离开。郭某在将小丽送回单位宿舍的路上，趁对方醉酒之际，在路边草丛实施强制猥亵。后因火锅店经理报警，郭某被抓获。事后，郭某赔偿小丽3000元。庭审中，郭某称其一向守法，此次系酒后情不自禁。辩护人认为，郭某持续犯罪时间仅1分钟左右便停止，后自首且积极赔偿并取得谅解，建议从轻处罚。最终法院采纳了辩护人的意见，以强制猥亵妇女罪判处郭某有期徒刑一年。参见《男子草丛猥亵15岁女同事 辩护称仅一分钟获轻判》，http://news.163.com/16/0503/00/BM3P9RQF00014AED.html。

罪中，以出卖为目的，使用暴力、胁迫或者麻醉方法绑架妇女、儿童，抢劫罪中持枪抢劫及冒充军警人员抢劫等。而对作为极端的"特别残忍的手段"，我国刑法也做了明确的规定。例如，我国刑法第234条第2款规定："犯前款罪，致人重伤的，处三年以上十年以下有期徒刑；致人死亡或者以特别残忍手段致人重伤造成严重残疾的，处十年以上有期徒刑、无期徒刑或者死刑。"我国刑法第49条第2款还规定："审判的时候已满七十五周岁的人，不适用死刑，但以特别残忍手段致人死亡的除外。"何谓特别残忍的手段，我国有学者指出，"特别残忍的手段"至少应具备以下两个条件：第一，这种犯罪手段能够反映出犯罪人严重的主观恶性；第二，这种犯罪手段必须已经超出了社会公众的普遍容忍程度。在此基础上，这种犯罪手段至少应包括以下几种：（1）残害他人面容、眼睛、生殖器等重要器官，并造成他人严重残疾或死亡的；（2）使用焚烧、冷冻、油炸、爆炸、碾压等手段伤害或杀死他人的；（3）使用凶器数次或数十次袭击他人要害部位并致其重伤或死亡的；（4）在他人失去反抗能力后，依然使用残酷手段伤害他人或将其杀害的；（5）使用暴力长时间折磨他人，使其痛苦致死或严重伤残的，等等。[①] 在没有明文规定犯罪的手段或方法作为量刑情节的情况下，犯罪的手段或方法则是作为酌定量刑情节而存在。笔者认为，作为酌定量刑情节的犯罪手段或者方法在适用中应遵循的总原则是，犯罪的手段或者方法残忍、高明或狡猾，应作为从重处罚情节，并且越残忍、越高明或越狡猾，从重处罚的幅度就越大，反之，若犯罪的手段或方法有节制或较为拙劣，则可作为从轻量刑情节。在笔者看来，作为酌定量刑情节的犯罪手段或方法对其适用需要注意的问题仍是避免与其他量刑情节发生重复评价。例如，我国刑法规定，入户抢劫是法定加重情节，主要考虑到入户的非法性本身还侵犯到了住宅安宁权，

[①] 敦宁：《量刑情节适用的理论与实践》，中国人民公安大学出版社2012年版，第258页。

故其他以入户的方式犯罪,如盗窃、抢夺、绑架等,若还侵犯到了住宅安宁权,入户之方式也应作为从重量刑情节。不过,一旦将入户之方式作为从重量刑情节,在他人住宅内之犯罪地点就不能再作为从重量刑情节。还有,若犯罪手段较为拙劣但仍然得逞的。例如曾经在网上流传的这个案件:被告人王某于2015年6月至9月,在网上出售"活体葫芦娃",诱骗多名被害人购买,并向其邮寄空箱子,告知发送的"葫芦娃"系具有隐身能力的"六娃",共计骗取被害人36万元。[①]假如该案为真,如果将"被害人存在重大过错"作为从轻量刑情节,那么就不应再将"手段极为拙劣"作为从轻量刑情节,反之,如果将"手段极为拙劣"作为从轻量刑情节,那么就不应再将"被害人存在重大过错"作为从轻量刑情节,因为二者之间是相辅相成的关系,只需评价二者之一即可,同时评价必然违反刑法禁止重复评价原则。

[①] 《有人在淘宝上卖"活体葫芦娃",真的有人花36万买了》,http://news.sina.com.cn/o/2016-05-28/doc-ifxsqykt9873266.shtml。而后新京报对网传的判决书提出了质疑,以"网购葫芦娃被骗36万?疑似判决书存多处瑕疵"为题做了报道,参见《新京报》,2016年5月29日。

第五章　酌定量刑情节法定化之内在根据

法定量刑情节无疑由来于酌定量刑情节，故在量刑情节的立法上，世界各国刑事立法的趋势是，都在不断地将酌定量刑情节上升为法定量刑情节。这一立法运动的背后有着深刻的内在动因，在笔者看来，这些内在动因包含近代以来的限权学说、刑法基本原则的内在要求以及人们对犯罪这一社会现象的认识规律等方面，以下笔者将从这些方面揭示酌定量刑情节法定化之内在根据。

第一节　刑事自由裁量权之限权哲学导向

一、刑事自由裁量权之无可回避性

（一）刑事自由裁量权与酌定量刑情节

有关自由裁量权的概念，我国刑法学界有见解认为，是指："法官刑事自由裁量权，是法律赋予法官（包括审判机关）根据罪刑相适应原则和刑罚目的，在法定范围内公正合理地自行对刑事被告人裁量、决定刑罚的权力和责任。"[①] 另有见解认为，司法中的自由裁量权是为了

[①] 李志平：《法官刑事自由裁量权及其合理控制探析》，《中国法学》1994 年第 4 期。类似见解参见董玉庭、董进宇：《刑事自由裁量权基本问题》，《北方法学》2007 年第 2 期。

解决未经证据确定的事实问题，而不越出实证法律规定的范围，但在某些情况下，法官也可以超越法律规定，甚至做出同法律规定相反的决定。[①] 从以上不同定义可以看出，二者的主要分歧在于，法官刑事自由裁量权的行使是否可以超越法律规定或者说是否应该受到法规范的约束？这本是不言而喻的问题，但在理论上却出现了如此歧异，故还是有必要对该问题予以澄清。对于自由裁量权之"自由"的意涵，法国启蒙思想家孟德斯鸠有过精辟的阐释，"自由是做法律所许可的一切事情的权利"[②]，更兼众所共知的是，在国家公权力领域，国家机关及其工作人员职权的行使必须有法律的明确规定，即必须严格遵循"法无授权即禁止"或"越权无效"之原则，否则便属违法。刑事自由裁量权作为国家公权之一种类型，当然也不例外。故上述前种定义相对合理，在笔者看来，刑事自由裁量权是指由于法律规范的缺陷，法官在刑事法基本原则或刑事立法精神的指导下，对于案件的事实认定和适用法律过程中遇到的各种情况所拥有的酌情处理之权力。

如前所述，酌定量刑情节乃是定罪情节和行刑情节以外的，源于审判实践并为刑法所认可但未明确规定其具体类型及相应的量刑功能，法官在量刑时应当酌情适用的情节。由于酌定量刑情节与法定量刑情节一样，均是犯罪行为的客观危害、行为人主观恶性或者人身危险性的反映，法官在裁量刑罚时必须予以考量，否则将导致量刑上的不公正。但在刑事立法上，与法定量刑情节不同的是，刑法规范对酌定量刑情节的具体类型及相应的量刑功能并未做出明确规定，因此，对于某一案件事实是否为酌定量刑情节以及认定为酌定量刑情节后的具体功能为何，均只能委由法官在刑事法基本原则或刑事立法精神的指导下酌情定夺。基于刑事实体法视角，在定罪、量刑和行刑三大环节中，

[①] 孙国华主编：《中华法学大辞典（法理学卷）》，中国检察出版社1997年版，第542页。
[②] 孟德斯鸠：《论法的精神》（上册），张雁深译，商务印书馆1995年版，第154页。

法官的自由裁量权集中于量刑环节，而在量刑环节，由于酌定量刑情节之于刑法规范的关系，自由裁量又主要表现为法官对酌定量刑情节的适用。由此可见，在刑事实体法范域，法官对酌定量刑情节的适用可谓是法官刑事自由裁量权运用中的最为集中体现。反言之，法官具有刑事自由裁量权是酌定量刑情节存在前提和基础，如若绝对禁止法官在审判活动中行使自由裁量权，那么酌定量刑情节在理论上将无容身之所。因此，研究酌定量刑情节，限制法官对酌定量刑情节的任意适用也是掣制法官刑事自由裁量权恣意运作、防治司法腐败以及实现刑事正义的重要面向，故有着重要的理论和实践意义。

（二）禁绝法官自由裁量权之幻景

对于法官的自由裁量权，不同时代的法哲学家表现出了不同的态度。在启蒙时代，出于对中世纪罪刑擅断之深恶痛疾及对理性的极度推崇，同时受那个时代人类在自然科学领域所取得的巨大成就之强烈诱惑，在人文社会科学领域，思想家们怀着浪漫情怀自信地以为，对于人文社科领域中纷繁复杂的问题，也完全可以获得如牛顿三大定律那般能够"牢笼天地、驱役万物"的终极性答案，而达致此一目标之唯一取径便是人的理性。启蒙思想家们"把理性当作一切现存事物的唯一的裁判者。他们要求建立理性的国家、理性的社会，要求无情地铲除一切和永恒理性相矛盾的东西"[1]，"人的理性是认识的唯一手段，和评判真理与错误的唯一标准"[2]，"'理性'是世界的主宰"[3]。在此观念的牵引下，人文社科领域也发生了一场影响深远的革旧鼎新运动。这种革新首先表现在研究方法上，自然科学的研究方式开始逐渐渗入人文社科研究领域，如笛卡尔、斯宾诺莎等哲学家认为，只有像几何学

---

[1] 《马克思恩格斯选集》（第3卷），人民出版社1972年版，第407页。
[2] 斯宾诺莎：《伦理学》，贺麟译，商务印书馆1997年版，第2页。
[3] 黑格尔：《历史哲学》，王造时译，上海书店出版社2001年版，第8页。

一样，凭理性的能力从最初几个由直观获得的定义和公理推论出来的知识，才是最可靠的知识。方法论上的革新最终导致了一门新兴的哲学——实证哲学——的诞生。在实证哲学的创始人孔德看来，人类的理智发展先后经历了三个阶段，即神学阶段、形而上学阶段和实证阶段。第一阶段，虽然从各方面来看都是不可缺少的，但今后应始终将其视为纯然是临时性的和预备的阶段。第二阶段，实际上只是解体性的变化阶段，仅仅包含单纯的过渡目标，由此便逐步通向第三阶段。最后这一阶段才是唯一完全正常的阶段，人类理性的定型体制的各个方面均寓于此阶段之中。[1] 实证哲学之根本指归在于冀图借由实证方法在社会科学领域奠下自然科学的实证精神，以克服当时在他们看来所谓理论混乱的原理，进而实现人类理性的最终定型。

受绝对理性支配的哲学理念投射到政治学、法学等领域也同样表现出了绝对主义的倾向。首先，在基本政治制度的构建原则上主张严格的三权分立，而严格的三权分立必然导向严格的规则主义。出于对理性的极度推崇，启蒙思想家们自信地以为，法典编纂是对未来事件的理性概括，立法者只要凭借理性的力量，便完全有能力定制出一部表述清晰、内容详备、编排合符逻辑，并能使"从最伟大的哲学家到最普通的公民都能一眼看明白"的法典。[2] 法官对法律的解释权不仅多余而且有害，如三权分立学说的最终完成者、启蒙思想家孟德斯鸠指出："在共和国里，政制的性质要求法官以法律的文字为依据；否则在有关一个公民的财产、荣誉或生命的案件中，就有可能对法律作有害于该公民的解释了。"[3] 意大利启蒙思想家贝卡里亚也指出，法官对任何案件都应进行三段论式的逻辑推理。大前提是一般法律，小前提是行为是否符合法律，结论是自由或者刑罚。一旦法官被迫或自愿做哪怕

---

[1] 奥古斯特·孔德：《论实证精神》，黄建华译，商务印书馆2001年版，第1—2页。
[2] 陈忠林：《意大利刑法纲要》，中国人民大学出版社1999年版，第12页。
[3] 孟德斯鸠：《论法的精神》（上册），张雁深译，商务印书馆1995年版，第76页。

只是两种三段论推理的话，就会出现捉摸不定的前景。"法律的精神需要探询"，再没有比这更危险的公理了。采纳这一公理，等于放弃了堤坝，让位给汹涌的歧见。故刑事法官根本没有解释刑事法律的权利，因为他们不是立法者。① 即使开明如费尔巴哈，仍然要求从他那儿催生的 1813 年的《巴伐利亚刑法典》，禁止做刑法的解释，理由甚至是基于法治国的缘故：权力分立！法官应该受到"严格的、赤裸的法律文义"的拘束，"他的工作无非只是将现有的案件与法律文字作比较，不必考虑法律的意义和精神，当字义是诅咒时，就诅咒；是赦罪时，就赦罪"②。

对立法的绝对明确性要求和禁止法官解释法律与禁绝法官在司法实践中运用自由裁量权实属相同的问题。因为如前所述，法律规范的模糊性是法官自由裁量产生之缘由之一，因为法律规范具有模糊性，故需要法官对做出解释、进行斟酌裁量，而这又显然违背了立法的绝对明确性要求，若法规范绝对明确，法官释法、自由裁量便无立锥之地。而立法的绝对明确性要求和禁止法官解释法律之最高意旨又在于从根本上杜绝司法擅断，保障公民的基本人权。对此，孟德斯鸠在其名著《论法的精神》中有过此般经典的表述："如果司法权同立法权合而为一，则将对公民的生命和自由施行专断的权力，因为法官就是立法者。"③ 保障公民的基本人权包括国家发动刑罚所保障的全体公民的基本人权以及犯罪人的合法权利。由于酌定量刑情节反映犯罪行为的客观危害、罪犯的主观恶性及其人身危险性，法官在刑罚裁量时必须予以考量，否则必将导致量刑上的不公，以至要么侵损国家刑罚权进而威胁全体公民的基本人权，要么侵犯被告人的合法权利。可是，酌定量刑情节的具体类型及其相应的量刑功能却在立法上缺位，这显

---

① 贝卡里亚：《论犯罪与刑罚》，黄风译，中国法制出版社 2002 年版，第 13—14 页。
② 考夫曼：《法律哲学》，刘幸义等译，法律出版社 2011 年版，第 60 页。
③ 孟德斯鸠：《论法的精神》（上册），张雁深译，商务印书馆 1995 年版，第 153 页。

然有违法律规范绝对明确性之要求。面对纷繁复杂的酌定量刑情节，持以上观念的思想家们也必定会自信地告诉人们，立法者只要发挥理性，明确其类型及量刑功能照样能够实现，而绝非可望不可即的乌托邦幻想。

（三）绝对限制法官自由裁量权幻想之破灭

然而，迄今的理论与实践、历史和现实均无不昭示，任何绝对的理论必然走向自己的对立面，违背构建该理论的初衷和意旨，乃至自掘陷阱埋葬理论本身。绝对理性支配下的法学理论所追求的完美万能法典无疑是一出超现实的梦幻剧，只能由绝对理性的导演们在梦幻剧场自导自演，他们所孜孜追寻的对法官自由裁量权的绝对限制的构想同样永远只能停留在乌托邦的理论幻想阶段，就中缘由在于：

首先，法律必须具有权威性，否则将成一纸具文，法律的权威性又由来于其相对稳定性，要不然朝令夕改的法律必丧失其权威性。但与法的稳定性相对应的是，法律所调整的社会生活却总是处于游移不定、永无止息的发展变化状态。那些渴望将一切事物皆置于人类理性控制之下的唯理智论者，便会面临一个真正的两难选择。一方面，适用理性的目的在于控制和预知，而另一方面，理性的进步又是以自由的境界和人类行为的不可预知性为基础的。[①] 立法者也是人，是人就必然受到学识、经验、修养等方方面面的限制，因而有其时代局限性，诚如哈特所言："人类立法者根本不可能有关于未来可能产生的各种情况的所有结合方式的知识"，"因为我们是人，不是神。无论何时，我们试图用不给官员留下特殊情况下的自由裁量权的一般标准，去清晰地、预先地调节某些行为领域，都会遇到两种不利条件，这是人类、也是立法所不能摆脱的困境。其一是我们对事实的相对无知；其二是

---

① 哈耶克：《自由宪章》，杨玉生等译，中国社会科学出版社1999年版，第63页。

我们对目的的相对模糊"。[①]立法者的局限性、法律的相对稳定性与法律调整对象的变动不居状态之间的紧张关系，决定了无论多么睿智、多么富有远见卓识的立法者都不可能一劳永逸地制定出一部包罗万象、行之四海、继往开来的完美法典。况且法谚亦云：极度的精密在法律中受到非难，因为越细密的刑法漏洞越多，而漏洞越多越不利于刑法的稳定。[②]立法与现实的静态与动态、滞后与超前关系，以及"法有限、事无穷"，均无不预示着为使法律赶上时代前进的步伐、满足社会现实的需要，除了修补立法外，恐怕更多的还是应为法官适度腾出发挥主观能动性的空间，赋予其自由裁量之权限。

其次，面对纷繁复杂的社会现象，成文法之传统决定了立法者不可能就现实中的每一事案都专门制定调整规范，而只能进行一般性的调整。由此导出法律规范之普适性特征，法律规范的普遍适用性又决定了其内容的概括性和抽象性。因为，意欲实现法律规范的一般性调整功能，就必须以现实中已经发生或者（基于立法的前瞻性）可能发生的尽可能多的事案为抽象对象，从中抽离出它们的共同要素进而实现调整对象的法律规范定型及定性，唯其如此方可以使法律规范具有普遍适用性。但如所周知，抽象对象的数量与抽象结果要素的数量系反比关系，换言之，抽象对象的数量越少，它们的共同要素就越多，反之，抽象对象的数量越是多，它们的共同要素必定越少。共同的要素越少则意味着抽象出来的结果益发远离现实发生的事案。抽象结果的抽象性表明抽象结果在现实中不可能找到绝对对应的具象原型，如此，不同抽象结果间呈现出趋同性也就在所难免，进而使得法官在对某一具体事案中的事件或行为究竟是否属于该规范之抽象类型，或者是究竟属于此规范的抽象类型或彼规范的抽象类型，都可能会出现判

---

① 哈特：《法律的概念》，张文显等译，中国大百科全书出版社2003年版，第128页。
② 张明楷：《刑法格言的展开》，法律出版社2003年版，第5页。

断上的困难。此时，法官自由裁量权的运用也就势在必行。

最后，法律规范皆以语言文字为其载体，故法律规范的表述必然要受到语言文字本身性质的限制。换言之，语言文字的缺陷必然会反映在法律规范中，表现为法律规范的缺陷。语言乃唯人类才会使用的一种符号，其中的每一字、每一词、每一句都不是对客观世界的简单描摹，内中都有着极为丰富的含义赋值，因而均具有抽象性和概括性。语言的此等性质又决定了它在某种程度上的不明确性或模糊性，且语言的此般性状有如原子的轮廓，距离原子核越近，电子的出现概率就越高，其轮廓越清晰，反之，越是远离原子核，电子的出现概率就越低，轮廓也就越模糊。正如我国台湾学者杨仁寿先生所指出的："构成法文的许多语言，或多或少总有不明确之处。语言的核心部分，其意义固甚明确，但愈趋边缘则愈为模糊，语言边缘之处的'边缘意义'一片朦胧，极易引起争执，而其究属该语言'外延'之领域内或其外，亦难确定。"[①] 语言文字本身固有的不明确性或模糊性决定了立法者对法律规范的表述永远不可能达致绝对的明晰和做到让最伟大的哲学家和最普通的公民一眼看明白。由此，法律规范中无所不在的模糊意域也为法官的自由裁量留下了广阔的运作空间。

二、刑事自由裁量权之立法规制

经如上分析可知，法律规范本身的缺陷在某种程度上导致了法官自由裁量权的产生，反而言之，法律规范的缺漏在很大程度上可以通过法官运用自由裁量权予以弥补。或言之，法官自由裁量权具有弥补法律规范的缺漏之功效，它能够使法官在法律规范过于模糊、不周延、无法顺应时代需求等诸多情形中不致束手无策，从而使法律顺应时代，

---

① 杨仁寿：《法学方法论》，中国政法大学出版社 1999 年版，第 75 页。

葆有其生机与活力。

然而，与任何事物都具有正反两面性一样，法官自由裁量权除了具有相当积极的功效外，同样存在消极的一面。因为自由裁量权是法官在部门法的基本原则和立法精神指引之下的酌情处置权，而部门法的基本原则和立法精神都是高度抽象概括的，如何指引以及实际是否接受了指引在判断上都存在相当的困难，故与所有其他公权力一样，对其运作潜藏着较大的风险，即它随时存在被滥用的危险。法国著名启蒙思想家孟德斯鸠曾就权力的此等性质有过不刊之论，他指出："一切有权力的人都容易滥用权力，这是万古不易的一条经验。"[1] 而在所有的法律自由裁量权中，刑事自由裁量权最为特别，之所以特别由来于其制裁措施——刑罚——的特殊性，刑罚以剥夺公民的财产、人身自由、参与社会管理的权利，甚至剥夺作为一切权利前提和基础的生命为内容，概言之，以剥夺公民的最基本人权为内容，故具有无以复加的严厉性，国家唯有在迫不得已时方得发动。刑事制裁的此等性质决定刑事法官在认定事实、理解和适用法律等方面要远远严于其他类型的司法。更兼尊重和保护人权如今已然成为国际社会的通识，对刑事司法应当严加规制更是不言而喻。刑事自由裁量权作为刑事司法权之重要内容，其运作的结果由于牵及行为人行为的罪与非罪、罪重或罪轻，进而直接关涉行为人的基本人权，故这种权力一旦被滥用所带来的负面效应较之于滥用其他类型的自由裁量权所带来消极后果显然要严重得多。又因刑事法律关系本质是罪犯的基本人权与全体公民的基本人权或整体法秩序之间的关系[2]，因此，对刑事自由裁量权的行使当慎之又慎，尽可能明确地划定其行使界域，否则将对或是罪犯或无辜者的合法权利，或是全体公民的基本人权构成侵犯。

---

[1] 孟德斯鸠：《论法的精神》（上册），张雁深译，商务印书馆1995年版，第154页。
[2] 陈忠林主编：《刑法学》（上），法律出版社2006年版，第4页。

由于中外刑法理论和刑事司法实务界长期以来都存在重定罪轻量刑的传统，加之犯罪构成要件的相对规范性和明确性，迄今的定罪理论已经相当成熟和完备。换言之，在定罪环节，法官自由裁量权的运作无论是在理论上还是立法实践中都有了相对完备的制约机制，并且在司法实践中，法官也相对较为自律，相对于量刑不当，定性错误的案件在理论上因受到更多的诟责，故在实务中并不多见。但在量刑领域，刑事自由裁量权的运作主要表现为法官对法定量刑情节和酌定量刑情节的适用。如前所述，对于法定量刑情节，由于刑法规范对其具体类型和相应的量刑功能均做出了相对明确的规定，进而较为有效地限制了法官刑事自由裁量权的运作空间，在很大程度上遏制了刑事自由裁量权的姿势任意；而酌定量刑情节却完全不同，虽然它与法定量刑情节在本质上具有一致性，即均反映行为的客观危害、行为者的主观恶性或其人身危险性，在功能上都应对最终的处刑结果产生影响，故从量刑公正的角度来说，二者的功用等量齐观，法官在刑罚裁量时对二者都必须进行全面的考量，不能厚此薄彼有所偏废，否则势必导致量刑失衡，违反刑事正义之价值追求，但由于酌定量刑情节的具体类型及其量刑功能，刑法均未做出明文规定，故对其运用完全委由法官的良知、全然系于法官个人的主观好恶，如此便给法官留下了极为宽泛甚或是无限的自由裁量空间。迄今的政治哲学早已证明，"有权力的人们使用权力一直到遇有界限的地方才休止"，"要防止滥用权力，就必须以权力约束权力"。[①] 有关限权之重要性，美国学者萨托利指出："十分清楚，从人民'拥有权力'这句话的任何意义上说，它的必要条件是人民阻止任何无限制的权力，我们在努力强化理想的整个过程中，即在给人民行使的权力增加更大的权力的整个过程中，须臾不可放弃

---

① 孟德斯鸠：《论法的精神》（上册），张雁深译，商务印书馆1995年版，第154页。

对这一条件的尊重。"①而在国家权力的架构体系中，立法是司法的前提，没有立法，司法将无所依凭，故立法对司法有着与生俱来的制约作用。同时，在有关立法与法官自由裁量权的关系问题上，现代成文法国家的法学理论与立法实践也已基本达成共识，那便是：自由权力其外延，必须在法律许可之范围；其内涵，必须立足于社会公正和合理的基点上，刑事自由裁量权既有度的限定，又有质的限定，仅是与刑法的严格规则相比较而言的自由权力。②或言之，在立法技术和立法投资容许的前提下，对于规范事项，当尽其所能地以严格的规范形式加以明定，法官之自由裁量权应当仅限于作为不得已的最后手段，否则，便是立法对司法恣意的纵容或疏怠，从应然上说，此等所谓的法官自由裁量权不具存在合理性。经由如上分析，在整个刑事追诉环节，刑事自由裁量权被滥用之风险几乎全部聚焦于法官对酌定量刑情节的运用，故限制刑事自由裁量权首当其冲的是制约法官对酌定量刑情节的任意操控，而借由立法予以制约便不失为一种理想的控制模式，酌定量刑情节法定化也就自然而然地成为此一路向上的不二取择。

第二节　刑法基本原则的内在要求

　　酌定量刑情节法定化之要求还植根于我国现行刑法明定的三项基本原则之中，即它是罪刑法定原则、适用刑法人人平等原则以及罪刑相适应原则的内在要求，换言之，只要坚持这三项基本原则，在认识论上就将导向酌定量刑情节法定化，缘何如此？以下笔者将就此展开论述。

---

① 萨托利：《民主新论》，冯克利、阎克文译，东方出版社1993年版，第77页。
② 李志平：《法官刑事自由裁量权及其合理控制探析》，《中国法学》1994年第4期。

一、罪刑法定原则与酌定量刑情节法定化

　　罪刑法定原则又被称为罪刑法定主义，在英美法系国家则被称为"合法性原则"（Principle of Legality）。它是资产阶级上升时期为反抗欧洲中世纪封建罪刑擅断主义而提出的一项旨在保障公民权利和自由的重要刑法原则。罪刑法定原则的格言表述是："Nullum crimen sine lege. Nulla poena sine lege"，翻译为"没有法律就没有犯罪，没有法律就没有刑罚"，其通俗表述是"法无明文规定不为罪，法无明文规定不受处罚"。罪刑法定原则自其产生并于 1810 年载入刑法典至今已逾两个世纪，对世界各国的刑法立法以及刑事司法产生了至为深远的影响，迄今的刑法理论更是将该原则奉为圭臬，以其作为检验一国是否实现刑事法治的至为重要的条件。并且随着社会进步和时代变迁，罪刑法定原则本身也不断地被赋予新的内容，提出新的要求。如今的罪刑法定原则在刑法的渊源、刑法的内容以及刑法的时间效力上提出了三项从属性原则：狭义的"法制原则"（或法律专属性原则），其含义是只有法律才是刑法的渊源；明确性与确定性原则，它要求关于犯罪和刑事制裁的规定必须清楚，不得将它们适用于法律没有明确规定的案件；不得溯及既往原则，它禁止将刑法规范适用于其生效前的行为。[①]

　　作为罪刑法定原则派生原则之一的明确性原则，源于美国的宪法判例，在 1914 年的 International Harvester Co. V. Kentucky 一案中，美国联邦最高法院以判例的方式创制了"不明确即无效的理论"（void-for-vagueness doctrine）。在美国联邦最高法院看来，含糊不清的刑事法律侵犯了美国宪法修正案所保护的公民权利，违反了美国宪法第五和第十四修正案所规定的"正当程序"条款。虽然明确性原则

[①] 杜里奥·帕多瓦尼：《意大利刑法学原理》，陈忠林译，法律出版社 1998 年版，第 14 页。

首创于作为判例法国家的美国，但因其对罪刑规范提出了更为严格的要求，进一步强化了对国家权力的约束以及对公民权利和自由的保障，故该原则也得到了包括大陆法系在内的其他多数国家的刑法理论、立法和司法实践的认同和采纳，成为罪刑法定主义实质侧面的一项重要派生原则。明确性基本内涵是："规定犯罪的法律条文必须清楚明确，使人能确切了解违法行为的内容，准确地确定犯罪行为与非犯罪行为的范围，以保障该规范没有明文规定的行为不会成为该规范适用的对象。"[1]

明确性原则是罪刑法定主义对刑事立法提出的严格要求，内中又包含犯罪构成要件的明确性和法定刑的明确性两方面的内容。其中，在对法定刑规定的宏观层面，由于绝对不确定的法定刑只规定行为应受刑罚处罚或者只规定刑种，没有规定刑度而将具体刑度委由法官自行裁量，如此赋予了法官无限的自由裁量权，因违背明确性原则故不允许存在；而绝对确定的法定刑因规定的是特定刑种的固定刑量，如此虽然完全杜绝了法官的自由裁量权，但却使得刑法规范缺乏灵活性而僵化，无法适应纷繁复杂的具体事案，终必违反刑事正义，故在实质意义上也违背了明确性原则之意旨，因此，相对确定的法定刑便为如今的立法实践所采纳，也为明确性原则所容允。在对法定刑规定的微观层面，由于法定刑是刑法规范对具体罪所规定的刑种和刑度，刑种和刑度均以刑量为基础，而不同的刑量往往又对应着不同的适用情形。虽然，明确性原则并不意味着对构成要件和法定刑做出事无巨细、精密周详、完备无遗的规定（事实上也不可能做到），以绝对禁止法官的自由裁量权，但却定会想方设法，尽最大可能地对法官自由裁量权做出限制，故其在刑事自由裁量权的问题上采取折中持平的态度，即原则上既不赋予法官以无限的自由裁量权也不绝对禁止法官的自由裁

---

[1] 杜里奥·帕多瓦尼：《意大利刑法学原理》，陈忠林译，法律出版社1998年版，第24页。

量权。而对于酌定量刑情节，虽然如前所述，法官对其适用具有刑法规范依据，但由于刑法规范对其类型及其具体量刑功能均未做出明确规定。故对于某些案件事实是否为酌定量刑情节，或者确定为酌定量刑情节但其量刑功能如何均交由法官自由裁量，如此也无疑赋予了法官以无限的自由裁量权，因此明显违背了明确性原则的要求。据此可知，在明确性原则的约束之下，刑法规范对刑法中的情节之规定，也同样应在赋予法官自由裁量权的同时划定其运作的界域，刑法规范对法定量刑情节之规定便是迄今为止最为理想的规定形式，酌定量刑情节法定化于此也就不言而喻、自在其中。因此可以说，酌定量刑情节法定化是罪刑法定原则的内在要求。

二、适用刑法面前人人平等原则与酌定量刑情节法定化

法律面前人人平等原则是我国宪法规定的基本原则，我国宪法第 5 条规定："一切国家机关和武装力量、各政党和各社会团体、各企业事业组织都必须遵守宪法和法律。一切违反宪法和法律的行为，必须予以追究。""任何组织或者个人都不得有超越宪法和法律的特权。"适用刑法人人平等原则是宪法确立的"法律面前人人平等原则"在刑法中的具体体现。需要注意的是，作为法律基本原则的平等原则所强调只是适用法律上的平等，至于法律所调整的社会关系的主体，各自的地位在事实上未必平等，这早已在政治学、经济学和社会学等人文科学领域达成共识，法学领域当然也不例外。在法学论域中，该结论的得出并不需要高深莫测的理论论证，它可以直接从法律对平等原则的规定中推导出来，依据我国宪法第 5 条的"任何组织或者个人都不得有超越宪法和法律的特权"和刑法第 4 条规定的"不允许任何人有超越法律的特权"可知，法律可以规定特权或者说法律并不排斥特权，只是排斥超越法律的特权，即在法律所保护的社会关系的内里并不是

完全的平等。因此，法律面前人人平等或者适用法律人人平等与法律保护平等是迥然不同的两个问题。①

适用刑法人人平等原则是指任何人所享有的合法权利应当受刑法同样的保护，对于任何违反刑法的人，都应当依法追究刑事责任。具体而言，对于任何人犯罪，不论其家庭出身、社会地位、财产状况、教育程度、才能业绩、政治面貌等，都应一律平等地适用刑法。适用刑法人人平等原则体现于定罪、量刑和行刑三个具体方面。定罪上的平等是指对于任何触犯刑律的人都应平等对待，都应适用相同的定罪标准，即刑法规定的定罪标准，而不能因为一些对犯罪成立与否无关的因素使有罪之人逍遥法外或者对无罪之人妄加刑事追究。所谓量刑上的平等是指如若犯相同的罪且犯罪情节完全相同，就应当受到相同的处罚，而绝不能因为一些对量刑并不发生影响的因素而使得本该同罚的行为却异罚或者本该异罚的行为却同罚。而所谓行刑上的平等则是指对于所有的受刑人都应当平等地对待，不能因为一些对行刑不产生影响的因素而在行刑过程中区别对待。

由于量刑上的平等是指犯相同的罪且犯罪情节完全相同就应当受到相同的处罚，反之，如若所犯之罪相同但犯罪情节不完全相同或者完全不同，那么一般就应当受到不同的处罚。譬如所犯之罪相同，具有从轻或减轻情节的比不具有该情节甚或具有从重情节的处罚就要轻，且即便是从轻、减轻或从重也有程度大小之分进而导致处罚结果上的不同。要言之，适用刑法人人平等原则强调相同情况相同处罚。据此

---

① 社会中的人总体而言是不平等的，这是既有事实，法律作为文化的组成部分，而文化又是社会中很重要的保守力量，故毋庸讳言，法律的功能之一是维护不平等（在社会可容忍的限度之内），这也是人类社会在特定历史时期前进的动力。不过，法律的此项功能并不意味着法律没有更高的价值目标，因为"除非社会真正作出努力去创造和维护平等，社会趋势永远都是朝着不平等状态发展"（乔尔·查农：《社会学与十个大问题》，汪丽华译，北京大学出版社 2009 年版，第 78 页）。因而，从应然意义上说，法律还应当维护社会已经取得的平等以及具有实现实质意义上平等之价值追求。

可知，酌定量刑情节非法定化与适用刑法人人平等原则存在抵牾。因为如前所述，酌定量刑情节与法定量刑情节在本质上具有一致性，即都是行为的客观危害、罪犯主观恶性或者其人身危险性的体现，在功能上对量刑结果均应发生影响。但由于酌定量刑情节的类型及其具体量刑功能刑法均未做出规定，如此便容易导致理论和司法实践对于案件中某些因素是否为酌定量刑情节产生争议；或者即便确认为酌定量刑情节但司法实践若恣肆地从宽或从严乃至根本不予理睬，因法律无明文规定也难奈他何。其最终结果是相同情况不同处理或不同情况相同处理，故显然有违适用刑法人人平等原则。因之，酌定量刑情节法定化也是适用刑法人人平等原则的必然要求。

三、罪刑相适应原则与酌定量刑情节法定化

罪刑相适应原则又被称为罪刑均衡原则或罪责刑相适应原则[1]，其

---

[1] 我国刑法理论通说的观点认为，刑罚与刑事责任并不等同，二者的主要区别在于，刑事责任是连接犯罪与刑罚的桥梁和纽带，刑罚是刑事责任的主要实现形式，但是刑事责任也可以通过非刑罚处理方法等来实现。（参见高铭暄、马克昌主编：《刑法学》[第三版]，北京大学出版社、高等教育出版社 2007 年版，第 218—224 页）笔者以为，通说见解值得商榷，原因在于，依据我国刑法第 13 条之规定，但凡犯罪均应受刑罚惩罚，且我国刑法学界的主流见解也认同，应不应受刑罚惩罚与需不需要受刑罚惩罚是两个截然不同的问题，前者是罪与非罪的问题，而后者则以行为成立犯罪为前提。据此观来，认为刑罚的实现方式中无法包容非刑罚处理方法并不成立。一以贯之的解释当是，犯罪最终未受刑罚处罚（包含定罪免除一切处罚和定罪免除刑罚处罚但代之以其他处罚措施）是应受刑罚惩罚的表现形式之一或者说是刑罚的实现方式之一。此一解释看似悖谬，但只要我们联系我国的死刑执行方式就不难理解了。可见，认为因刑罚无法涵括非刑罚处理方法故应引入刑事责任概念，以之作为连接犯罪与刑罚的纽带之论见并不具合理性。在笔者看来，欲明确刑事责任与犯罪和刑罚间的关系，首先当明确"责任"一词的意涵，依据《现代汉语词典》之释义，责任一词有两种含义：一是"分内应做的事"；二是"没有做好分内应做的事，因而应承担的过失"。可见，责任的第一种含义与"义务"等同，而第二种含义则相当于"违反义务的后果"。在刑法论域内，刑事责任可能意指"刑事义务"，如作为犯罪主体要件核心要素的刑事责任能力（即辨认和控制能力）之"刑事责任"，也可能意指"违反刑事义务的后果"。因此，即便在论者们的刑事责任论中取后一种意义，它也只等同于"应受刑罚惩罚"。综上所析，笔者认为，将罪刑相适应原则表述为罪责刑相适应原则并不妥当。

基本含义是：重罪重罚、轻罪轻罚、有罪必罚、无罪不罚，刑罚的严厉性应当与犯罪的严重程度相适应。"在刑法，公正的赎罪思想，罪与罚相当的思想，历来就起着决定性的作用。……在法学史上，在成千上万的法律判决里以及在进行大的改革时，人们都援引了社会道德的各种原则，因此，厘清它们对法的形成的意义，是一项责无旁贷的任务。"① 罪刑相适应之观念源远流长，其最早可以溯源自远古社会之同态复仇和等量报复。正如刑事实证学派的代表人物加罗法洛所言，"一切惩罚毫无疑问均来源于个人报复的情感。以牙还牙的惩罚法就是对此的证明"②。罪刑相适应观念可谓与罪刑相伴而生、亘古通今，或言之，在犯罪与刑罚这两种社会现象被人类认识之初，二者应当对应便为人们所同步认识。因为在人类的法典中，还从未出现过一部对社会危害性不同的形形色色的犯罪都整齐划一地规定单一刑种固定刑量的法典。罪刑相适应最终作为法律原则进入近现代各国的刑法典则是启蒙思想家大力倡导的结果，如法国启蒙思想家孟德斯鸠指出："按罪行的轻重量刑，也是法庭必须遵守的一条法律。"③ 英国启蒙思想家霍布斯在其名著《利维坦》中阐释了衡量罪行轻重程度的不同尺度后指陈："惩罚的本质要求以使人服从法律为目的；如果惩罚比犯法的利益还轻，便不可能达到这一目的，反而会发生相反的效果。"④ 意大利启蒙思想家贝卡里亚也指出："犯罪对公共利益的危害越大，促使人们犯罪的力量越强，制止人们犯罪的手段就应该越强有力。这就需要刑罚与犯罪相对称。"⑤ 英国功利主义哲学家边沁则形象地指出："让我们定个规则，多大的罪用多大的惩罚；应该用树枝纠正的过错，

---

① H. 科殷：《法哲学》，林荣远译，华夏出版社 2004 年版，第 125 页。
② 加罗法洛：《犯罪学》，中国大百科全书出版社 1996 年版，第 206 页。
③ 孟德斯鸠：《波斯人信札》，罗国林译，译林出版社 2000 年版，第 116 页。
④ 霍布斯：《利维坦》，黎思复、黎廷弼译，商务印书馆 1986 年版，第 243 页。
⑤ 贝卡里亚：《论犯罪与刑罚》，黄风译，中国法制出版社 2002 年版，第 75 页。

不用可怕的鞭子抽打。"①

（一）罪刑相适应原则之刑法地位

罪刑法定原则、适用刑法人人平等原则及罪刑相适应原则是我国现行刑法明文规定的三大基本原则。虽然，刑法的这三大基本原则相对于其他刑法规范而言，具有更高的效力②，但是有关这三项基本原则之间的地位或相对而言孰轻孰重的问题，或者说，在刑法的基本原则中是否亦如民法那样，存在一个核心原则甚或称为"帝王原则"之原则呢？有关这一问题，我国刑法理论较为一致的见解是，在我国刑法明文规定的三项基本原则中，罪刑法定原则是核心原则，罪刑相适应原则的内容能够为罪刑法定原则所包容，因为罪刑相适应原则是罪刑法定原则的实质侧面之一；至于罪刑法定原则能否完全包容适用刑法人人平等原则，则往往持否定态度。如我国刑法学者张明楷教授指出："平等适用刑法是保障国民自由的要求。国民的自由以其对行为性质和法律后果的预测可能性为前提。国民的预测可能性并非仅仅取决于行为前是否存在明文的法律规定，而且取决于行为前司法机关对相同或类似行为的处理结论。"③故而并不认为罪刑法定原则当然包含适用刑法人人平等原则。但即便如此，也无法动摇罪刑法定原则作为刑法核心原则之地位。对于此等近乎已成通说之见解，笔者不敢苟同，在笔者看来，刑法三原则中居核心地位的原则应当是罪刑相适应原则而非罪刑法定原则，理由在于：

（1）从逻辑上推论，罪刑相适应原则可谓完全囊括了其他两项原

---

① 吉米·边沁：《立法理论》，李贵方等译，中国人民公安大学出版社 2004 年版，第 375 页。

② 部门法的基本原则在该部门法的规范体系内具有更高的法律效力，其规范依据是我国立法法第 7 条第 3 款规定的，"全国人民代表大会常务委员会……在全国人民代表大会闭会期间，对全国人民代表大会制定的法律进行部分补充和修改，但是不得同该法律的基本原则相抵触。"

③ 张明楷：《刑法学（第三版）》，法律出版社 2007 年版，第 56 页。

则的全部内容。因为：其一，罪刑相适应原则之内容的最简括表述是"重罪重罚，轻罪轻罚"，对此一表述在任何论者看来当无任何疑义，然顺此表述的逻辑推论自是"无罪不罚"，反推则是"有罪必罚"，"无罪不罚，有罪必罚"无疑即为罪刑法定原则之基本内容——"法无明文规定不为罪，法无明文规定不处罚"——的简括表述。而有关"无罪不罚，有罪必罚"乃罪刑相适应原则之当然内容，诚如我国台湾刑法学者黄荣坚先生所指出的，在决定刑罚的量的问题之前，先决问题应该是质的问题：到底行为人应不应该被刑罚？如果行为人根本不应该被刑罚，谈应该刑罚多少的问题，都没有意义。用一个比喻的说法，当强盗向商家收取"保护费"的时候，强调其收费是依据店面大小及营业额为标准，根本无助于其行为的正当化。[①]我国学者白建军教授也指出，罪刑均衡首先意味着"有罪当罚、无罪不罚"，罪刑之间这个意义上的对应是最基本的均衡。否则，有罪不罚或者无罪却罚将是最大的罪刑失衡。罪是刑的唯一起因，刑是罪的必然结果，不存在任何中间的"灵活性"。[②]由此可见，罪刑相适应原则的逻辑意涵中理所当然地涵括了罪刑法定原则之基本内容。其二，由于罪刑相适应原则的基本含义是"重罪重罚，轻罪轻罚，无罪不罚，有罪必罚，罚当其罪"，如若彻底倾覆该原则而出现"重罪轻罚、轻罪重罚或有罪不罚、无罪亦罚，罚不当罪"之情形时，与适用刑法人人平等原则相背离可谓自不待言、昭昭在目，故而罪刑相适应原则也内在地包含了适用刑法人人平等原则之基本内容。由此可见，罪刑相适应原则内在地包含罪刑法定原则和适用刑法人人平等原则这两大基本原则的基本内容，换言之，若真正实现了罪刑相适应原则则将同时实现罪刑法定原则与适用刑法人人平等原则，因而罪刑相适应原则在基本原则中是居于核心地

---

① 黄荣坚：《基础刑法学（第三版）》（上），中国人民大学出版社2008年版，第10页。
② 白建军：《罪刑均衡实证研究》，法律出版社2004年版，第1—2页。

位的原则。

（2）虽然，迄今的刑法理论认为罪刑法定原则包含了形式侧面与实质侧面[1]，但在该原则出现之初却只有形式侧面之意义而并不包含如今实质侧面之意涵，后者的提出是相对晚近的事，因而罪刑法定原则并非天然地包含罪刑相适应之内容。但罪刑相适应原则却并非如此，一是罪刑均衡理念古已有之，而罪刑法定观念于近代才产生，前者在上升为刑法基本原则之初便可谓天然地包含了罪刑法定之内容，否则罪刑均衡根本无法贯彻落实，此乃显而易见之事实，无须复杂的逻辑推理或高深的理论论证；二是即便如今的刑法理论认为罪刑法定原则包含形式侧面和实质侧面，但当它的这两个侧面发生冲突时，是形式侧面服从实质侧面还是实质侧面屈从于形式侧面？用更为直接的话语来说，在"合情合理不合法"或者"合法不合情理"时，到底该如何抉择？直面这一问题的中外刑法学者近乎一致地认为实质服从形式或者主张"情理服从法律"。因为我国及大陆法系通行的刑法理论认为，罪刑法定原则与类推解释势同水火，肯定类推就必然否定罪刑法定，二者系绝对的排斥关系。换言之，若法的外在形式明显违情悖理，而通过类推则能够实现法的内在价值（在定罪量刑上公正或合符情理）时，但因与罪刑法定原则的形式侧面相背离故不被容许。如我国著名刑法学家陈兴良教授就认为："不排斥类推的罪刑法定原则，即所谓实质的罪刑法定原则，其实并非罪刑法定原则，它与罪刑法定原则所包含的形式理性是背道而驰的。"[2] 由此可见，即便如今的刑法理论也强调罪刑法定原则的实质侧面，但他们所倡导的形式侧面决定实质侧面之

---

[1] 如今的罪刑法定理论认为，罪刑法定原则的形式侧面包含：排斥习惯法、法律不得溯及既往、禁止类推以及禁止绝对不定期刑；实质侧面则包含明确性原则和刑罚适正原则（或罪刑相适应原则）。事实上，明确性原则由于是对刑法规范表述上的要求，即要求刑法规范对犯罪与刑罚的规定必须清楚明晰，不得将它们适用于没有明文规定的案件，可见该原则其实仍属罪刑法定原则形式层面的要求而非其实质侧面。

[2] 陈兴良：《形式解释论的再宣示》，《中国法学》2010 年第 4 期。

论见却鲜明地昭示,他们所谓的罪刑法定原则本质上仍是一个徒具躯壳而缺乏实质内核的原则,他们所谓的实质侧面其实并非该原则的实质,因为它对形式侧面根本没有决定作用。因此,刑罚适正(罪刑相适应)原则即便在现有的理论框架下虽名为实质侧面但事实却还是与罪刑法定原则无内在必然的联系,故认为罪刑法定原则内在的地包含了刑罚适正原则乃言过其实。

(3)在刑事立法和司法实践中的"以刑定罪"现象也可为罪刑相适应原则系刑法基本原则中的核心原则提供佐证。在刑事立法层面,立法者对犯罪圈的划定所依据的是"应受刑罚惩罚性"这一犯罪的本质特征。[1]诚如我国学者冯亚东教授所指出的,在影响立法设罪的多方面因素中,最具本质意义(所有犯罪均必须考虑)的是"应受刑罚处罚性"——凡是应当受到"刑罚"处罚的危害行为均应视为"犯罪"追究刑事责任,反之不应受"刑罚"处罚的危害行为则应通通划入一般违法行为追究行政或民事责任。于是,对立法设罪来说,考虑危害行为是否应受刑罚的处罚,便成为犯罪与一般违法行为的本质区别和根本界限。[2]内中所隐含的"以刑定罪"之刑事规律表明,罪刑相适应原则在刑事立法层面对罪刑法定原则起着制约作用。在刑事司法层面,由于现有犯罪构成理论中所包含的犯罪成立条件只是犯罪成立的必要条件而非充分条件,换言之,行为即便符合刑法规定的构成要件也未必成立犯罪,行为成立犯罪还受其他方面的因素制约。[3]因此,在刑事司法实践中,决定行为之罪与非罪时,仍然应受到"应受刑罚惩罚性"之制约。此外,在适用刑法规范过程中大量存在的法条竞合问题,规范的最终取择无不受罪刑相适应原则之约束或者依循"以刑定罪"之

---

[1] 肖敏、陈荣飞:《犯罪概念研究》,四川大学出版社2011年版,第72页以下。

[2] 冯亚东:《罪刑关系的反思与重构——兼谈罚金刑在我国现阶段的适用》,《中国社会科学》2006年第5期。

[3] 陈忠林:《现行犯罪构成理论共性比较》,《现代法学》2011年第1期。

思维规律。立法及司法层面的这种"以刑定罪"的现象是将罪刑法定原则作为统率原则而罪刑相适应原则作为其附属原则所无法解释的。由此可见，罪刑法定原则无论在刑事立法层面抑或是刑事司法层面，均受罪刑相适应原则之约束，而非相反。

综上所析，笔者以为，在我国现行刑法明文规定的三大基本原则中，罪刑相适应原则才是名副其实的核心性原则，甚或称之为刑法中的"帝王原则"也不为过。①

（二）刑事实证学派对罪刑相适应原则之挑战及化解

随着刑事实证学派在刑事学科领域的崛起，刑事古典学派所倡导的罪刑相适应原则受到了强力挑战。古典学派基于意志自由论主张，犯罪乃行为人基于其自由意志所实施的行为，基于自由意志所选择的犯罪路向征表着行为人的主观恶性，刑事责任之评价依据就在于行为人主观恶性及所表现的行为的社会危害性，由此决定了其在刑罚论上往往只注重对已然之罪报应的报应刑论。而实证学派则否定作为古典学派立论根基的意志自由论，认为犯罪人在犯罪与不犯罪之间并无选择自由，犯罪是犯罪人自身特质、自然或社会环境等因素综合作用的结果，故值得非难的并非犯罪行为而系行为人的危险性格或再犯可能性，由此决定了其在刑罚论上注重对未然之罪防范的目的刑论。迄今的刑罚论则采取了折中调和的态度，一方面强调对已然之罪的报应，另一方面也注重对未然之罪的防范，关注犯罪行为的同时也关注犯罪人，在刑罚论上倡导刑罚个别化。由于行为人因素的介入，以至于无

---

① 有论者或许会驳称，罪刑均衡古已有之，若它内在地包含了罪刑法定和适用刑法人人平等之基本内容，那么何以在古代没有产生出罪刑法定原则和适用刑法人人平等原则？笔者的反驳理由主要有二：其一，罪刑均衡在古代只是一种观念而未上升为刑法原则，罪刑均衡上升为刑法的基本原则是欧洲启蒙运动以后的事（实际上，所有法律原则都是启蒙思想影响下的产物）；其二，古代社会是"人治"社会，君王口衔天宪、言出法随，因而不可能真正贯彻落实罪刑相适应，罪刑相适应无法真正落实当然也就不可能出现罪刑法定及适用刑法人人平等了。

论是刑事实证学派还是折中主义，在他们的刑罚论体系中，往往都不再论及"罪"与"刑"间的均衡，即便提及罪刑均衡也多以一种历史现象予以介评，罪刑均衡原则因之受到猛烈冲击。

在刑事责任的评价根据中引入行为人因素，以行为人的人身危险性为根据的刑罚个别化思想，极大地革新了过往的刑罚理念的同时，传统的罪刑均衡观也遭遇了强力挑战，因为，在传统刑法理论看来（即便是如今不少刑法学者都依然认为），犯罪行为与犯罪人是截然不同的两个概念，罪刑相适应之"罪"当然只能是犯罪行为而非罪犯，但理论和实践证明，在确定罪犯的刑罚时不能无视罪犯的自身因素，否则便无法达到预期的效果。如此，与刑罚相对应的是犯罪行为与罪犯人身危险性相加之和，而非单纯犯罪行为本身，传统的罪与刑的对应关系看似将因此而倾覆。但是，通过笔者前文之析论可知，刑事实证思潮并没有对罪刑相适应原则构成威胁，因为，事物之本质具有多层次性，犯罪行为也不例外，犯罪是主体主观罪过（或主观恶性）外化为客观危害的过程，而主体何以会产生主观罪过呢？心理学有关主观心理事实的层级划分及人格行为论为此提供了合理的答案，而这一问题的答案也正是犯罪行为更深层次的本质。由此可见，犯罪主体的人格（或人身危险性）与犯罪行为相统一，前者统一于后者而为后者所包容。欲全面深刻地把握犯罪行为，必须诉诸罪犯的人格，否则，依据徒具形式之"罪"所确定之"刑"，定将难以达致预期的社会效应。换言之，欲实现"罪"与"刑"之间真正意义上的对应关系，"罪"之行为人因素必不可少。因此，刑事实证思潮及其影响下产生的刑罚个别化只能说是完善和深化了传统的罪刑相适应原则之内容，并不存在前者挑战甚或颠覆后者的问题。

（三）罪刑相适应原则之于酌定量刑情节法定化

在确证罪刑相适应原则在刑法基本原则中的核心地位后，罪刑相适应原则在对酌定量刑情节法定化上的要求在相当程度上已清晰了然。因为，如上所析，罪刑相适应原则内在地包含了罪刑法定原则和适用刑法人人平等原则，真正贯彻罪刑相适应原则便可以同步实现罪刑法定原则和适用刑法人人平等原则。因此，罪刑法定原则和适用刑法人人平等原则所要求的酌定量刑情节法定化之理据也构成了罪刑相适应原则要求酌定量刑情节法定化之当然理据，此等理据于此已毋庸赘述。

罪刑相适应原则对酌定量刑情节法定化要求之理据除了上述与罪刑法定原则和适用刑法人人平等之共同理据外，还存在其特有的理据，其特有理据由来于刑事实证思潮影响下的刑罚个别化要求。[①] 所谓刑罚个别化，是指反对以离开行为人的犯罪行为本身为标准，来科以统一的刑罚，主张应该按照犯罪人的个人情况科以与此相应的刑罚，由此使犯罪人能够回到社会上来的思想。[②] 刑事实证学派所倡导的刑罚个别化对后来的刑事法理论、刑事立法以及司法实务产生了深远的影响。在理论上，法国著名法学家萨莱耶（Raymond Saleilles）在其著作《刑罚个别化》一书中，对过往的刑罚个别化思想进行了系统化和理论化，他指出，刑罚个别化包括法律上的个别化、裁判上的个别化和行政上的个别化。所谓法律上的个别化，是指法律预先着重以行为为标准，细分其构成要件，规定其构成要件、加重或减轻情节等；所谓裁判上的个别化，是指法官根据犯罪分子的主观情况适用不同的制裁方式；所谓行政上的个别化，是指刑罚执行机关根据罪犯具体情况执行刑罚。[③] 显然，法律上的个别化是裁判上的个别化和行政上的个别化的

---

① 这里探讨的是实证学派所倡导的刑罚个别化，这并不意味着古典学派就无刑罚个别化之观念，古典学派也主张刑罚个别化，只是个别化的依据有所不同而已，前者主张以行为人的人身危险性为依据，后者则主张以行为的主观恶性和社会危害性为依据。
② 木村龟二主编：《刑法学词典》，顾肖荣等译，上海翻译出版公司1991年版，第416页。
③ 翟中东：《刑罚个别化研究》，中国人民公安大学出版社2001年版，第8页。

前提和基础，无前者后两者将失去依据，以至于司法和行政也将无视个别化之要求或者以个别化为借口而恣意裁断和行刑。因此，法官必须努力尽可能地研究罪犯的意图，并且通过法律，使自己还能够根据罪犯个人冒犯和无视权利的程度，对普遍的刑罚做修正。①

罪刑相适应原则在统合了新派所倡导的刑罚个别化理论之后，对酌定量刑情节应当予以法定化便更是显而易见了。如前所述，酌定量刑情节作为量刑情节之一种类型，与法定量刑情节一样均系犯罪行为的客观危害、罪犯的主观恶性或人身危险性之反映。迄今的刑罚个别化理论要求，在判处刑罚时必须根据犯罪的具体情况，即应对反映罪之客观危害、罪犯之主观恶性以及人身危险性的各方面情节进行综合考量。唯其如此，方能全面把握犯罪行为之外在及内里，进而确定与之相对应的刑罚，以真正实现罪刑相适应原则。如所周知，理论的价值在于指导实践，刑罚个别化理论当然也不例外，并且刑罚个别化思想对各国的刑事立法实践确实产生了深远的影响。翻开众多国家的刑法典，展现在眼前的是琳琅满目、型类各别的情节，其中多是对其具体内容及量刑功能都有明文规定的法定量刑情节。通过对比我们还可以发现，大量在我国刑法规范中属于酌定量刑情节之情节，许多国家的刑法典都已将它们上升为了法定量刑情节，并且即便是酌定量刑情节，在不少国家的刑法典中，其内容或量刑功能相较于我国刑法之规定都要明确得多。立法是司法的依据，若立法对反映罪之客观危害、罪犯之主观恶性以及人身危险性各方面情节的内容及其量刑功能未予明确，那么对相关情节的适用势必赋予法官以过度乃至无限的自由裁量空间，以至将本应考虑的情节有意或无意的忽略，也就难免出现罪刑失衡、罚不当罪之判决。因此，酌定量刑情节法定化也是统合了刑

---

① 威廉·冯·洪堡：《论国家的作用》，林荣远、冯兴元译，中国社会科学出版社1998年版，第150页。

罚个别化要求之后的罪刑相适应原则的题中应有之意。

第三节 人类对犯罪现象的认识规律使然

人类对客观事物的认识规律总是依循着从无至有、从简单到复杂、由表象及内里、由片面到全面、由感性到理性的过程，人类对于犯罪这一社会现象的认识也不例外。犯罪从其产生之日起，便一直困扰着人类社会，围绕着犯罪，虽然不同时代、不同民族国家往往有着不同的认识，但总体而言都依循着相同的路径不断地深化。量刑情节作为犯罪的内在因素，人类对其认识总是伴随着对犯罪本质认识的跃迁而不断深化，因之，为洞察量刑情节的发展变化规律不得不诉诸人类对犯罪这一社会现象的认识规律。

一、人类对犯罪本质认识之时代跃迁

在人类社会的早期，人们对犯罪的认识尚停留在外在的客观危害上，非自愿的行为也会被划分到罪恶的范畴内。[1] 透过外在的客观危害关注犯罪的内在心理之罪过观萌芽于奴隶社会，在古代东方，如中国早在夏朝便有"宥过无大，刑故无小"[2] 之量刑准则，到西周则提出了更为明细的"三宥制度"——"一宥曰不识，再宥曰过失，三宥曰遗忘"[3]。此外古巴比伦的《汉谟拉比法典》、古印度的《摩奴法典》，以及古希伯来和古埃及的刑法也都规定有"不慎""非故意""故意""过

---

[1] A. R. 拉德克利夫-布朗：《原始社会的结构与功能》，丁国勇译，中国社会科学出版社 2011 年版，第 214 页。
[2] 《尚书·大禹谟》。
[3] 《周礼·秋官·司刺》。

失""预谋"等犯罪。① 西方的奴隶社会也基本如此，如古希腊的《德拉古法》涉及杀人行为的主观状态，意图根据主观恶性不同分为预谋谋杀，在运动比赛中无意杀人或激情杀人，以及自卫致人死命等。② 值得一提的是，古希腊伟大先哲柏拉图和亚里士多德已论及犯罪意图与惩罚的关系，如柏拉图指出，"我们给予自愿的干错事和非正义行为以比较严厉的惩罚，而给非自愿去做的以较小的惩罚"，在具体谈及杀人情形时，则进行了更为详尽的分类，其基本原则是，依据主观恶性大小决定惩罚的轻重。③ 亚里士多德在其论著《尼各马可伦理学》中也指出，应区别意愿和违反意愿的行为，并认为，这种区分对于立法者给人们授予荣誉和施以惩罚有帮助。④ 其后，古罗马的《十二铜表法》中也有"故意""意外""不慎"等用语。⑤

及至封建社会，人们对罪过有了进一步的认识，如在《秦律》中已较为明确地使用"端""端为""非端""不端为""勿知""失"等表示主观罪过的用语。在汉代，由于实行"春秋决狱"，由此走向了另一个极端，主张"原心定罪"，即根据人的主观动机或内在心理来处理犯罪。史书有载："春秋之听狱也，从本其事，而原其志。意邪

---

① 如《汉谟拉比法典》第 206 条规定："倘自由民在争执中殴打自由民而使之受伤！则此自由民应发誓云'吾非故意殴之'！并赔偿医药费。"该法第 55 条规定："自由民开启其渠！不慎而使水淹其邻人之田！则彼应按照邻区之例！以谷为偿。"此外第 236、237、245、267 条也使用了"不慎"用语。《摩奴法典》第八卷第 295 条规定："如果车夫在路上和牲畜或其他车辆相撞，由于自己的过失而致有伤生物时，毫无疑问，应该按照以下规定判处罚金。"第九卷第 242 条规定："其它种姓的人犯有此类罪行而不出于预谋时，应该丧失其一切财产；如系预谋犯罪了应被流放甚至处死。"（参见《摩奴法典》，商务印书馆 1996 年版，第 198、235 页）
② 何勤华、夏菲主编：《西方刑法史》，北京大学出版社 2006 年版，第 98 页。
③ 柏拉图：《法律篇》，张智仁、何勤华译，上海人民出版社 2001 年版，第 289—318 页。
④ 亚里士多德：《尼各马可伦理学》，廖申白译注，商务印书馆 2003 年版，第 58—62 页。
⑤ 如该法第八表第 10 条规定："如有人放火烧毁建筑物或堆放在房屋附近的谷物堆，而该犯罪者系故意为此者，则令其带上镣铐，在鞭打之后处以死刑。如果是意外的，即因不慎而酿成火灾者，那么，法律即令犯罪者赔偿损失，如其无力支付，则予以从轻处罚。"（《十二铜表法》，法律出版社 2000 年版，第 38 页）

志不待成，首恶者罪持重，本直者其论轻。"① "春秋之治狱，论心定罪。志善而违于法者免，志恶而合于法者诛。"② 而作为中华法系立法典范的《唐律》在罪过的规定上也有别于过往时代，其将罪过更为宽泛地适用于具体个罪，因而在罪过观上也可谓代表了我国封建时代的认识水平。如《唐律·名律例》规定："本应重而犯时不知者，依凡论；本应轻者，听从本。"《唐律·斗讼律》将杀人分谋、故、斗、殴、戏、误、过失等七种情形并分别规定不同的刑罚。在欧洲中世纪，宗教神学流盛，基督教的原罪说也将犯罪归结为个人的恶的意志，如奥古斯丁指出，虽然坏的意志是坏的行为的原因，但坏的意志并没有什么事物是它的动因。唯有那还没有被其他意志所恶化而本身就是恶的意志，才是第一个恶的意志。③ 他甚至提出了"无犯意便无罪行"④。但按照宗教法（寺院法），对于污坏圣物的毛虫、老鼠，伤害人的猪、狗、牛、马，甚至无生物体如教堂的钟、人的尸体，都可以作为犯罪主体而施以刑罚。⑤ 故"有证据表明，在整个欧洲的古代时期，凡是给他人造成重大损害的行为都要受到神的严厉惩罚。……一个人当其所实施的行为造成了明显的损害结果时，他就应当对之承担责任"⑥。"需要复仇者不过问主观的动机，而是过问激起他的复仇需要的外来行为的、左右他的感情的客观效果。他怒气冲冲地对待给他出其不意造成损害的死的自然物，对待出其不意伤害的动物（罗马由于贫穷而提出的要求的原始意义也如此——动物不应该这样行动，对此负有责任！——把动物交给受害者，进行复仇），对待人们，不管他们由于无知、疏忽还是故意损害他，都完全一样怒气冲冲，因此，任

---

① 《春秋繁露·精华》。
② 《盐铁论·刑德》。
③ 周辅成编：《西方伦理学名著选辑》（上卷），商务印书馆1964年版，第353页。
④ 王卫国：《过错责任原则：第三次勃兴》，浙江人民出版社1987年版，第71页。
⑤ 赵秉志：《犯罪主体论》，中国人民大学出版社1989年版，第14—15页。
⑥ 特纳：《肯尼刑法原理》，王国庆等译，华夏出版社1989年版，第6页。

何不义都是有义务赎罪的'罪行',没有任何罪行超出一种有义务赎罪的不义。"① 综上所述,在封建时代,人们对犯罪有了进一步的认识,表现为罪过观较之于奴隶社会有所深化,但总体而言,还是基本停留在外在的客观危害上,即奉行客观责任(或称为结果责任、无罪过责任)。正如我国有学者所指出的:"从比较刑法史的观点来考察,不论东方还是西方的封建主义刑法,概无例外。"② 立足于现时代,奉行客观责任的必然结果是民、刑不分,将犯罪与一般违法相混同,因而对犯罪的认识还是相对粗浅。

不过,由上可知,无论是东方还是西方,在古代社会里,人们对犯罪的认识虽然基本停留在其外在的客观危害上,奉行客观责任原则,但却已经开始逐步突破犯罪的外在表象,将认识的触角伸向了危害表象背后的主观罪过。当然,主观罪过作为成立犯罪必备要件地位的确立还是启蒙运动以后的事。在启蒙时期,人们对犯罪这一社会现象的认识迈开的有决定性意义的一步是将犯罪限定为人的行为,确立"无行为则无犯罪"的原则。③ 如启蒙思想家孟德斯鸠在评析"马尔西亚斯做梦割断了狄欧尼西乌斯的咽喉,因而被狄欧尼西乌斯处死,说他如果白天不这样想夜里就不会做这样的梦"时指出:"这是最大的暴政,因为即使他曾经这样想,他并没有实际行动过,法律的责任只处罚外部的行动。"④ 行为在刑法中地位的确立也为人们深入认识犯罪奠定了坚实的基础。不过在启蒙时期,罪过作为犯罪构成要件之地位仍未确

---

① 马克斯·韦伯:《经济与社会》(下卷),林荣远译,商务印书馆1998年版,第7页。
② 宁汉林、魏克家、吴雪松:《定罪与处理罪刑关系常规》,人民法院出版社1998年版,第5页。
③ 有关该原则在刑法中地位确立的意义,我国著名刑法学家陈兴良教授指出,这是近代刑法的最大成就。在此之前,犯罪不是一个实体概念,而是一个虚无缥缈的概念,正是行为使犯罪获得了实体性的存在。(参见陈兴良:《无行为则无犯罪——为一条刑法格言辩护》,《中外法学》1999年第5期)
④ 孟德斯鸠:《论法的精神》(上册),张雁深译,商务印书馆1982年版,第197页。

立。① 虽然，在启蒙运动早期，英国启蒙思想家霍布斯指出："罪恶非但是指违犯法律的事情，而且也包括对立法者的任何藐视。因为这种藐视是一举将他所有的法律破坏无余。这样说来，罪恶便不仅在于为法律之所禁为、言法律之所禁言，或不为法律之所令为。而且也在于犯法的意图或企图。"② 但在他之后，被称为"近代刑法学始祖"、意大利启蒙思想家的贝卡里亚却对此进行了抨击，他指出，"什么是衡量犯罪的标尺，即犯罪对社会的危害"。"有人认为：犯罪时所怀有的意图是衡量犯罪的真正标尺，看来他们错了。因为，这种标尺所依据的只是对客观对象的一时印象和头脑中的事先意念，而这些东西随着思想、欲望和环境的迅速发展，在大家和每个人身上都各不相同。如果那样的话，就不仅需要为每个公民制定一部特殊的法典，而且需要为每次犯罪制定一条新的法律。有时候会出现这样的情况，最好的意图却对社会造成了最坏的恶果，或者，最坏的意图却给社会带来了最大的好处。""罪孽的轻重取决于叵测的内心堕落的程度，除了借助启迪之外，凡胎俗人是不可能了解它的，因而，怎么能以此作为处罚犯罪的依据呢？"③ 故以主观罪过变化莫测、无从把握为由而否定其犯罪构成要件之地位。在大陆法系，主观罪过之犯罪构成要件地位的最终确立，德国学者克莱因和犯罪心理学的创始人、被誉为"近代刑法学之父"的德国著名刑法学家费尔巴哈起了关键性的作用。克莱因曾指出，一切责任都是意志责任，所谓意志，就是"根据行为的决意而约束自己的能力"，故意是积极地表示恶的意志，过失是消极地表示恶的意志，二者的积极与消极之分并不意味着违法意志——恶的意志的质的差别，

---

① 究其原因，笔者认为主要有二：一是罪过以意志自由为逻辑前提，而在整个启蒙时代，启蒙思想家们对于人的意志是否自由的问题并未达成共识或形成主流见解（参见陈兴良：《刑法的人性基础》，中国方正出版社1996年版，第184—200页）；二是那时尚未出现专门研究刑法的职业刑法学家。
② 霍布斯：《利维坦》，黎思复、黎廷弼译，商务印书馆1986年版，第226页。
③ 贝卡里亚：《论犯罪与刑罚》，黄风译，中国法制出版社2002年版，第78—79页。

而是表明有无敌对法律的意识。① 费尔巴哈则立足于其倡导的心理强制说，犯罪可以因两种不同的意思决定来实施，即故意和过失。故意是一种对违法行为的意思决定（一种希望得到或者要求得到的能力），认识到愿望或者要求的违法性。过失是一种作为或者不作为的违法的意思决定，根据自然法则，违法行为的发生与人的目的无关。② 由此，产生明确的"犯意责任论"。罪过进入英国普通法始于 15 世纪，美国学者 LaFave 指出几个世纪以来（至少自 1600 年以来），不同的普通法在定义犯罪时，都要求蓄意、明知、轻率、疏忽。如果一个人连上述四种过错心态的任何一种都不具备，那么他就无从谈起犯罪。③ 自此以后，主观罪过之犯罪构成要件地位逐步得到世界各个国家和地区的刑法典肯认，理论界也对其展开了全面深入细致的研究。

自人类社会进入 19 世纪，时代境况又为人类更进一步认识犯罪提供了契机。其时西方社会正处于从自由竞争向垄断过渡的转型时期，伴随着城市化进程的推进，社会两极分化严重，社会矛盾也日益暴露并不断激化，在如此急遽转变的社会格局之下，西方国家普遍出现了犯罪率激增、社会治安日趋恶化的严峻局面。面对汹涌的犯罪浪潮，尤其是累犯、常习犯、青少年犯逐年激增的状况，刑事古典学派以意志自由论为基础所构建的刑法理论体系在应对此等局面时显得捉襟见肘、难以招架，为消除古典学派所面临的此般窘境，刑事实证学派便应时而生。正如刑事实证学派著名代表人物菲利所指出的："在意大利，当古典犯罪学理论发展到顶峰时，这个国家却存在着从未有过的数量极大的犯罪行为的不光彩状况，这确实是一种令人惊异的对比。因此，犯罪学阻止不住犯罪浪潮的波动。正因为如此，实证派犯罪学

---

① 转引自姜伟：《罪过形式论》，北京大学出版社 2008 年版，第 25 页。
② 安塞尔姆·里特尔·冯·费尔巴哈：《德国刑法教科书》（第十四版），徐久生译，中国方正出版社 2010 年版，第 58—66 页。
③ Wayne R. LaFave, *Handbook on Criminal Law*, West Publishing Co., 1972, p. 242.

便与其他学科一样,自然而然地产生了。它建立在我们日常生活状况的基础之上。"[1] 实证学派驻足于行为决定论而否定古典学派的意志自由论,视犯罪为自然的和社会的现象而非法律现象,尤其是将重点放在犯罪人身上,他们从人类学、生物学、社会学、心理学等视角,借由犯罪人解释犯罪现象。

刑事实证学派的创始人龙勃罗梭受达尔文进化论的影响,提出了"天生犯罪人"之命题,认为犯罪人之所以犯罪,并不是出于自由意志,而是由其特殊人格所决定的,不得不犯罪,这里的特殊人格是指犯罪人的生理结构,即其隔代遗传的返祖之生物特征。但龙勃罗梭"天生犯罪人"学说存在较大问题,因为在很多犯罪人身上所发现的异常物质无法用隔代遗传来解释,而且现代犯罪学的研究基本否定了生来犯罪人的学说。龙勃罗梭的弟子加洛法罗与菲利继承与发扬了其观点,但他们更注重犯罪的心理因素或社会因素。如加洛法罗提出"犯罪人类学的真正的缺陷在于,缺乏令人信服的证据证明某个头盖骨或骨骼的特征在犯罪人中比在假定诚实的人中发现率更高"[2]。他认为犯罪人是缺乏怜悯与正直这两种利他情绪的人,这种情绪的缺乏或许是器质性的,鉴于当时观察手段的不充分性,不能得出结论,故认为"应该放弃这个问题的解剖学方面,而将注意力指向罪犯的心理异常"[3]。而菲利则主张,应从人类学、自然与社会三方面探讨犯罪的原因,其中人类学因素是犯罪的首要条件,是由以下三个方面构成的:一是罪犯的生理状况,包括颅骨异常、脑异常、主要器官异常、感觉能力异常、反应能力异常及文身等生理特征;二是罪犯的心理状况,包括智力和情感异常,尤其是道德情感异常以及罪犯文字和行话等;三是罪犯的个人状况,包括种族、年龄、性别等生物学状况和公民地位、职业、

---

[1] 菲利:《实证派犯罪学》,郭建安译,中国政法大学出版社2004年版,第3页。
[2] 加罗法洛:《犯罪学》,耿伟等译,中国大百科全书出版社1996年版,第78页。
[3] 加罗法洛:《犯罪学》,耿伟等译,中国大百科全书出版社1996年版,第83页。

住所、社会阶层、训练、教育等社会生物学状况。[①] 但在菲利看来,"犯罪人类学资料并非完全适用于所有犯罪人。这些资料仅限于一定数量的、可以称其为先天性的、不可改造的和习惯性的罪犯之类的人"[②]。由此可见,刑事实证学派认为犯罪是行为人社会危险性的一种体现,并承认罪犯生理和心理特点及其遗传特征和所获得的能力同正常人有区别。[③] 作为人格刑法的重要奠基者,德国刑法学家李斯特(Liszt)也将刑罚处罚的中心归结为犯罪人。他曾明确指出:"行为因与行为者立于不可分立之密切关系,法所以处罚行为者,乃因其已经实行一定行为而非其他行为,换言之,刑罚以及责任之对象,并非行为,而系由于实行行为所证明之'行为者的犯罪情操'、'行为者对法秩序之态度'以及'行为者之全部的心理特征',此系行为者之反社会性及危险性是也。"[④] 日本著名刑法学家牧野英一将李斯特人格主义思想予以系统化并在日本进行传播推广,即便是立足于旧派的学者团藤重光在创建人格责任论后,也承认其深受牧野英一先生新派思想的影响。[⑤] 团藤教授认为:"行为系在人格与环境之相互作用中,依据行为者之主体的态度而形成者,且系主体上将人格予以现实化者。人之身体的动静,必须与其人之主体的人格态度相结合,且可认为系其人的人格之主体的现实化时,始能将之解为系出于其人的'行为'。"[⑥] 师承团藤重光的大塚仁又在人格责任论的基础上构建了较为系统的人格刑法学,人格刑法学从探讨作为刑法学研究对象的人为起点,对责任论、犯罪论、行为论、

[①] 恩里科·菲利:《实证派犯罪学》,郭建安译,中国人民公安大学出版社2004年版,第143—144页。

[②] 恩里科·菲利:《实证派犯罪学》,郭建安译,中国人民公安大学出版社2004年版,第107页。

[③] 阿·伊·道尔戈娃:《犯罪学》,赵可等译,群众出版社2000年版,第14页。

[④] 马克昌主编:《近代西方刑法学说史略》,中国检察出版社2004年版,第211页。

[⑤] 马克昌主编:《近代西方刑法学说史略》,中国检察出版社2004年版,第382页。

[⑥] 洪增福:《刑法理论之基础》,刑事法杂志社1979年版,第45—46页。

刑罚论等几乎近代刑法学的各个方面都做了新的界说。①刑事实证学派所开启的对犯罪人关照之新风进而使整个刑事学科领域之面貌焕然一新。在笔者看来，这场革故鼎新运动与其说是弱化犯罪行为作为刑罚根据之地位和作用，毋宁说是大大深化了人们对犯罪行为的认识。因为，犯罪行为乃犯罪人所为之行为，依据辩证法的基本原理，结果一点也不包含原因中所不包含的东西，或者说原因也一点不包含不是在其结果中的东西。②故在犯罪人与犯罪行为这一因果关系中，欲全面深入地认识犯罪行为，我们就不得不诉诸作为原因的犯罪人，因此，刑事实证学派并未能颠覆犯罪行为作为刑罚唯一根据之地位。

二、量刑情节的发展变化规律

以上从宏观上揭示了迄今为止人类认识犯罪这一社会现象的总体进程，即由客观危害进入到主观罪过再深入到行为人人格的过程。并且不难发现，在这一进程当中，人类对犯罪现象之认识每跃升一个层级，必然引起情节的巨大变化，这种变化主要表现为量变，当然有时也发生质的变化。换言之，人类对犯罪情节的认识总是伴随着对犯罪认识的变化而变化，故人类对犯罪本质认识的跃迁可谓犯罪情节（含量刑情节）认识深化的内在动因或决定力量。已如前述，在人类的法典中，从未出现过一部对社会危害性不同的形形色色的犯罪都整齐划一地规定单一刑种固定刑量的法典。同时，在确定犯罪性质及量刑基准的前提下，量刑情节便成了决定刑罚轻重的唯一根据，故人们对犯罪情节的认识规律我们可以通过各个时代的典籍尤其是法典予以把握。

---

① 张文、刘艳红：《人格刑法学理论之推进与重建》，《浙江社会科学》2004年第1期。
② 黑格尔：《逻辑学》（下卷），杨一之译，商务印书馆1982年版，第217页。

在客观责任流盛的时代，量刑情节主要集中在反映犯罪客观危害的相关客观事实上，如危害结果、数额、犯罪对象、犯罪手段和方法、犯罪的时空环境等，只要翻开古代法典，此类量刑情节可谓多不胜数、俯拾皆是。如古巴比伦《汉谟拉比法典》第8条规定："自由民窃取牛，或羊，或驴，或猪，或船舶，倘此为神之所有物或宫廷之所有物，则彼应科以三十倍之罚金，倘此为穆什钦努所有，则应科以十倍之罚金；倘窃贼无物以为偿，则应处死。"其中的法定量刑情节涉及犯罪对象与危害结果（赔偿损失可减消危害结果）。我国西周时期提出的对后世产生深远影响的"刑罚世轻世重"之刑罚适用制度，内中便包含了将犯罪的时空环境作为量刑情节考量的思想。《十二铜表法》第3条规定："如用手或棒子打断自由人的骨头，则应缴纳罚金三百阿司，如为奴隶，则为一百五十阿司。"[①]《摩奴法典》第八卷第280条规定："举手或举棍打击出身高尚的人，应割断其手；如动怒而以脚踢者，应割断其脚。"该卷第288条规定："损坏人家财产者，无论有意无意，应该赔偿，并向国王缴付与损害相等的罚金。"该卷第322条规定："偷窃五十钵罗以上的上述物品，应断其手；不足五十钵罗，国王应处以该物品价值十一倍的罚金。"该卷第323条规定："抢夺名门世家的人，尤其是妇女，和价值高贵的珠宝，如钻石等，盗匪应处死刑。"[②]《萨利克法典》第五十四章关于杀死伯爵罪的规定为："1.如果有人杀死伯爵，应罚二万四千银币，折合六百金币。2.如果有人杀死男爵或副伯爵——国王的奴仆，杀害人应罚付一万二千银币，折合三百金币。3.如果有人杀死男爵——自由人，判付二万四千银币，折合六百金币。"[③]《赫梯法典》第15条规定："如果任何人撕掉了一个自由人的耳朵，他将支付十二舍客勒银，并以房屋作抵押。"第16条则规定："如

[①] 《十二铜表法》，法律出版社2000年版，第35页。
[②] 《摩奴法典》，商务印书馆1996年版，第197、201页。
[③] 《萨利克法典》，法律出版社2000年版，第35页。

果任何人撕掉了一个男奴或者女奴的耳朵,他将支付三舍客勒银。"①由此可见,当时的法典也将犯罪的手段、方法、数额以及被害人身份作为法定量刑情节。由于在客观责任时代,主观罪过非为犯罪成立的必备条件,故主观罪过本身及反映罪过(或主观恶性)程度的相关主客观事实均属于量刑情节,此类情节随着时代的迁换而与日俱增。譬如在中华法系,虽然在西周时期就有"三宥"(一宥曰不识,再宥曰过失,三宥曰遗忘)、"三赦"(一赦曰幼弱,再赦曰老耄,三赦曰惷愚)之量刑原则,但在唐代以前,法律对故意、过失的区别仅限于少量犯罪,而到了唐代,《唐律》则将知与不知、故与误等表示故意和过失的概念相当宽泛地规定在各篇各罪中,使之成为普遍性的法定量刑情节。此外,在客观责任时代,已出现了反映人身危险性的量刑情节,如再犯(含累犯)、自首等。我国早在西周时期,《尚书》便记载有"怙终贼刑"以及"既道极厥辜,时乃不可杀"②之有关再犯加重及自首减轻处罚的记载,其后为历代立法承袭发扬,及至《唐律》甚至出现了总则性的规定③。古印度的《摩奴法典》也有"初犯掏摸者可断其两指;再犯时,断一足一手,第三次,处死"④之规定。总体而言,囿于社会条件及认识规律,人们对反映罪犯人身危险性的量刑情节的认识相较于反映犯罪其他两个层次的量刑情节而言,在深度和广度上还是肤浅逼仄得多。

发展至近代,人们对量刑情节的认识发生了翻天覆地的变化,这

---

① 李政:《〈赫梯法典〉译注》,《古代文明》2009 年第 4 期。
② "怙终贼刑"出自《尚书·舜典》,"既道极厥辜,时乃不可杀"出自《尚书·康诰》。
③ 《唐律·名律例》规定:"诸犯罪已发及已配而更为罪者,各重其事。即重犯流者,依留住法决杖,于所役三年。若已至配所而更犯者,亦准此。即累流徒应役者不得过四年。若更犯流徒罪者准加杖例。其杖罪以下,亦各依数决之。累决笞杖者,不得过二百。其应加杖者,亦如之。"此为再犯之规定。《唐律·名律》规定:"诸犯罪未发而自首者,原其罪。"及"'其于人损伤,于物不可备偿','若越度关及奸,并习天文者并不在自首之例'",则是有关自首的规定。
④ 《摩奴法典》,商务印书馆 1996 年版,第 238 页。

种变化由来于在过往时代只作为量刑情节的主观罪过发生了质变，即由量刑情节上升为了犯罪构成要件。主观罪过的质变使得人们对量刑情节的认识产生了深远的影响，其影响主要表现为：

其一，主观罪过作为犯罪构成要件地位最终得以确立进而形成主客观相统一的定罪原则，全面彻底地否弃了过往时代长期奉行的客观归罪的做法，如此便极大地限缩了犯罪的成立范围，从而将不具有主观罪过的行为或无罪过事件排斥在了犯罪的范围之外。同时也理所当然地将那些反映已然除罪化行为或事件的客观危害的情节，排除在了量刑情节之外，进而大大缩小了反映客观危害层级的量刑情节的存在范围。

其二，在主观罪过开始上升为犯罪构成要件之时，罪过心理作为法定量刑情节已经相当普遍地存在于许多国家或地区的法典之中而成为一般性的法定量刑情节。但其构成要件地位在被世界各个国家和地区的刑事立法确认后，则无论在理论上还是在立法和司法实践中，无不将罪过本体与量刑情节进行严格的区隔。经由前番叙论可知，在过往时代，反映主观恶性程度的量刑情节基本只限于故意与过失及各自包含的某些类型，除此之外反映主观恶性程度的其他类型的量刑情节较为少见，而主观罪过之犯罪构成要件地位确立后，此一层面的量刑情节就只剩下了后者，从某种意义上说也大为缩小了这一层面的量刑情节之客观存在界域。

其三，由于犯罪构成要件直接关涉行为的罪与非罪或者行为人的自由与受刑罚惩罚的问题，故历来为刑法理论、刑事立法和司法实务所特别关注，主观罪过作为犯罪构成要件地位之确立无疑有助于极大地深化人们对罪过本身的认识。自此以后，人们对罪过的认识，已不再满足于作为刑事古典学派立论基础的意志自由论，而诉诸心理学的研究成果，深入细致地剖析罪过的内在要素。对罪过认识深化的同时必然推促人们对反映主观恶性程度的量刑情节的认识向纵深发展，此等纵深发展表现为两个方面：一是对既有量刑情节认识的深化，如对犯罪动机、犯罪目的等的深入研析，又细化出各种样态的量刑情节；二是少量新的量刑情节类型的发现，如犯罪中止、尚未完全丧失辨认和控制能力的精神病人等。

其四，量刑情节存在范围的限缩，能够使量刑论的关注点更为集中，进而在整体上促进反映犯罪本质的各个层级的量刑情节类型精深细化。从某种意义上说，刑事实证学派的诞生，正是以特定类型的量刑情节为突破口，如累犯、常习犯、未成年犯等，在对其批判反思的基础上出现的。综上可知，主观罪过的质变使人们对量刑情节认识的深化有着划时代的意义。

刑事实证学派否定刑事古典学派以意志自由为逻辑前提的罪过观，如菲利指出，古典学派犯罪学和一般公民均认为犯罪含有道德上的罪过，因为犯罪者背弃道德正轨而走上犯罪歧途均为个人自由意志所选择，因此应该以相应的刑罚对其进行制裁，这是迄今为止最流行的犯罪观念。人的自由意志的观念引出一个假定，即一个人可以在善恶之间自由选择。但是，当用现代实证研究方法武装起来的近代心理学否认了自由意志的存在，并证明人的任何行为均系人格与人所处的环境相互作用的结果时，你还怎么相信自由意志存在呢？[1] 实证学派在否定古典学派的罪过观后，构筑了以人身危险性为核心范畴的理论体系。作为理论体系核心范畴的人身危险性，实证学派的代表人物对其做了较为深入地阐释，无论是龙勃罗梭、菲利还是加罗法洛，都认为刑罚适用的根据是行为人而非行为，即主张刑罚要适合罪犯的个性，此罪犯的个性亦即其人身危险性（或社会危险性）。龙勃罗梭将罪犯分为天生犯罪人、激情犯罪人、精神病犯罪人、偶然犯四类，菲利则将其分为天生犯罪人、精神病犯罪人、习惯性罪犯、偶犯、情感犯五类，借

---

[1] 菲利：《实证派犯罪学》，郭建安译，中国政法大学出版社2004年版，第131—132页。

此来诠释罪犯的人身危险性，加罗法洛则指出，刑罚必须适合于不法行为者犯罪的自然倾向[①]，因而将人身危险性表述为"自然倾向"，据其自然犯罪论可知，"自然倾向"当为怜悯与道德情感之缺失程度。自后，经由心理学家、社会学家、犯罪学家、刑法学家等的阐扬光大，迄今已形成较为完整的罪犯人身危险性（或人格）评估体系。由实证学派所开启的对犯罪人的特别关照，使人们对犯罪本质的认识上升到了前所未有的高度，也全面深刻地揭示了刑法中情节的本质，对于古典时代难以合理解释的罪犯的罪前罪后表现，如累犯、自首、立功、坦白、积极赔偿等系列情节何以能够影响刑罚的轻重，都有了合理地解释。与此同时，对于其他量刑情节之本质也有了更为深刻地认识，如犯罪目的、犯罪动机、犯罪未遂、犯罪中止、防卫过当、避险过当等等。

经由以上叙论已不难把握量刑情节的发展变化规律，在客观责任时代，由于定罪的依据主要是客观的危害，加之客观危害具有外在客观性，较易为人们的感觉所把握，故其时的法典中所规定的量刑情节多集中在反映客观危害程度的各种客观事实上。当然，法典中也规定有为数不少的反映主观恶性程度的量刑情节，并且这种情节随着时代的变换而显著递增，另外，也出现了少量反映罪犯人身危险性的量刑情节，由于认识上的局限，这类情节在整个客观责任时代变化并不明显，几乎是不变的。尽管从那个时代的典籍中难见酌定量刑情节之踪影，但毋庸置疑，典籍中记载的任一量刑情节无不是人们对其有一定程度的认识后方才引起立法者的足够重视进而上升为法定量刑情节的，即由酌定量刑情节上升为法定量刑情节。并且不难发现，在客观责任时代，酌定量刑情节法定化几乎只在犯罪的客观危害和主观恶性两个层面进行。进入到古典时代，由于犯罪人尚未在其理论体系中取得应

---

① 加罗法洛：《犯罪学》，耿伟等译，中国大百科全书出版社1996年版，第362页。

有的地位，故酌定量刑情节法定化仍然基本发生在客观危害和主观恶性层面。与以往时代不同的是，除了罪过本身不再作为量刑情节外，还有就是这一时期的立法技术有了显著的提升，在情节的立法上，除了一如既往地在个罪中予以规定外，大量具有普遍性的量刑情节都出现在了总则的规定中，这是此一时期情节立法也是酌定量刑情节法定化区别于过往的典型特征。历经实证运动，由于对犯罪人的全新发现，自此，世界各国有关量刑情节的立法踏上了将反映罪犯人身危险性的情节全面法定化或明确化的征程，其具体成效已然呈现于我们的眼前，对此笔者已于前文作详细论证，这是刑事实证学派对量刑情节立法的卓越贡献，也是历经实证运动迄今为止的酌定量刑情节法定化区别以往任何时代的显著标志。

综上所析，人类对犯罪本质认识的跃迁助推刑法中的情节认识的深化，对情节认识的深化促使立法者不断地将相关情节规范定型化，情节的规范定型化将迫使司法者对其进行考量进而实现量刑上的公正合理。因此，纵观人类有关量刑情节的立法史，我们有足够的理由断言，量刑情节立法的发展进步就是不断地将酌定量刑情节予以法定化或明确化的过程。

第六章　酌定量刑情节法定化之外在根据

酌定量刑情节法定化不仅有着深刻的内在理论依据，同时也是现实的迫切吁求："现实是存在的。因为现实存在，所以我们必须从现实的角度处理现实的事物。"[①] 揭示酌定量刑情节法定化深层的内在理论依据固然重要，但现实存在的问题更不容忽视，它是推促我们揭示深层内在理论根据的直接动因。本章中，笔者将从现实层面揭示酌定量刑情节法定化的外在根据。

第一节　我国当前司法弊病之疗救良方

在我国刑事司法实务中量刑失衡的案件可谓屡见不鲜，在笔者看来，其中一个重要诱因是我国当下司法实务界对酌定量刑情节的忽视及不当适用。考察刑事司法实务，不难发现，酌定量刑情节之存在范域极其宽泛，较之于法定量刑情节，它更具普遍性和常见性，几乎存在于现实中的任何刑事案件之中。酌定量刑情节之普遍与常见以至于我们完全可下此般断言：某一具体刑事案件完全可能不存在法定量刑情节，但却绝无可能不存在酌定量刑情节，在任一具体刑事案件中我

---

① 伯纳·派顿：《身边的逻辑学》，黄煜文译，中信出版社2011年版，第3页。

们总能找到酌定量刑情节之踪影，酌定量刑情节无所不在、无案不有。并且当对酌定量刑情节的量刑功能进行细致分析后还将发现，对酌定量刑情节与法定量刑情节适用时，二者并非绝对彼此隔绝、互不相干，酌定量刑情节对法定量刑情节之适用发挥着重要的影响。譬如，对于那些"可以"型法定量刑情节之适用，法官在"两可"（即"可以"与"可以不"）之中，到底应该作何选择；又如对于多功能情节的适用，在"从轻""减轻"或者"免除"之间，最终应当如何选择适用；还有从重、从轻、减轻或者免除的具体幅度，等等。这些在很多情况下都不完全是由法定量刑情节本身所能确定，须得借助于酌定量刑情节才能最终确定。[①] 而在没有法定量刑情节的刑事案件中，酌定量刑情节则更是独立担负起了在法定刑幅度之内或之下决定宣告刑最终刑量之重任。又因如前所述，酌定量刑情节与法定量刑情节在本质上具有一致性，反映着犯罪之客观危害、罪犯之主观恶性或其人身危险性，影响着罪与刑之轻重有无。由此可知，酌定量刑情节对于量刑之公正合理价值实现之作用可谓非同寻常，丝毫不亚于法定量刑情节，甚或有过之而无不及。因此，任何忽视酌定量刑情节之裁判均可能导致量刑失当，违背刑事正义之价值追求。

可如所周知，在我国刑法理论界，长期存在着重定罪轻量刑之传统，刑法学者们多沉湎于构建精之又精、细而又细的定罪理论，近些

[①] 例如，对于实务中的此等案例：父母为了使作恶多端的儿子不危害社会，打算将儿子重伤为瘫痪状态，然后抚养其一辈子。但在伤害过程中，由于过失导致了儿子的死亡。我国刑法学者张明楷教授就本案的量刑有过一番分析，他指出，按照刑法第234条第2款之规定，父母的行为构成故意伤害（致人死亡）罪，所适用的法定刑为10年以上有期徒刑、无期徒刑或者死刑。但本案与大义灭亲相比，父母的行为更为轻缓。而我国理论界与实务界均认为，对于大义灭亲的案件，在成立故意杀人罪的前提下，可以认定为"情节较轻"，适用3年以上10年以下有期徒刑的法定刑。可是，在本案中，法官不能为了适用3年以上10年以下的法定刑，而将该父母的行为认定为情节较轻的故意杀人罪。（参见张明楷：《许霆案的刑法学分析》，《中外法学》2009年第1期，第50页）本案最终该如何处理？在笔者看来，酌定量刑情节就起着决定性的作用，唯有借助于酌定量刑情节方能实现处罚上的合理性。

年来，更有越来越多的学者因不满于我国传统的犯罪构成理论而热衷于引入欧陆阶层犯罪论体系，掀起了犯罪构成理论研究的新高潮，产生了数不胜数的定罪理论研究成果。相对于此起彼伏、纷繁扰攘的定罪论，多数学者对量刑论则多不寓目，研究成果可谓寥寥无几，量刑论因之呈现于大家眼前的俨然是一副"门前冷落车马稀"之景况。并且即便综观量刑论的研究成果，我们看到的也多是高屋建瓴式的宏观叙论，鲜有如定罪理论那般剖毫析芒、深入细致的研究。尤有甚者，在量刑论中，对作为量刑要素之情节，相关研究也多集中于法定量刑情节，如预备犯、未遂犯、中止犯、自首、立功、累犯、从犯、胁从犯等的研究，而鲜见有专门涉足酌定量刑情节之研究。① 综观我国现有的定罪理论及量刑理论，酌定量刑情节可谓是当前最受轻忽冷落却有着举足轻重的刑法理论问题。

  酌定量刑情节理论研究的粗疏浅陋势必影响刑事立法实践，事实也的确如此。可以看到，较之于旧刑法，虽然我国现行刑法（含历次刑法修正案）在量刑情节的立法上，取得了长足的进步，大量在旧刑法中原本属于酌定量刑情节的情节如今已上升为了法定量刑情节，此等进步是显而易见、不容抹杀的。但由于理论研究的相对滞后，在与其他国家或地区的刑法在情节方面的立法做横向比较时将不难发现，我国刑法有关情节的立法还是显得过于粗疏。并且可以看到，我国刑法在酌定量刑情节法定化的路向上，秉持的基本是分则路线，即只是将属于个罪中的一些特别情节予以明确化或法定化，而对于一些具有普遍性或常见性的一般量刑情节的总则性立法，与旧刑法相比，现行

---

① 在我国刑法学界，虽然几乎所有的刑法教科书都提及酌定量刑情节，还有不少有关量刑研究的论著也都涉足酌定量刑情节，但专就酌定量刑情节展开研究的论著较为少见，据笔者手头掌握的资料，王利宾博士的《酌定量刑情节规范适用研究》（上海社会科学院出版社2010年版）、彭新林博士的《酌定量刑情节限制死刑适用研究》（法律出版社2011年版）是目前仅有的两部较为系统研究酌定量刑情节的专著。

刑法（含历次刑法修正案）并未见有多大的改观。虽然，个罪具体情节的明确化或法定化十分重要，因为量刑毕竟最终要落实到个罪，但对于那些一般性、常见性的量刑情节，由于它们普遍地存在于个罪之中，若以个罪式的法定化或明确化的方式有不当扩大刑法容量及浪费立法资源之虞，更兼相关总则性立法的缺位使得遍存于个罪中的一般性情节也极易被忽略。

酌定量刑情节理论的粗浅和立法的疏漏也势必影响到刑事司法实务，导致无法有效制约刑事自由裁量权。理论为立法提供指导，而立法又是司法的前提与依据，立法的缺失或含糊不清将使得司法实践无所适从。因为，在法治国家，国家机关及其工作人员必须循守"法无授权即禁止"之权力运作规则，而刑法规范对酌定量刑情节具体类型及量刑功能均未做明文规定，如此立法状况使得司法者对于哪些涉案事实属于酌定量刑情节、如何适用等，首先面对的是来自合法性的质疑。即便理论上近乎一致地认为，我国刑法第 37 条、第 61 条、第 63 条第 2 款规定的情节中理所当然地包含酌定量刑情节，但若法官以"法无授权即禁止"或罪刑法定为借口或遁词而有意忽略本该适用的酌定量刑情节，哪怕最终处刑明显有违罪刑均衡，他人也多难奈其何。在无相关制约机制的情况下，立法上的缺漏则又使得司法者对酌定量刑情节的适用存在巨大的风险，可能导致刑罚裁量权的恣意妄为。因为理论要求法官在刑罚裁量时必须考量酌定量刑情节，而立法却并未具体规定该如何对其适用，那么司法者对酌定量刑情节无论如何适用，他人也同样难奈其何。可见，在现有的理论研究水平及立法状况下，在我国刑事司法实务中，无论法官对酌定量刑情节适用与否以及如何适用均可谓跋前疐后、进退维谷，允许适用可能被滥用，因可能被滥用而不允许适用则更不可取。这种状况若不勤力改变而听之任之，酌定量刑情节势必沦为司法者任意拿捏的橡皮泥或暗箱之物，由此必将导致量刑失衡或量刑不公案件的大量涌现，现实已经印证了此般结论。

由于实务中因无视或滥用酌定量刑情节而致量刑失衡的案件可谓不胜枚举。以下笔者拟列举三个较为典型的案件，从中便可知我国司法实务在酌定量刑情节的适用上是何等的随意和轻率，就中也反映出酌定量刑情节法定化或明确化在我国当下是何等的迫在眉睫。

案例一是2006年轰动全国的许霆案，其基本案情为：2006年4月21日晚21时许，被告人许霆到广州市天河区黄埔大道西平云路163号的广州市商业银行自动柜员机（ATM）取款，同行的郭安山在附近等候。许霆持自己不具备透支功能、余额为176.97元的银行卡准备取款100元。当晚21时56分，许霆在自动柜员机上无意中输入取款1000元的指令，柜员机随即出钞1000元。许霆经查询，发现其银行卡中仍有170余元，意识到银行自动柜员机出现异常，能够超出账面余额取款且不能如实扣账。许霆于是在21时57分至22时19分、23时13分至19分、次日0时26分至1时06分三个时间段内，持银行卡在该自动柜员机指令取款170次，共计取款174000元。许霆告知郭安山该台自动柜员机出现异常后，郭安山亦采用同样手段取款19000元。同月24日下午，许霆携款逃匿。广州市商业银行发现被告人许霆账户交易异常后，经多方联系许霆及其亲属，要求退还款项未果，于2006年4月30日向公安机关报案。公安机关立案后，将许霆列为犯罪嫌疑人上网追逃。2007年5月22日，许霆在陕西省宝鸡市被抓获归案。一审认定许霆利用银行系统升级出错之机在ATM机上先后171次共计取款17.5万元的行为已构成盗窃罪，且属于盗窃金融机构数额特别巨大之情形，故应在"无期徒刑或者死刑，并处没收财产"的法定刑幅度内选择适用刑罚，许霆被判处无期徒刑。[1] 该判决一经公布，旋即引起了社会各界的热议，近乎所有的普通民众以及绝大多数法学理论研究者和司法实务工作者都认为（甚至主审法官自己都承认）

---

[1] 参见广州市中级人民法院（2007）穗中法刑二初字第196号刑事判决书。

许霆案一审量刑过重,至于到底应当如何处理方合情合理合法,舆情民意和学术界则众口晓晓、莫衷一是。①

虽然,对量刑公正与否之评断往往因个体价值观的不同而异其见解,但当社会公众几乎一致地认为量刑过重时,此等刑罚裁量违反了作为刑法基本原则之一的罪刑相适应原则就毋庸置疑了。而稍具法学常识的人便知道,部门法基本原则是贯穿于部门法全部规范,是必须得到普遍遵循的具有全局性、根本性之准则,是相关部门法制定、解释和适用必须遵守的准则,根据我国立法法第7条第3款之规定,任何违背部门法基本原则的修正、解释和适用均属无效。对于许霆案一审判决中如此明显的错误,我国法学界还是有不少专家学者为之辩护。如有评论者认为,许霆不仅一再盗取,还告知他人犯罪,更在潜逃中将巨款挥霍一空,被抓后无一被追回,在犯罪后悔罪方面也较为恶劣,整个过程并无任何从轻或减轻量刑情节,因此法院在法定刑范围内判处无期徒刑并无不妥。②主审法官自己也辩称:"一审判决对于无期徒刑的量刑标准也并无不当,因为依照刑法第264条的规定,盗窃金融机构、且金额特别巨大的,起步刑就是无期徒刑。而根据有关司法解释,盗窃金融机构10万元以上就已经构成数额特别巨大。"③甚至对于援引刑法第63条第2款之规定而将一审的无期徒刑改判为5年有期徒刑的二审判决也有学者表示质疑。④总之,在不少学者看来,依据现行立法,对许霆案的处理,司法并无过错或者只存在小错,错误全在于

---

① 许霆案也因之被南方周末与中国影响性诉讼研究中心评为2007年度十大影响性诉讼。
② 中国人民公安大学副教授黄娜在凤凰卫视"一虎一席谈"节目(2008年1月12日播出)上对许霆案作了上述评论。
③ 《许霆案主审法官:许霆重审改判并非迫于舆论压力》,《重庆晚报》2008年9月16日。
④ 参见谢望原、付立庆主编:《许霆案深层解读——无情的法律与理性的诠释》,中国人民公安大学出版社2008年版。事实上,在许霆案之前,适用刑法第63条第2款已有先例。(参见《程乃伟绑架案——特殊情况下减轻处罚的适用》,载最高人民法院刑一庭、刑二庭编:《刑事审判参考》[第4卷上],法律出版社2004年版,第119页)

或主要在于刑法之规定或立法者身上。如我国著名法学家贺卫方教授在评析许霆案时称："20多岁的小伙子，17万多元钱，要用一辈子的自由为代价，连我自己都觉得难以接受。"但他又认为："这样的判决也无法归罪于司法人员，因为是我们的法律给出了这个判决。"[①] 另有论者也认为，就许霆案来说，法院以盗窃罪做出了无期徒刑的一审判决，判决符合法律规定，相关的法官不应该受到过多的谴责，"板子，该打在立法者的头上"。[②]

好在学术界对许霆案一审判决附和者寥寥无几，绝大多数专家学者在肯定许霆的行为构成犯罪的前提下否定一审量刑的合理性[③]，并且都提出了各自的解决方案，总体而言，这些解决方案可归纳为三条取径：一是肯定许霆的行为构成盗窃罪，且属盗窃金融机构数额特别巨大之情形，同时援引63条第2款之规定，应在无期徒刑之下判处刑罚。许霆案二审判决就是循此路径。二是肯定许霆的行为构成盗窃罪，但否认ATM机系金融机构，因而应在无期徒刑之下判刑。三是变更罪名，认为许霆的行为不构成盗窃罪而构成他罪（如信用卡诈骗罪、诈骗罪、侵占罪等），总之均一致认为不应被判处无期徒刑。据此可知，上述方案虽然在内容上存在较大的差异，但它们的最终目的只有一个，那就是实现刑法中的最核心原则——罪刑相适应原则，故可谓殊途同归。

在笔者看来，在肯定许霆的行为构成犯罪的前提下，对其量刑始终无法回避的问题是：本案到底包含哪些量刑情节？而值得人们反思的是，为何该案的一审会做出如此违情悖理（实际也系违法）的判决，

[①] 贺卫方教授在"百年暨南"文化素质教育讲堂的演讲。

[②] 付立庆：《一个合乎法律却失之公平的判决——评柜员机恶意取款17.5万元被判无期徒刑案》，载谢望原、付立庆主编：《许霆案深层解读——无情的法律与理性的诠释》，中国人民公安大学出版社2008年版，第37页。

[③] 当然也有极少量论者认为许霆的行为不构成犯罪。

就中病灶何在？综观关于许霆案林林总总的论说，笔者认为，我国著名刑事诉讼法学者陈瑞华教授的批评最为切中肯綮、洞见症结。他指出："鉴于许霆案在事实认定上不存在明显的争议，原审法院只进行了一个多小时的法庭审理。在这短短的时间里，法官们不可能对本案的全部法定和酌定量刑情节展开充分的调查，控辩双方也无法对量刑基准、从轻情节、从重情节、人格状况、再犯可能、行为给受害方造成的后果等进行全面的辩论。一句话，法官们在没有进行任何量刑听证、调查评估和听取双方意见的情况下，就断然选择了自由刑的最高幅度。这种几乎草率的裁判方式，决定了刑事法官在量刑方面拥有几乎不受限制的自由裁量权。""许霆案就是一个浓缩了司法积年弊端的典型样本。"[1] 陈教授虽为诉讼法学者，却从实体和程序两个维度道出了许霆案一审判决的全部症结所在，可谓一针见血，令人叹服。从实体法视角来看，在我国现有的刑事立法架构下，许霆案中并无法定从轻或者减轻情节，而对被告有利的情节又属酌定量刑情节[2]，因而，司法者只注重法定量刑情节而无视酌定量刑情节的必然结局是罪刑失衡。只重视法定量刑情节而轻视或无视酌定量刑情节不唯是我国司法实务的积弊，也是我国刑事法理论和刑法立法的惯弊，这也是许霆案一审错判在实体法上的根源所在。欲改变此等状况，实现罪刑均衡，使判决合情合理合法，就必须存在迫使司法者全面考量案中法定量刑情节和酌定量刑情节的外在强制机制。立法对司法的天然制约关系或立法作为司法的依据，意味着在刑事实体法层面的酌定量刑情节全面法定化或明确化系其他外在强制的前置条件，舍此，一切围绕限制法官在量刑情节适用上的自由裁量而构建的制度均将成为无源之水、无本之木。

时隔一年，广州市又发生了一起轰动一时的何石德案，其基本案

---

[1] 陈瑞华：《许霆案的法治标本意义》，《南方周末》2008年1月17日。
[2] 笔者认为，本案对被告有利的酌定量刑情节主要为被害人过错，当然，案件发生的偶然性及被告人临时起意也可作为有利于被告的酌定量刑情节。

情是：被害人蔡某和凶手何石德都住在广州市白云区黄石街江夏村一栋楼里，26岁的广西打工仔何石德住4楼，平时靠摆地摊为生的蔡某和男友住6楼。案发前他们虽然经常碰面但并不认识。2007年6月14日，因家里来了客人，傍晚6时多，蔡某跟男朋友一道去市场买菜。两人拎着菜走到自家楼下时，蔡某接到一个电话，男友便先上楼，蔡某在楼下边接电话边慢慢往楼上走。据何石德事后供述，当时，他喝了一斤甜酒从外面回来，在楼梯上看见了独自上楼的蔡某，很想和蔡某发生性关系，便快走几步抢先上楼，打开自己住的房门躲在门后等蔡某。蔡某走到四楼楼梯口时还在接听电话，丝毫没有意识到危险已经临近。此时，何石德突然从自己住的404房内伸出手把蔡某拉进房里，蔡某惊惶之下拼命挣扎，何石德死命卡住蔡某的脖子，直到蔡某不再惊叫挣扎，把蔡某抱上床强奸。发泄完后，已经醒酒的何石德发现蔡某已经停止了呼吸，于是他冷静地考虑怎么处理尸体。何石德果断地把蔡某肢解后，分装在两个大旅行包里丢弃。蔡某的男友回到家后，左等右等不见蔡某上楼，下楼到处找但找不到，手机也打不通，急忙报案。第二天，一名环卫工人在他们住处附近意外地发现了蔡某的尸体。警方根据蔡某男友提供的线索，以及住处附近的尸块，锁定蔡某就在附近遇害。何石德很快落网。[①] 2008年4月29日，广州中院对本案进行了不公开审理，最终认定何石德构成强奸罪，且致人死亡，应予以重判，但鉴于他悔罪且认罪态度好，判处何石德死刑缓期两年执行。另据悉，在案件审理过程中，何石德与死者家属达成了赔偿协议，愿意赔偿10万元，已经支付了5万元。

与何石德案相类似而更具影响性的案件是发生在云南昭通巧家县的李昌奎案，其基本案情为：被告人李昌奎（男，1982年6月17日

[①] 《广州一女子遭邻居强奸分尸 凶手辩称酒后失控》，http://review.jcrb.com/200712/ca665544.htm，2012年4月2日访问。

生)因感情纠纷一直想报复王家飞。2009年5月14日,李昌奎之弟李昌国与王家飞之母陈礼金因琐事发生打架,李昌奎得知后便从西昌赶回巧家县。同月16日13时许,李昌奎在茂租乡鹦哥村放牛坪社王庭金家门口遇见王家飞及其弟王家红(3岁),李昌奎以两家的纠纷同王家飞发生争吵并抓打,抓打中李昌奎将王家飞的裤裆撕烂,并用手将王家飞掐晕后抱到王庭金家厨房门口实施强奸。王家飞被强奸后醒来跑向堂屋,李昌奎便提起一把条锄打击王家飞头部致王当场倒地,并将王家飞拖入王庭金家堂屋左面第一间房内,后又提起王家红的手脚将其头猛撞该房间门方,并将王家红置于王家飞右侧,又在王庭金家屋里找来一根绳子,分别将王家飞、王家红的脖子勒紧,后逃离现场。经法医鉴定,王家飞、王家红均系颅脑损伤伴机械性窒息死亡。李昌奎外逃后于2009年5月20日14时30分到四川省普格县城关派出所投案。案发后经巧家县茂租乡社会矛盾调处中心调解,李昌奎家属付给被害人家属安葬费21838.50元,并提供一块土地用于安葬二被害人。一审认定李昌奎报复杀害王家飞、王家红,其间强奸王家飞的行为,已分别构成了故意杀人罪、强奸罪,对被告人李昌奎应实行数罪并罚。被告人李昌奎所犯故意杀人罪,犯罪手段特别残忍,情节特别恶劣,后果特别严重,其罪行特别严重,社会危害极大,应依法严惩,虽然李昌奎有自首情节,但依法不足以对其从轻处罚。判决被告人李昌奎犯故意杀人罪,判处死刑,剥夺政治权利终身;犯强奸罪,判处有期徒刑5年,决定执行死刑,剥夺政治权利终身。[①]一审宣判后,被告人李昌奎向云南省高级人民法院提出上诉。二审认定,被告人李昌奎在犯罪后到公安机关投案,并如实供述其犯罪事实,属自首;在归案后认罪、悔罪态度好;并赔偿了被害人家属部分经济损失,故上诉人李昌奎及其辩护人所提出的被告人具有自首情节、认罪、悔罪态

---

① 云南省昭通市中级人民法院(2010)昭中刑一初字第52号刑事判决书。

度好，积极赔偿被害人家属的上诉理由和辩护意见属实，本院予以采纳。鉴于此，对李昌奎应当判处死刑，但可以不立即执行。[①]

上述两案中的量刑情节都比较简单，在何石德一案中，被告人何石德的行为符合刑法第236条第3款第5项（即强奸致使被害人重伤、死亡或者造成其他严重后果）之规定，应在"十年以上有期徒刑、无期徒刑或者死刑"的法定刑幅度内判处刑罚，本案酌定从重情节有"分尸"，对被告有利的酌定量刑情节则有"悔罪且认罪态度好"和"愿意赔偿"[②]两项。在李昌奎一案中，被告人基于连续意图实施了两个故意杀人行为故属连续犯，依据刑法理论之通说，对于连续犯应当按照不同情况，依据刑法的有关规定分别从重处罚或者加重处罚。故意杀人罪虽有两个量刑档次，但无加重构成的量刑档次，所以故意杀人罪的连续犯，只能在该罪的基本构成的量刑档次内（即死刑）从重处罚。[③]因此，酌定从重情节有故意杀人致一人死亡的行为，法定从轻或者减轻情节有自首，对被告有利的酌定量刑情节有"认罪和悔罪态度好"和"积极赔偿"。由此可知，上述两案中，对被告有利的酌定量刑情节都包含有"认罪和悔罪态度好"和"积极（或愿意）赔偿"两项，并且可以确知，恰恰是这两项酌定量刑情节对两被告的最终处刑（即死刑缓期两年执行）起了决定性的作用，因为何石德案和李昌奎案二审的依据是最高人民法院发布的两个规范性文件，2007年1月15日最高人民法院颁布了《关于为构建社会主义和谐社会提供司法保障的若干意见》〔法发（2007）2号〕（以下简称《意见》）提出，要"严格执行'保留死刑、严格控制死刑'的政策，对于具有法定从轻、减轻

---

① 参见云南省高级人民法院（2010）云高法终字第1314号刑事判决书。
② 从该判决意旨来看，"愿意赔偿"并非独立的酌定从轻情节，而是"悔罪且认罪态度好"这一酌定从轻情节的重要内容或主要表现。
③ 高铭暄、马克昌主编：《刑法学》（第三版），北京大学出版社、高等教育出版社2007年版，第211—212、286—287页。

情节的，依法从轻或者减轻处罚，一般不判处死刑立即执行；对于因婚姻家庭、邻里纠纷等民间矛盾激化引发的案件，因被害方的过错行为引发的案件，案发后真诚悔罪并积极赔偿被害人损失的案件，应慎用死刑立即执行"。同年9月13日，最高人民法院又颁布了《关于进一步加强刑事审判工作的决定》（以下简称《决定》）重申："严格控制和慎重适用死刑，因婚姻家庭、邻里纠纷等民间矛盾激化引发的案件，因被告人过错行为引起的案件，案发后真诚悔罪积极赔偿被害人经济损失等具有酌定从轻情节、以及具有法定从轻、减轻情节的，一般不判处死刑立即执行。"

最高人民法院颁布的这两个规范性文件的根本意旨（即"保留死刑，严格控制死刑"）无可非议，并且对于其内容笔者也无多大的疑义，但对于法官在处理这两个案件时机械理解和适用上述两项规定，其不合理性在笔者看来却是（事实在普通民众看来也是）显而易见的。在何石德案和李昌奎案二审法官看来，只要有"认罪和悔罪态度好"和"积极赔偿"情节，不管罪犯所犯之罪的客观危害如何严重、主观恶性如何深重和人身危险性如何之大，均一概不得判处死刑立即执行，即将上述两项中的"应慎用死刑立即执行"等同于"不应适用死刑立即执行"。在何石德一案中，强奸致人死亡客观危害不可谓不极其严重，与被害人无任何恩怨情仇及强奸致死后为毁灭罪证而碎尸，就中反映出被告人的主观恶性不可谓不极度深重、人身危险性不可谓不是极大；在李昌奎一案中，客观危害、主观恶性以及人身危险性均已达致极致则更为明显，正如该案再审宣判后法官所言："李昌奎案件后果特别严重；犯罪手段特别残忍；主观恶意特别深；先奸后杀，数罪并罚，情节特别严重。"[1] 故对于两被告人均应判处死刑立即执行，而非死

---

[1]《李昌奎故意杀人、强奸案依法再审并当庭宣判改判李昌奎死刑》，http://society.yunnan.cn/html/2011—08/22/content_1787075.htm，2012年4月5日访问。

刑缓期两年执行。①笔者以为，唯其如此方能实现罪刑相适应原则，否则便是对该原则的背反。或许有论者认为，笔者之见解过于极端，有违我国"严格控制死刑"或"少杀、慎杀"之死刑基本政策，笔者对此回应如下：

其一，最高法发布的上述两规范性文件中规定的"案发后真诚悔罪积极赔偿被害人经济损失的案件等具有酌定从轻情节的，应慎用死刑立即执行"切不可断章取义，只要稍稍留意《意见》和《决定》的相关规定就可发现，"应慎用死刑立即执行"或"一般不判处死刑立即执行"的条件，除了具有"案发后真诚悔罪积极赔偿被害人经济损失"情节之外，还必须同时具有"因婚姻家庭、邻里纠纷等民间矛盾激化"或"因被害方的过错行为"之情节，否则，就根本不符合上述规定。此外，对上述规定也不能作机械理解，将"应慎用死刑立即执行"或"一般不判处死刑立即执行"等同于"绝对不得判处死刑立即执行"。换言之，案件即便同时具备了上述情节，但存在滥杀无辜（如李昌奎案）或具有其他极其恶劣的情节（如何石德案），也同样可以判处死刑立即执行。

断章取义或机械理解均将产生极其消极的社会效应，如在何石

---

① 有关死刑缓期两年执行的标准，笔者赞同我国刑法学者陈忠林教授提出的标准，他指出，我国刑法关于"对于应当判处死刑的犯罪分子，如果不是必须立即执行的，可以判处死刑同时宣告缓期二年执行"这一规定，应该理解为：即使罪行已经达到极其严重程度，并且"应当判处死刑的犯罪分子"，只要没有充分理由必须立即执行的，一般都应当"判处死刑同时宣告缓期二年执行"。特别是对那些即使按现行法律标准达到"罪行极其严重"，"应当判处死刑"的程度，但不是严重危及人身安全的非暴力性犯罪更是原则上应当都适用死缓。对判处死刑立即执行的标准，他指出，对判处死刑立即执行的案件而言，认定我国刑法第48条中的"罪行极其严重"，必须同时符合以下三个条件：（1）故意严重侵害公民生命安全的暴力性；（2）犯罪动机、手段、结果等方面不存在社会应予正面评价的可谅解因素（如被害人过错、大义灭亲、为民除害、合理要求多次通过合法途径都没有得到解决、行为人本身认识能力和控制能力的精神性障碍等）；（3）行为人明显具有再度实施严重危及人身安全暴力性犯罪的危险。总之，在客观危害、主观恶性和人身危险性三方面都达到了极端严重的程度。（参见陈忠林：《死刑与人权》，《中国社会科学》[英文版]2009年第2期）

德案宣判后，引起了来自社会各界的多方质疑。在笔者看来，有匿名网民的批评显白而中肯，可谓代表了社会公众的普遍心态，该网民指陈："对完全无辜的女性强奸致死碎尸，如此罪大恶极的罪犯仅仅因为赔了几万元钱还有所谓的'悔罪认罪态度好'就可以保住一命，实在让人难以接受，因为谁都知道，为保命而拿出或凑齐几万元钱并非难事，而为保命再来个不用付出任何代价的'真诚悔罪'就更不在话下了，法院的此种做法如果推而广之，那么广大无辜民众的生命如何保障？"① 因此，有论者对"方强威等故意杀人案"② 评析中所指出的"该

---

① 当然，死刑立即废止论者会认为，死刑目前在我国的存在本来就不具合理性，以此为由为何石德案和李昌奎案二审判决进行辩护。对此，陈忠林教授立足于我国国情以严密的逻辑否证了立即废止论者的主张，在其《死刑与人权》一文中，他一针见血地指出："在国家还没有找到更好的社会政策来缓解社会矛盾，遏制严重威胁公民生命安全的犯罪，而将死刑作为保护无辜民众生命安全迫不得已的措施的情况下，只要承认死刑对某些企图实施严重危及人身安全的暴力犯罪人来说具有比其他刑罚更大的威慑力，任何赞成立即废止死刑的主张都无法回避这样一个问题：如果必须在无辜民众的生命与犯罪人的生命权之间进行选择，我们是选择保护犯罪人的生命而牺牲无辜民众的生命，还是为了保护无辜群众的生命而被迫牺牲敢于视人命如草芥的犯罪人的生命？笔者认为，不论是人类最基本的良知，还是以人权为灵魂的现代法治的基本精神，不论是为了实现'运用刑罚同犯罪做斗争'这一刑法的基本任务，还是为了在全社会树立生命是人类社会第一价值的基本观念，都不允许我们对这个问题做出肯定的回答。"（参见陈忠林：《死刑与人权》，《中国社会科学》[英文版] 2009年第2期）

② 该案基本案情为：2006年5月28日13时30分，被告人方强威女友汪霞等人在浙江省永康市西城街道解放街行走时，与被害人章兵拉沙子的三轮车发生碰擦，双方发生争吵。汪霞等人即打电话叫方强威，方又打电话叫被告人陈战峰。两被告人先后赶至解放街与章兵夫妇发生争打，后被群众劝开。不久，方强威等三人在解放街156号门前碰见骑摩托车前去购买水泥的章兵，又将章拦下，双方再次发生争打。方强威拿出随身携带的尖刀刺章兵，陈战峰也对章兵拳打脚踢。章兵在后退过程中摔倒，方强威又用尖刀捅刺章兵的头部、胸部多处，致章兵因左颞部遭刺创致颅脑损伤，经送医院抢救无效于次日死亡。方强威被浙江省金华市中级人民法院一审判处死刑（立即执行）（参见浙江省金华市中级人民法院（2006）金中刑一初字第75号），方强威不服一审刑事部分判决，向浙江省高级人民法院提出上述，浙江省高级人民法院经审理认为：被告人方强威因琐事与他人发生争执，竟持单刃锐器连续捅刺他人致死，被告人陈战峰配合方强威殴打被害人，两被告人的行为已构成故意杀人罪。方强威的犯罪情节严重，又系累犯，依法应予严惩。鉴于方强威归案后交代态度较好，有一定的悔罪表现，其家属在本院审理期间积极代为赔偿经济损失，对其判处死刑可不予立即执行。而后，《人民法院报》于2007年10月12日开辟专栏对该案予以重点发布，冀图以此作为今后司法实务处理类似案件的参考。据此可知，除了最高法发布的上述两个规范性文件外，"方强威等故意杀人案"对何石德案和李昌奎案二审的判决也有着极大的影响。

案的终审判决鲜明体现了'案发后真诚悔罪并积极赔偿被害人经济损失'这一酌定从宽情节对死刑的限制适应作用，取得了良好的法律效果和社会效果，体现了宽严相济基本刑事政策的精神"[1]，在笔者看来此番评论深值商榷，不宜做过度地解读和拔高其所谓的法律意义和社会意义。至于云南省高院的少数高层领导在李昌奎案二审宣判后，面对汹汹民意抛出的所谓"冤冤相报论""公众狂欢论""标杆论"等秕言谬说则不值一驳、毫无商榷之价值。在这里，笔者还要提请发论者注意的是，《意见》第18条（即规定有"案发后真诚悔罪并积极赔偿被害人损失的案件，应慎用死刑立即执行"）开宗明义地指出："当宽则宽，最大限度地减少社会对立面。"《决定》第3条也规定："……应充分考虑维护社会稳定的实际需要，充分考虑到社会和公众的接受程度，……"试问，那些罔顾社会现实和舆情民意，漠视无辜民众的生命安全，而散播所谓保障人权就是保障犯罪人的人权[2]，将此等论见付诸实践是减少社会对立还是制造社会对立、是维护社会稳定还是破坏社会稳定呢？

其二，"严格控制死刑"或"少杀、慎杀"之死刑政策同样应受罪刑相适应原则之限制，死刑的两种执行方式因事关罪犯的"生"与"死"，故二者之间可谓存在巨大的刑罚幅度，也意味着二者各自适用情形中的"罪行极其严重"之具体程度间也当存在巨大的落差，相互之间不可互替混同。对此，最高人民法院与最高人民检察院、公安部、司法部于2007年3月9日联合颁布的《关于进一步严格依法办案确保办理死刑案件质量的意见》中也有明确的规定："对死刑案件适用刑罚

---

[1] 彭新林：《酌定量刑情节限制死刑适用研究》，法律出版社2011年版，第386页。
[2] 刑事实证学派的代表人物意大利犯罪学家加罗法洛早在20世纪就指出："无条件地宽恕所有犯罪人，只能意味着诚实的公民被邪恶和犯罪所压迫。对犯罪的斗争一刻也不能停止。这是国家的首要责任，因为公民的首要权利——我甚至可以说社会存在的主要原因——就是他的身体完整、行动自由和对合法财产的享用受到保障。"（加罗法洛：《犯罪学》，中国大百科全书出版社1996年版，第13页）

时，既要防止重罪轻判，也要防止轻罪重判，做到罪刑相当，罚当其罪，重罪重判，轻罪轻判，无罪不判。"因此，对于罪该处死且需立即执行的罪犯若只判死缓，虽说都是判处死刑只是执行方式不同，但如此判罚同样有违罪刑相适应原则，于法、于情及于理皆不容允。[①]

上述三个案例，一个为较普通的刑事案件，另两个为死刑案件，其中，许霆案和何石德案由同一人民法院审理，许霆案因忽视酌定量刑情节而致量刑畸重，何石德案因夸大酌定量刑情节的量刑功能而致量刑畸轻，而李昌奎案的二审和再审也由同一人民法院审理，二审也因夸大酌定量刑情节的量刑功能而被再审否定。故上述三个案例有着典型意义，代表了我国司法实务部门在酌定量刑情节适用上的弊病及弊害。由此可见，我国司法实务对酌定量刑情节的适用可谓较为率性任意，或对其根本不予考虑，或夸大其量刑功能而滥用。又因如前所述，酌定量刑情节与法定量刑情节在本质上具有一致性且无案不有，对其恣意适用必然导致量刑失当，这也是我国司法实务中量刑不公的案件何以大量涌现、层出不穷之外在情由。推本溯源则是因我国刑法并未对酌定量刑情节的类型及其具体量刑功能做出明确规定，即酌定量刑情节尚未在我国刑法中法定化或明确化，以致在司法实务中对酌定量刑情节是否适用或如何适用均仰赖于法官个人的主观好恶，加上公权无可恭维的自律能力和判决书说理（内含量刑说理）制度的缺位，酌定量刑情节因之在很大程度上沦为了暗箱之物，在无相关制约机制的情况下，难免不成为司法腐败之重要诱因。因此，改变此等现状的最基本前提当是，尽可能地明晰酌定量刑情节的类型及其具体功能，提升酌定量刑情节在现有立法体系中的地位，亦即将酌定量刑情节上升为法定量刑情节。唯其如此，方能引起我国的司法者对此类情节的

[①] 李昌奎案再审判决否定二审判决，判处李昌奎死刑立即执行，最终被最高人民法院核准，正可谓在某种程度上是对实务中断章取义、机械理解和滥用"案发后真诚悔罪并积极赔偿被害人经济损失应慎用死刑立即执行"的纠偏矫正。

足够重视，迫使法官在量刑时充分考量涉案的全部量刑情节，在此前提之下，进而恰当地评估每一量刑情节的具体量刑功能。如此便能在立法层面有效囿限法官在量刑环节的自由裁量空间，杜绝法官对酌定量刑情节的暗箱操作，防治司法腐败，最终实现量刑上的公正合理。

第二节　域外量刑情节立法之佐证

已如前述，无论在我国刑法理论界还是刑事立法实践中，都无不将酌定量刑情节法定化视为畏途，认为是永远可望不可即的梦想。对此，笔者除了从理论上予以否定外，还认为此种见解也完全不符合当今世界各国的刑事立法实践。笔者在前面章节中对每一种酌定量刑情节展开研究时，都对世界许多国家的相关立法进行了考察，不难发现，几乎任何一种在我国刑事立法中尚属于酌定量刑情节的情节，基本都能找到对之做出明确规定的立法例，且一般都是总则性的规定。因此，在量刑情节的立法上，不少国家和地区已经做出了不懈的努力，取得了令人瞩目的立法成就。其中最为显著的立法趋势就是，大量在我国刑法理论和刑事立法中属于酌定量刑情节范畴的一些情节都已上升为了法定量刑情节，或者对其类型或量刑功能予以了明晰化，通过此等立法明确指示法官在量刑时应当全面考量案件中的各类情节及其量刑功能，以下笔者大致罗列出各主要国家和地区的刑法典有关量刑情节的立法现状。

《德国刑法典》第46条及46条a明确规定的量刑情节有：行为人的行为动机和目的，行为所表露的思想和行为时的意图，违反义务的程度，行为的方式和行为结果，行为人的履历、人身和经济情况，行为后的态度，尤其是行为人为了补救损害做的努力（损害赔偿），行为人与被害人和解。《韩国刑法典》第51条规定的量刑情节包含：犯人的年龄、性格品行、智力和环境,与被害人的关系,犯罪的动机、手段与结果,犯罪后的情况。《瑞士联邦刑法典》第 63 条规定的量刑情节有:被告人的犯罪动机、履历和个人关系。该法第 64 条规定的减轻处罚情节有:出于值得尊敬的动机;在严重之困境情况下;在受到严重威胁之压力下;行为人因被害人行为的诱惑;非法刺激或侮辱造成行为人愤怒和痛苦;主动悔罪,尤其是赔偿可指望其赔偿的损失;犯罪后经过的时间较长,且在此期间行为人表现良好;行为人年龄在 18—20 岁之间,对其行为的不法性还不能完全认识。《奥地利联邦共和国刑法典》在第 32 条规定量刑的一般原则后,第 33 条规定了 7 种特别的从重处罚情节,如:实施了数个应受刑罚惩罚的行为或者应受刑罚惩罚的行为持续了较长的时间,基于种族、仇外或其他特别卑鄙的动机而行为,阴险、残暴或者以折磨被害人的方式而行为,利用他人的无自卫能力或无救助能力等。而第 34 条规定的特别的减轻情节则多达 19 种,如:行为人弱智或受教育程度低下,生活正派,基于应受尊重的动机,第三人影响下实施犯罪,可以理解的强烈情绪激动不由自主实施犯罪,更多因特别之诱惑而较少出于故意所致的,因懒惰以外的严重困境所迫,能够造成而不造成较大的损害或者行为人或第三人对损害予以补偿,真诚努力对造成的损害予以补偿或者避免其他不利后果,行为在较久以前实施且其后一直安分守己,等等。我国台湾地区所谓的刑法典第 57 条规定了:犯罪之动机、目的,犯罪时所受之刺激,犯罪之手段,犯罪行为人之生活状况、品行、智识程度,与被害人之关系,违反义务的程度,犯罪所生之危险或损害,犯罪后之态度等量刑情节。我国澳门地区刑法典第 65 条规定了:事实之不法程度、实行事实之方式、事实所造成之后果之严重性,行为人被要求须负之义务之违反程度,故意或过失之严重程度,犯罪时所表露之情感及犯罪之目的或动机,行为人之个人状况及经济状况,做出事实之前及之后之行为(尤其系为弥补犯罪之后果而做出之行为等量刑情节)。

该法第 66 条规定了：行为人在严重威胁之影响下，或在其所从属或应服从之人之权势影响下做出行为；行为人基于名誉方面之原因或因被害人本身之强烈要求或引诱，又或因非正义之挑衅或不应遭受之侵犯而做出行为；行为人做出显示真诚悔悟之行为，尤其系对造成之损害尽其所能做出弥补；行为人在实施犯罪后长期保持良好行为；事实所造成之后果特别对行为人造成损害，等刑罚之特别减轻情节。此外，笔者手头的许多国家的刑法典如《西班牙刑法典》《葡萄牙刑法典》《希腊刑法典》《阿根廷刑法典》《喀麦隆刑法典》《芬兰刑法典》《朝鲜民主主义人民共和国刑法典》《阿尔巴尼亚共和国刑法典》《波兰刑法典》《塞尔维亚共和国刑法典》《塔吉克斯坦共和国刑法典》《哥伦比亚刑法典》《黑山刑法典》《尼日利亚刑法典》等，都对量刑情节有较为详细的规定。

在此值得特别一提的是《俄罗斯联邦刑法典》和《意大利刑法典》有关量刑情节的立法。

《俄罗斯联邦刑法典》第 61 条规定：由于各种情况的偶合而初次实施犯罪；犯罪人怀孕；犯罪人有幼年子女；由于生活困难情况的交迫或者出于同情的动机而实施犯罪；由于身体或心理受到强制或受物质的、职务的或其他的依赖从属关系而实施犯罪；因违反正当防卫、拘捕犯罪人、紧急避险、合理风险、执行命令或指令等的合法性条件而实施犯罪；由于被害人的行为不合法或不道德而实施犯罪；在犯罪之后立即对被害人给予医疗救助和其他帮助，自愿赔偿犯罪所造成的财产损失或精神损害，以及其他旨在弥补对被害人所造成的损失的行为等十种减轻刑罚情节。该法第 63 条第 1 款规定了：由于实施犯罪而发生严重的后果；参加团伙、有预谋的团伙、有组织的集团或犯罪团体（犯罪组织）实施犯罪；在犯罪中作用特别积极；引诱患有严重精神病的人或处于不清醒状态中的人犯罪，以及引诱未达到刑事责任年龄的人犯罪；出于民族的、种族的、宗教的仇恨或敌视的动机而实施犯罪，为报复他人的合法行为而实施犯罪，以及为了掩盖其他罪行或为给其他犯罪创造条件而实施犯罪；由于他人执行职务或履行社会义务而对该人及其近亲属实施犯罪；对犯罪人明知正在怀孕的妇女、以及对幼年人、其他没有自卫能力或孤立无援的人实施犯罪或者对依赖从属于犯罪人的人实施犯罪；犯罪手段特别残忍，对被害人进行虐待或严重侮辱，以及折磨被害人；使用武器、弹药、爆炸物品、爆炸装置或仿造爆炸装置、专门制造的机械、剧毒物质和放射性物质、药品和其他化学品犯罪，以及采用身体或心理的强制迫使他人实施犯罪；在紧急状态、自然灾害或其他社会灾难条件下以及在聚众骚乱中实施犯罪；利用他人因犯罪人的职务地位或合同而对犯罪人给予的信任实施犯罪；利用国家权力机关代表的制服或证件实施犯罪等十三种加重刑罚的情节。

《意大利刑法典》第 133 条规定："在行使前条提到的裁量权时，法官应当根据下列情况认定犯罪的严重程度：1）行为的性质、类型、手段、对象、时间、地点和其他方式；2）对犯罪被害人造成的损害或者危险的程度；3）故意或者过失的程度。法官还应当根据下列情况认定犯罪人的犯罪能力：1）犯罪的原因和犯罪人的特点；2）刑事处罚前科，尤其是犯罪人在犯罪前的品行和生活；3）犯罪时的品行或者犯罪后的品行；4）犯罪人所处的个人、家庭和社会生活环境。"除此之外，该法典还在第三章"犯罪"中专门开辟"犯罪情节"一节，以 12 条的篇幅集中规定情节（主要是量刑情节）及如何适用的问题。第 70 条（客观情节和主观情节）规定："在刑事法律的意义上，对情节做下列分类：1）涉及行为性质、种类、手段、对象、时间、地点和其他任何方式的情节，涉及损害或危险的严重程度的情节，以及涉及被害人的地位或者身份的情节，是客观情节；2）涉及故意或过失的程度、犯罪人的地位或身份、犯罪人与被害人的关系的情节，以及与犯罪人的人身有关的情节，是主观情节。"第 59 条和第 60 条是有关对情节认识错误的适用规定，第 61 条规定的是普通加重情节，第 62 条及 62 条—2 规定的是普通减轻情节，其中规定的 11 种加重情节和 6 种减轻情节在我国刑法中几乎无一能见其踪影。第四章"罪犯和犯罪被害人"第 91、92、93、94、95 条是有关醉酒和麻醉品中毒状态实施行为的处理，其中规定有不少加重和减轻情节，本章第二节是有关"累犯、惯犯、职业犯和倾向犯"的规定，第三节第 111、112 和 114 条是有关共同犯罪的加重和减轻情节的详细规定。另外还有大量量刑情节散见于其他各章节中。对于《意大利刑法典》有关情节立法规定之详尽程度，我国刑法学家陈忠林教授指出，其他国家有关犯罪情节的专门学术论文甚至也很难达到，在世界各国的立法例中也是绝无仅有的。[1]

经由以上一番大致罗列后可知，当我国的刑法研究者及立法者还在为酌定量刑情节的复杂与宽泛而望洋浩叹、感觉束手无策时，域外刑事立法早已踏上了酌定量刑情节法定化的征程并且已领先于我们，我国酌定量刑情节法定化根本不是永远可望而不可即的梦想。

---

[1] 陈忠林：《刑法散得集》，法律出版社 2003 年版，第 328 页。

结语　酌定量刑情节法定化之理路探寻及理论方案

经由前面章节析论可知，酌定量刑情节法定化在理论上具有必行性，在现实中具有可行性。但审视我国现行立法，虽然我们不能说在酌定量刑情节法定化进程中完全无所作为，我们可以看到，新刑法颁行后，最高司法机关发布的一系列司法解释，其中不少涉及刑法典并未明确规定的许多量刑情节（即仍属酌定量刑情节）如何适用的问题，最令人瞩目的当属由最高人民法院发布、于2014年1月1日起实施的《关于常见犯罪的量刑指导意见》，其对量刑的指导原则、量刑的基本方法、常见量刑情节的适用和常见犯罪的量刑等方面进行较为详备的规定，但笔者认为，司法解释不能等同于刑事立法，更不能取代刑事立法，没有刑法典的明确规定，酌定量刑情节始终难改其"酌情是否适用"之形象，唯有在刑法典中做出明确规定，对相关量刑情节的适用才真正具有明确的法律依据。因此，酌定量刑情节法定化之进程不应止步于司法解释，而仍有进一步推进之必要。笔者认为，酌定情节法定化的具体路径选择应为：

1. 酌定量刑情节法定化的模式参择

通过考察中外刑事立法我们得知，世界各国刑事立法在量刑情节的规定上主要存在两种模式：第一种模式是，刑法总则在规定量刑的基本原则时对情节仅做概约规定，其中规定的情节唯有通过理论可推知它包含酌定量刑情节的内容，借此为酌定量刑情节的适用提供法律依据。具体到酌定量刑情节法定化，则主要通过刑法分则的渠道进行，即一般仅就存在于个罪中的特殊量刑情节予以法定化，我国现行刑法采取的即是此种立法模式。第二种模式是，刑法总则在规定量刑的基本原则时尽可能详尽地标举出量刑应当考虑的基本因素。具体表现为：首先明确指出量刑情节中既包含有利于行为人的情节，也包含不利于行为人的情节；紧接着便以列举的形式备举出实践中具有常见性及普遍性的情节提醒法官在量刑时应特别注意；而后另设专条对于其中的某些特别量刑情节作进一步的规定，明确其具体功能；除此以外，在刑法分则中也同样尽可能地明晰存在于个罪中的特殊量刑情节。大陆法系绝大多数国家刑事立法都采取此种立法模式。

将两种立法模式相对照，显见，第一种模式由于对量刑的基本因素进行了高度的抽象概括，使得酌定量刑情节隐约其形，其内涵、外延及功能我们均无从通过立法直接获知，最终只能交由理论推测与实务斟酌，故而赋予了法官在酌定量刑情节适用上过于宽泛的自由裁量空间。而第二种模式由于对量刑的基本因素规定得详尽备至，因而极大地限缩了酌定量刑情节的存在范围，进而对刑事自由裁量权形成了最大限度地制约。经由前述理论研析可知，后种立法模式更有利于实现量刑上的公平合理，因此，此种立法模式应当成为我国日后量刑情节立法的范准或标杆。

2.酌定量刑情节法定化之具体程式

酌定量刑情节法定化之要义在于明确酌定量刑情节的内涵和外延以及其量刑功能，最大限度地规约酌定量刑情节的存在范围。据此，笔者认为，法定化首先要做的当是在总则有关量刑的规定中将量刑情节与定罪情节相分离，明确量刑情节的存在界域，因法定情节的存在范围十分明确，故此等规定事实上也是为酌定量刑情节划定存在界域，从而避免司法者将酌定量刑情节与某些定罪情节相混淆，进而避免重复评价。做此界分之后，接下来应当做的就是将量刑的基本要素，其中主要是酌定量刑情节尽可能的明晰化。不容否认，酌定量刑情节确实如我国多数学者所认为的那样，其种类纷繁复杂，量刑功能也可能各有差异。如仅单属犯罪动机方面的酌定量刑情节，即可能表现为功能不同的贪财动机、报复动机、泄愤动机、性动机或正义感动机等等。因此，欲对酌定量刑情节巨细无遗地实行法定化远非现有的立法技术水平及立法投资所能负荷。在现有的立法技术下我们能够做到的是，以立法的形式标举出现实中较为常见、司法实践和理论总结较为成熟、含义相对确定的酌定量刑情节，如犯罪的动机，犯罪的手段、时间和地点，犯罪侵害的对象，犯罪分子的一贯表现以及犯罪后的态度，等等。由于这些情节的具体功能往往因案而异，故我们无从通过立法明确它们的每一具体功能。因此，从严格意义上说，此等规定确实未改变它们作为酌定量刑情节之属性，但我们还是可以通过立法从以下几个方面对它们的适用做进一步的限定：一是在有关量刑的立法中设置特别的提示性规定，提醒法官在量刑时应当特别注意这类情节。二是将这些情节内部的某些较具普遍性、典型性的单向度情节以总则规定的形式予以法定化。如近年来我国刑法学界探讨得较多的属于犯罪对象内容的被害人过错，属于罪后表现的退赃、积极赔偿、挽回或减少因自己犯罪所造成的损失等情节，即可通过总则予以法定化；而对于仅存在于个罪中具有典型性的单向度情节则可以分则规定的形式予以法定化，有关此种法定化方式对于我国的立法者而言，当已熟稔于胸，因为我国现行刑法就是主要通过此种途径将酌定量刑情节予以法定化的。三是最高司法机关继续通过发布司法解释的方式，以弥补刑法典在量刑情节规定上的不足，在条件成熟时，则将司法解释中规定的量刑情节吸纳进刑法典中。笔者认为，先由司法解释对量刑情节的适用做出规定而后再上升为刑事立法的方式，应是最合符我国国情的酌定量刑情节法定化程式。四是建立量刑说理制度，要求裁判文书不仅要表明量刑的结果，更要展示量刑的全过程，让公众透过裁判文书的内容可以清楚地了解法官对量刑情节的（其中包含酌定量刑情节）适用状况，从而以外在监督的形式迫使司法者对量刑情节进行全面考量。

3. 酌定量刑情节法定化之理论方案

综合前文论述，参酌域外立法及结合我国最高司法机关发布的相关司法解释，笔者于行文最后草拟了酌定量刑情节法定化之理论方案。笔者认为，未来的刑事立法可以对我国现行刑法第61条之规定做如下细化：

第六十一条 对于犯罪分子决定刑罚的时候，应当根据行为的客观危害、行为人的主观恶性以及人身危险性程度，依法决定判处的刑罚。

量刑时应充分考量对行为人有利和不利的事实，特别应注意下列事项：

（1）犯罪的手段、时间和地点，犯罪的对象以及犯罪造成的后果；

（2）行为人的认识和意志程度，以及犯罪时表露的情绪情感；

（3）犯罪的动机，犯罪后的态度，罪犯的犯罪能力及一贯表现。

属于犯罪构成要件或要素的事实，量刑时不应考虑。

接下来增加两条[①]：

第六十一条之一 从轻或减轻处罚的情节包含：

（1）被害人存在过错，得到被害人的承诺或者事后取得被害人的谅解的；

（2）基于义愤而犯罪的；

（3）基于可谅解的动机而犯罪的；

---

① 于此暂且采用修正案增加条文时的表述方式。

（4）犯罪后赔偿损失、积极退赃及认罪的；

（5）犯罪人一贯表现良好的。

本法另有规定的，依照规定。

第六十一条之二 从重处罚的情节包含：

（1）犯罪手段残忍、手法高明或狡猾的；

（2）针对弱势者犯罪的；

（3）在重大自然灾害、预防、控制突发传染病疫情等灾害期间犯罪的；

（4）基于卑劣的动机而犯罪的；

（5）有犯罪前科的。

本法另有规定的，依照规定。

参考文献

一、著作

1. А. Н. 特拉伊宁：《犯罪构成的一般学说》，薛秉忠译，中国人民大学出版社1958年版。

2. A. R. 拉德克利夫-布朗：《原始社会的结构与功能》，丁国勇译，中国社会科学出版社2011年版。

3. 阿·伊·道尔戈娃：《犯罪学》，赵可等译，群众出版社2000年版。

4. 阿克顿：《自由与权力》，侯健、范亚峰译，商务印书馆2001年版。

5. 艾森克：《心理学：一条整合的途径》，阎巩固译，华东师范大学出版社2000年版。

6. 埃米尔·迪尔凯姆：《社会学方法的规则》，胡伟译，华夏出版社1999年版。

7. 安东尼·吉登斯：《现代性的后果》，田禾译，译林出版社2000年版。

8. 奥古斯特·孔德：《论实证精神》，黄建华译，商务印书馆2001年版。

9. В. Н. 库德里亚夫采夫主编：《犯罪的动机》，刘兆祺译，群众出版社 1992 年版。

10. 白建军：《罪刑均衡实证研究》，法律出版社 2004 年版。

11. 保罗·H. 罗宾逊：《刑法的分配原则：谁应受罚，如何量刑？》，沙丽金译，中国人民公安大学出版社 2009 年版。

12. 鲍桑葵：《关于国家的哲学理论》，王淑钧译，商务印书馆 1996 年版。

13. 贝卡里亚：《论犯罪与刑罚》，黄风译，法制出版社 2002 年版。

14. 边沁：《立法理论——刑法典原理》，孙力译，中国人民公安大学出版社 1993 年版。

15. 伯纳·派顿：《身边的逻辑学》，黄煜文译，中信出版社 2011 年版。

16. 伯尔曼：《法律与宗教》，梁治平译，中国政法大学出版社 2003 年版。

17. 柏拉图：《理想国》，郭斌和、张竹明译，商务印书馆 1986 年版。

18. 曹日昌：《普通心理学》，人民教育出版社 2003 年版。

19. 蔡枢衡：《中国刑法史》，中国法制出版社 2005 年版。

20. 蔡墩铭：《犯罪心理学》，台湾黎明文化事业公司 1979 年版。

21. 查士丁尼：《法学总论》，商务印书馆 1989 年版。

22. 陈光中：《刑事诉讼法》（第六版），北京大学出版社、高等教育出版社 2016 年版。

23. 陈荣飞：《不纯正不作为犯的基本问题研究》，法律出版社 2010 年版。

24. 陈瑞华：《量刑程序中的理论问题》，北京大学出版社 2011 年版。

25. 陈兴良：《刑法哲学》，中国政法大学出版社 1992 年版。

26. 陈兴良：《走向哲学的刑法学》，法律出版社 1999 年版。

27. 陈兴良：《法定刑研究——罪刑均衡的建构与实现》，中国方正出版社 2000 年版。

28. 陈兴良：《刑事司法研究——情节·判例·解释·裁量》，中国方正出版社 2000 年版。

29. 陈兴良：《刑法的人性基础》，中国人民大学出版社 2006 年版。

30. 陈忠林：《意大利刑法纲要》，中国人民大学出版社 1999 年版。

31. 陈忠林：《刑法散得集》，法律出版社 2003 年版。

32. 陈忠林：《刑法学》，法律出版社 2006 年版。

33. 陈中庚、张雨新：《人格心理学》，辽宁人民出版社 1986 年版。

34. 储槐植：《美国刑法》，北京大学出版社 2000 年版。

35. 辞海编辑委员会：《辞海》，上海辞书出版社 2000 年版。

36. D. M. 巴斯：《进化心理学》，熊哲宏等译，华中师范大学出版社 2014 年版。

37. 大谷实：《刑法总论》，黎宏译，法律出版社 2003 年版。

38. 大木雅夫：《比较法》，范愉译，法律出版社 1999 年版。

39. 大塚仁：《犯罪论的基本问题》，冯军译，中国政法大学出版社 1993 年版。

40. 丹尼尔·戈尔曼：《情感智商》，耿文秀、查波译，上海科学技术出版社 1997 年版。

41. 道格拉斯·N. 胡萨克：《刑法哲学》，谢望原等译，中国人民公安大学出版社 2004 年版。

42. E. 博登海默：《法理学：法律哲学与法律方法》，邓正来等译，中国政法大学出版社 2004 年版。

43. 德沃金：《认真对待权利》，信春鹰译，中国大百科全书出版社 1998 年版。

44. 登特列夫：《自然法：法律哲学导论》，李日章等译，新星出版社 2008 年版。

45. 杜里奥·帕多瓦尼：《意大利刑法学原理》，陈忠林译，法制出版社 1998 年版。

46. 敦宁：《量刑情节适用的理论与实践》，中国人民公安大学出版社 2012 年版。

47. E. 策勒尔：《古希腊哲学史纲》，翁绍军译，山东人民出版社 1992 年版。

48. 恩里科·菲利：《实证派犯罪学》，郭建安译，中国人民公安大学出版社 2004。

49. 恩施特·贝林：《构成要件理论》，王安异译，中国人民公安大学出版社 2006 年版。

50. 范忠信：《中国法律传统的基本精神》，中国人民大学出版社 2001 年版。

51. 冯契：《哲学大辞典》，上海辞书出版社 1992 年版。

52. 冯亚东：《刑法的哲学与伦理学——犯罪概念研究》，天地出版社 1996 年版。

53. 冯亚东：《罪与刑的探索之道》，中国检察出版社 2005 年版。

54. 弗兰兹·冯·李斯特：《德国刑法教科书》，徐久生译，法律出版社 2006 年版。

55. 福田平、大塚仁：《日本刑法总则讲义》，李乔等译，辽宁人民出版社 1986 年版。

56. 富勒：《法律的道德性》，郑戈译，商务印书馆 2007 年版。

57. 冈特·施特拉腾韦特洛塔尔：《刑法总论 I——犯罪论》，杨萌译，法律出版社 2006 年版。

58. 高铭暄主编：《刑法学原理》（第三卷），中国人民大学出版社 1994 年版。

59. 高铭暄、赵秉志主编：《新中国刑法立法文献资料总览》（上），中国人民公安大学出版社 1998 年版。

60. 高铭暄、赵秉志主编：《新中国刑法立法文献资料总览》（下），中华人民公安大学出版社 1998 年版。

61. 高铭暄：《中华人民共和国刑法的孕育和诞生》，法律出版社 1998 年版。

62. 高铭暄、马克昌主编：《刑法学》（上编），中国法制出版社 1999 年版。

63. 高铭暄主编：《刑法专论》，高等教育出版社 2002 年版。

64. 高铭暄主编：《中国刑法解释》（上卷），中国社会科学出版社 2005 年版。

65. 高铭暄、马克昌：《刑法学》，北京大学出版社、高等教育出版社 2010 年版。

66. 高仰止：《刑法总则之理论与实用》，台湾五南图书出版公司 1986 年版。

67. 甘添贵：《刑法各论》（上），台湾三民书局 2009 年版。

68. 格吕恩特·雅科布斯：《行为 责任 刑法——机能性描述》，冯军译，中国政法大学出版社 1997 年版。

69. 郭建安：《犯罪被害人学》，北京大学出版社 1997 年版。

70. Н. А. 别利亚耶夫、М. N. 科瓦廖夫：《苏维埃刑法总论》，马改秀等译，群众出版社 1987 年版。

71. Н. ф. 库兹涅佐娃、И. М. 佳日科娃：《俄罗斯刑法教程（总论）》，黄道秀译，中国法制出版社 2002 年版。

72. 哈特：《惩罚与责任》，王勇等译，华夏出版社 1989 年版。

73. 哈特：《法律的概念》，张文显等译，中国大百科全书出版社 2003 年版。

74. 哈特：《法律、自由与道德》，支振锋译，法律出版社 2006 年版。

75. 哈耶克：《自由宪章》，杨玉生等译，中国社会科学出版社

1999 年版。

76. 韩光军：《量刑基准研究》，法律出版社 2010 年版。

77. 韩忠谟：《刑法原理》，中国政法大学出版社 2002 年版。

78. 汉斯·海因里希·耶赛克、托马斯·魏根特：《德国刑法教科书》，徐久生译，中国法制出版社 2001 年版。

79. Herbert L. Petri，John M. Govern：《动机心理学》（第五版），郭本禹等译，陕西师范大学出版社 2005 年版。

80. 何勤华、夏菲主编：《西方刑法史》，北京大学出版社 2006 年版。

81. 黑格尔：《历史哲学》，王造时译，上海书店出版社 2001 年版。

82. 洪增福：《刑法理论之基础》，刑事法杂志社 1979 年版。

83. 胡学相：《量刑的基本理论研究》，武汉大学出版社 1999 年版。

84. 胡云腾：《中美量刑改革国际研讨会文集》，中国法制出版社 2009 年版。

85. 黄荣坚：《基础刑法学（第三版）》，中国人民大学出版社 2008 年版。

86. 黄希庭：《心理学导论》，人民教育出版社 1991 年版。

87. 黄希庭：《人格心理学》，浙江教育出版社 2002 年版。

88. 霍布斯：《利维坦》，黎思复等译，商务印书馆 1985 年版。

89. J. C. 史密斯、B. 霍根：《英国刑法》，马清升等译，法律出版社 2001 年版。

90. J. M. 凯利：《西方法律简史》，王笑红译，法律出版社 2002 年版。

91. 加罗法洛：《犯罪学》，耿伟等译，中国大百科全书出版社 1996 年版。

92. 姜伟：《犯罪形态通论》，法律出版社 1994 年版。

93. 姜伟：《罪过形式论》，北京大学出版社 2008 年版。

94. 蒋明：《量刑情节研究》，中国方正出版社 2004 年版。

95. 凯尔森：《法与国家的一般理论》，沈宗灵译，中国大百科全书出版社 1996 年版。

96. 卡尔·拉伦茨：《法学方法论》，陈爱娥译，商务印书馆 2003 年版。

97. 卡斯东·斯特法尼等：《法国刑法总论精义》，罗结珍译，中国政法大学出版社 1998 年版。

98. 康德：《道德形而上学原理》，苗力田译，上海人民出版社 2002 年版。

99. 考夫曼：《法律哲学》，刘幸义等译，法律出版社 2011 年版。

100. 克劳斯·罗克辛：《德国刑法总论》（第 1 卷），王世洲译，法律出版社 2005 年版。

101. 克劳思·罗克辛：《刑事诉讼法》，吴丽琪译，法律出版社 2003 年版。

102. 拉德布鲁赫：《法学导论》，米健译，中国大百科全书出版社 1997 年版。

103. 理查德·霍金斯：《美国监狱制度——刑罚与正义》，孙晓雳等译，中国人民公安大学出版社 1991 年版。

104. 里查德·昆尼：《新犯罪学》，陈兴良译，中国国际广播出版社 1988 年版。

105. 李海东：《日本刑事法学者》（上、下），中国法律出版社 1995 年版。

106. 李海东：《刑法原理入门（犯罪论基础）》，法律出版社 1998 年版。

107. 李士坤主编：《马克思主义哲学辞典》，中国广播电视出版社 1990 年版。

108. 李文峰：《交通肇事罪研究》，中国检察出版社 2008 年版。

109. 李翔：《情节犯研究》，上海交通大学出版社 2006 年版。

110. 李永升主编：《刑法总论》，法律出版社 2015 年版。

111. 李玉萍：《程序正义视野中的量刑活动研究》，中国法制出版社 2010 年版。

112. 李在祥：《韩国刑法总论》，韩相敦译，中国人民大学出版社 2005 年版。

113. 梁迎修：《法官自由裁量权》，中国法制出版社 2005 年版。

114. 林崇德、杨治良、黄希庭主编：《心理学大辞典》，上海教育出版社 2004 年版。

115. 林山田：《刑法通论》，北京大学出版社 2012 年版。

116. 林山田：《刑法各论》，北京大学出版社 2012 年版。

117. 刘建清：《犯罪动机与人格》，中国政法大学出版社 2009 年版。

118. 刘远：《量刑规范化理论探要："全国量刑规范化学术研讨会"论文集》，中国人民公安大学出版社 2010 年版。

119. 龙宗智：《刑事庭审制度研究》，中国政法大学出版社 2001 年版。

120. 泷川幸辰：《犯罪论序说》，王泰译，法律出版社 2005 年版。

121. 卢梭：《社会契约论》，何兆武译，商务印书馆 1962 年版。

122. 鲁伯特·克罗斯、菲利普·A. 琼斯：《英国刑法导论》，赵秉志等译，中国人民大学出版社 1991 年版。

123. 罗大华、何为民主编：《犯罪心理学》，中国政法大学出版社 2007 年版。

124. 毛泽东：《毛泽东选集》（第一卷），人民出版社 1991 年版。

125. 马克昌主编：《刑罚通论》，武汉大学出版社 2002 年版。

126. 马克昌主编：《比较刑法原理》，武汉大学出版社 2003 年版。

127. 马克昌主编：《近代西方刑法学说史略》，中国检察出版社

2004年版。

128. 马克斯·韦伯：《经济与社会》（下卷），林荣远译，商务印书馆1998年版。

129.《马克思恩格斯选集》（第3卷），人民出版社1972年版。

130. 迈克尔·贝勒斯：《法律的原则——一个规范的分析》，张文显等译，中国大百科全书出版社1996年版。

131. 梅传强主编：《犯罪心理学》，法律出版社2010年版。

132. 美国量刑委员会：《美国量刑指南——美国法官的刑事审判手册》，逄锦温等译，法律出版社2006年版。

133. 梅因：《古代法》，沈景一译，商务印书馆1959年版。

134. 孟德斯鸠：《论法的精神》（上册），张雁深译，商务印书馆1995年版。

135. 孟德斯鸠：《波斯人信札》，罗国林译，译林出版社2000年版。

136. 木村龟二：《刑法学词典》，顾肖荣译，上海翻译出版社1991年版。

137. N. 霍恩：《法律科学与法哲学导论》，罗莉译，法律出版社2005年版。

138. 宁汉林、魏克家、吴雪松：《定罪与处理罪刑关系常规》，人民法院出版社1998年版。

139. 彭聃龄主编：《普通心理学》，北京师范大学出版社2001年版。

140. 彭新林：《酌定量刑情节限制死刑适用研究》，法律出版社2011年版。

141. 皮昂特科夫斯基：《苏联刑法科学史》，曹子丹等译，法律出版社1984年版。

142. 乔尔·查农：《社会学与十个大问题》，汪丽华译，北京大学出版社 2009 年版。

143. 乔治·P. 弗莱彻：《刑法的基本概念》，蔡爱惠等译，中国政法大学出版社 2004 年版。

144. 切萨雷·龙勃罗梭：《犯罪人论》，黄风译，中国法制出版社 2000 年版。

145. 邱国梁：《犯罪动机论》，法律出版社 1988 年版。

146. 邱兴隆：《关于惩罚的哲学——刑罚根据论》，法律出版社 2000 年版。

147. 瞿同祖：《瞿同祖法学论著集》，中国政法大学出版社 1998 年版。

148. 萨托利：《民主新论》，冯克利、阎克文译，东方出版社 1993 年版。

149. 桑德罗·斯奇巴尼选编：《民法大全选译·司法管辖权 审判 诉讼》，黄风译，中国政法大学出版社 1992 年版。

150. 施奈德：《犯罪学》，吴鑫涛等译，中国人民公安大学出版社 1990 年版。

151. 施瓦茨：《美国法律史》，王军等译，中国政法大学出版社 1990 年版。

152. 石经海主编：《量刑研究》（第一、二卷），法律出版社 2014、2015 年版。

153. 斯·安·塔拉鲁欣：《犯罪行为的社会心理特征》，公人、志疆译，国际文化出版公司 1987 年版。

154. 斯宾诺莎：《伦理学》，贺麟译，商务印书馆 1997 年版。

155. 斯宾诺莎：《政治论》，冯炳昆译，商务印书馆 1999 年版。

156. 松尾浩也：《日本刑事诉讼法》（下卷），丁相顺译，中国人民大学出版社 2005 年版。

157. 苏惠渔主编：《刑法学》，中国政法大学出版社 2007 年版。

158. 孙国华主编：《中华法学大辞典（法理学卷）》，中国检察出版社 1997 年版。

159. 汤啸天：《犯罪被害人学》，甘肃人民出版社 1998 年版。

160. 特纳：《肯尼刑法原理》，王国庆等译，华夏出版社 1989 年版。

161. 梯利：《西方哲学史》，葛力译，商务印书馆 2004 年版。

162. 托克维尔：《论美国的民主》（上、下），董果良译，商务印书馆 1988 年版。

163. 王建今：《现代刑法基本问题》，汉林出版社 1981 年版。

164. 王利宾：《酌定量刑情节规范适用研究》，上海社会科学院出版社 2010 年版。

165. 王卫国：《过错责任原则：第三次勃兴》，浙江人民出版社 1987 年版。

166. 魏振瀛主编：《民法》，北京大学出版社、高等教育出版社 2000 年版。

167. 魏德士：《法理学》，丁晓春、吴越译，法律出版社 2005 年版。

168. 韦恩·莫里森：《法理学——从古希腊到后现代》，李桂林等译，武汉大学出版社 2003 年版。

169. 乌尔里希·贝克：《风险社会》，何博闻译，译林出版社 2004 年版。

170. 吴宗宪：《西方犯罪学》，法律出版社 2006 年版。

171. 西田典之：《日本刑法总论》，刘明祥、王昭武译，中国人民大学出版社 2007 年版。

172. 西莉亚·布朗奇菲尔德著：《刑罚的故事》，郭建安译，法律出版社 2006 年版。

173. 西原春夫主编：《日本刑事法的形成与特色》，李海东等译，法律出版社、成文堂 1997 年版。

174. 西原春夫：《刑法的根基与哲学》，顾肖荣译，法律出版社 2004 年版。

175. 肖敏：《犯罪概念研究》，四川大学出版社 2011 年版。

176. 肖前：《辩证唯物主义原理》，人民出版社 1981 年版。

177. 谢望原、付立庆主编：《许霆案深层解读——无情的法律与理性的诠释》，中国人民公安大学出版社 2008 年版。

178. 亚里士多德：《政治学》，吴寿彭译，商务印书馆 1965 年版。

179. 亚里士多德：《范畴篇 解释篇》，方书春译，商务印书馆 2005 年版。

180. 杨春洗、杨敦先：《中国刑法论》，北京大学出版社 2001 年版。

181. 杨仁寿：《法学方法论》，中国政法大学出版社 1999 年版。

182. 杨志斌：《中英量刑问题比较研究》，知识出版社 2009 年版。

183. 叶奕乾、何存道、梁宁建编著：《普通心理学》（第四版），华东师范大学出版社 2010 年版。

184. 叶浩生主编：《西方心理学的历史与体系》，人民教育出版社 2003 年版。

185. 约翰·P. 霍斯顿：《动机心理学》，孟继群等译，辽宁人民出版社 1990 年版。

186. 约翰·罗尔斯：《正义论》，何怀宏等译，中国社会科学出版社 1988 年版。

187. 约翰·列维斯·齐林：《犯罪学及刑罚学》，查良鉴译，中国政法大学出版社 2003 年版。

188. 曾根威彦：《刑法学基础》，黎宏译，法律出版社 2005 年版。

189. 曾宪信、江任天、朱继良：《犯罪构成论》，武汉大学出版社 1988 年版。

190. 赵秉志：《犯罪主体论》，中国人民大学出版社 1989 年版。

191. 赵秉志主编：《香港刑法》，北京大学出版社 1996 年版。

192. 赵秉志主编：《外国刑法原理（大陆法系）》，中国人民大学出版社 2000 年版。

193. 赵秉志主编：《犯罪总论问题探索》，法律出版社 2002 年版。

194. 赵秉志：《刑法基本问题》，北京大学出版社 2010 年版。

195. 赵秉志主编：《罪刑总论问题》，北京大学出版社 2010 年版。

196. 赵秉志、彭新林编著：《量刑情节与量刑方法专题整理》，中国人民大学出版社 2009 年版。

197. 张甘妹：《刑事政策》，台湾三民书局 1979 年版。

198. 张明楷：《刑法学》（上），法律出版社 1997 年版。

199. 张明楷：《外国刑法纲要》，清华大学出版社 1999 年版。

200. 张明楷：《刑法的基本立场》，中国法制出版社 2002 年版。

201. 张明楷：《法益初论》，中国政法大学出版社 2003 年版。

202. 张明楷：《刑法格言的展开》，法律出版社 2003 年版。

203. 张明楷：《刑法学》，法律出版社 2004 年版。

204. 张明楷：《刑法分则的解释原理》，中国人民大学出版社 2004 年版。

205. 张乃根：《西方法哲学史纲》，中国政法大学出版社 2002 年版。

206. 张文、刘艳红、甘怡群：《人格刑法导论》，法律出版社 2005 年版。

207. 翟中东：《刑罚个别化研究》，中国人民公安大学出版社 2001 年版。

208. 赵可等：《一个被轻视的社会群体——犯罪被害人》，群众出版社 2002 年版。

209.《中国大百科全书·法学卷》，中国大百科全书出版社 1984

年版。

210.《中国刑法辞典》，学林出版社 1989 年版。

211. 中国社会科学院语言研究所修订：《新华字典》，商务印书馆 1998 年版。

212. 中国社会科学院语言研究所词典编辑室编：《现代汉语词典》，商务印书馆 1996 年版。

213. 中国政法大学刑事法律研究中心，英国大使馆文化教育处：《中英量刑问题比较研究》，中国政法大学出版社 2001 年版。

214. 周辅成编：《西方伦理学名著选辑》（上卷），商务印书馆 1964 年版。

215. 周枏：《罗马法原论》，商务印书馆 2001 年版。

216. C. M. V. Clarkson and H. M. Keating, *Criminal Law: Text and Materials*, Sweet & Maxwell Publishers, 1984.

217. Richard Card, *Cross & Jones Introduction to Criminal Law*, Butterworths Publishers 1984.

二、论文

1. 北京市第一中院人民法院刑一庭：《关于刑事附带民事诉讼面临的司法困境及其解决对策的调研报告》，《法律适用》2007 年第 7 期。

2. 常磊：《犯罪对象概念的批判性考察》，《法制与社会发展》2009 年第 4 期。

3. 陈建清：《论我国刑法中的犯罪动机与犯罪目的》，《法学评论》2007 年第 5 期。

4. 陈荣飞：《交通肇事后的报警行为不成立自首之法理抉微》，《西南政法大学学报》2010 年第 1 期。

5. 陈兴良：《形式解释论的再宣示》，《中国法学》2010 年第 4 期。

6. 陈忠林：《现行犯罪构成理论共性比较》，《现代法学》2011 年第 1 期。

7. 初红漫：《被害人过错与罪刑关系研究》，西南政法大学刑法博士论文（2012 年）。

8. 崔敏：《论"关键证据"》，《公安大学学报》1991 年第 2 期。

9. 崔正军：《关于业务过失犯罪主体的探讨》，《法学评论》2004 年第 2 期。

10. 丹尼尔·W. 凡奈思：《全球视野下的恢复性司法》，王莉译，《南京大学学报》2005 年第 4 期。

11. 董玉庭、董进宇：《刑事自由裁量权基本问题》，《北方法学》2007 年第 2 期。

12. 范忠信：《亲亲相为隐：中外法律的共同传统》，《比较法研究》1997 年第 2 期。

13. 范忠信：《"亲亲尊尊"与亲属相犯：中外刑法的暗合》，《法学研究》1997 年第 3 期。

14. 范忠信：《中西法律传统中的"亲亲相隐"》，《中国社会科学》1997 年第 3 期。

15. 房清侠：《酌定量刑情节非法定化的反思》，《河北法学》2001 年第 4 期。

16. 冯世名：《关于量刑问题》，《政法研究》1957 年第 4 期。

17. 冯亚东：《罪刑关系的反思与重构——兼谈罚金刑在我国现阶段的适用》，《中国社会科学》2006 年第 5 期。

18. 高铭暄：《宽严相济刑事政策与酌定量刑情节的适用》，《法学杂志》2007 年第 1 期。

19. 郭海清：《"拒不认罪"不应成为从重处罚的理由》，《法学》

2011年第12期。

20. 胡云腾：《论我国刑法中的情节》，西南政法学院硕士论文（1986年）。

21. 姜涛：《我国退赃制度之立法检讨与重构设想》，《新疆大学学报（哲学·人文社会科学版）》2005年第6期。

22. 蒋鹏飞：《作为辩护理由的被害人过错：概念界定、理论基础与认定标准》，《中国刑事法杂志》2009年第8期。

23. 李洁：《论犯罪对象》，《法律科学》1996年第5期。

24. 李洁：《论犯罪对象与行为对象》，《吉林大学社会科学学报》1998年第3期。

25. 李世清：《人身危险性在量刑中的思考》，《河北法学》2006年第9期。

26. 李志平：《法官刑事自由裁量权及其合理控制探析》，《中国法学》1994年第4期。

27. 李政：《〈赫梯法典〉译注》，《古代文明》2009年第4期。

28. 廖瑜：《论犯罪情节》，西南政法大学博士论文（2008年）。

29. 刘邦秀：《被告犯态度在法院量刑上之评价》，《军法专刊》第57卷第1期。

30. 刘兵：《被害方谅解能否成为量刑情节》，《检察日报》2008年8月5日第5版。

31. 刘文晖：《国家补偿被害人制度比钱更重要》，《检察日报》2007年5月24日第5版。

32. 刘艳红：《冒充军警人员抢劫罪之法定刑设置疏漏》，《法学》2000年第6期。

33. 马长生、武志坚：《初犯的刑法学界定》，《政法论坛》2005年第6期。

34. 莫洪宪：《论再犯制度立法完善》，《检察理论研究》1996年第

4 期。

35. 潘庸鲁：《关于被害人过错基本问题的思考——以一起反暴力拆迁致人死亡案为视角》，《江苏警官学院学报》2011 年第 3 期。

36. 卜安淳：《犯罪恶性探析》，《政法论坛：中国政法大学学报》2000 年第 1 期。

37. 石林、封丹珺：《应对风格问卷的初步编制》，《心理学发展与教育》2004 年第 1 期。

38. 王晨：《定罪情节探析》，《中国法学》1992 年第 2 期。

39. 王立华：《赃款赃物研究》，《检察实践》2001 年第 2 期。

40. 王利荣：《案外情节与人身危险性》，《现代法学》2006 年第 4 期。

41. 王育君：《退赃应规定为法定情节》，《法学研究》1996 年第 6 期。

42. 王学沛：《关于犯罪对象若干观点的质疑》，《法律科学》1998 年第 5 期。

43. 王瑞君：《刑事被害人谅解不应成为酌定量刑情节》，《法学》2012 年第 7 期。

44. 吴宏耀：《刑事和解的正当性追问》，《公民与法》2010 年第 3 期。

45. 吴寿生：《刑事法律文书中不宜用"初犯"、"偶犯"的提法》，《人民检察》1996 年第 7 期。

46. 解振明：《人们为什么重男轻女?!——来自苏南皖北农村的报告》，《人口与经济》1998 年第 4 期。

47. 许发民、康诚：《犯罪对象概念的反思与重构》，《法学研究》2007 年第 5 期。

48. 徐光华：《犯罪对象问题研究》，载陈兴良主编：《刑事法评论》（第 20 卷），北京大学出版社 2007 年版。

49. 徐祥：《论追、退赃》，《法学》1994 年第 5 期。

50. 薛瑞麟：《关于犯罪对象的几个问题》，《中国法学》2007 年第 5 期。

51. 杨忠民：《刑事责任与民事责任不可转换》，《法学研究》2002 年第 4 期。

52. 叶厚隽：《试论刑罚个别化根据：人身危险性》，《河南师范大学学报：哲学社会科学版》2005 年第 6 期。

53. 叶俊南：《犯罪结果概念研究——兼论犯罪结果与相关概念的关系》，《中国法学》1996 年第 1 期。

54. 余欣喜：《犯罪动机应是犯罪构成的选择要件》，《西北政法学院学报》1988 年第 1 期。

55. 张晓茹：《多种法律关系引起的纠纷与诉讼程序的适用》，《河南省政法管理干部学院学报》2002 年第 3 期。

56. 赵秉志：《当代中国刑罚制度改革论纲》，《中国法学》2008 年第 3 期。

57. 赵秉志：《论酌定量刑情节在限制死刑适用中的作用》，《中国刑事法杂志》2011 年第 12 期。

58. 赵秉志：《论民事赔偿与死刑的限制适用》，《中国检察官》2011 年第 1 期。

59. 赵秉志：《论当前刑法改革中的酌定减轻处罚权》，《法学》2010 年第 12 期。

60. 赵秉志：《论犯罪动机与死刑的限制适用》，《学术交流》2010 年第 7 期。

61. 赵秉志：《公众舆论与量刑政策：影响模式和参与机制》，《法制与社会发展》2008 年第 6 期。

62. 赵长青：《悔罪形态初探》，《云南大学学报·法学版》2006 年第 1 期。

63. 赵良剑：《刑事被害人过错认定的若干实务问题》，《四川警官高等专科学校学报》2006 年第 3 期。

64. 赵廷光：《论我国刑法中的情节》，《中南政法学院学报》1994 年第 5 期。

65. 张明楷：《许霆案的刑法学分析》，《中外法学》2009 年第 1 期。

66. 张明楷：《结果与量刑——结果责任、双重评价、间接处罚之禁止》，《清华大学学报》2004 年第 6 期。

67. 郑春霞：《产后抑郁症的护理探讨》，《天津护理》1995 年第 3 期。

68. 周国平：《浅议再犯的刑事立法及其完善》，《学海》1997 年第 2 期。

69. 朱景哲：《论杀婴的犯罪性质和处罚原则》，《中国妇女管理干部学院学报》1993 年第 2 期。

70. 左卫民、吴玉馨：《略论赃款赃物的处理》，《云南法学》2000 年第 1 期。

三、法典部分

1. 《奥地利联邦共和国刑法典》，中国方正出版社 2004 年版。

2. 《朝鲜民主主义人民共和国刑法典》，中国人民公安大学出版社 2008 年版。

3. 《俄罗斯联邦刑法典》，中国法制出版社 2004 年版。

4. 《德国刑法典（2002 年修订）》，中国方正出版社 2004 年版。

5. 《喀麦隆刑法典》，中国方正出版社 2007 年版。

6. 《西班牙刑法典》，中国政法大学出版社 2004 年版。

7. 《瑞士联邦刑法典》，中国法制出版社 1999 年版。

8. 《韩国刑法典及单行刑法》，中国人民大学出版社 1996 年版。

9.《最新意大利刑法典》，法律出版社 2007 年版。

10.《阿根廷刑法典》，中国方正出版社 2007 年版。

11.《芬兰刑法典》，中国方正出版社 2005 年版。

12.《法国新刑法典》，中国法制出版社 2003 年版。

13.《摩奴法典》，商务印书馆 1996 年版。

14.《汉谟拉比法典》，法律出版社 2000 年版。

15.《萨利克法典》，法律出版社 2000 年版。

16.《十二铜表法》，法律出版社 2000 年版。

17.《智利刑法典》，中国政法大学出版社 2004 年版。

18.《塔吉克斯坦共和国刑法典》，中国人民公安大学出版社 2015 年版。

19.《墨西哥联邦刑法典》，中国人民公安大学出版社 2010 年版。

20.《哥伦比亚刑法典》，中国政法大学出版社 2015 年版。

21.《斯洛伐克刑法典》，中国人民公安大学出版社 2011 年版。

22.《希腊刑法典》，中国人民公安大学出版社 2010 年版。

23.《葡萄牙刑法典》，中国人民公安大学出版社 2010 年版。

24.《塞尔维亚共和国刑法典》，中国人民公安大学出版社 2011 年版。

25.《阿尔巴尼亚共和国刑法典》，中国人民公安大学出版社 2011 年版。

26.《匈牙利刑法典》，中国人民公安大学出版社 2008 年版。

27.《不丹刑法典》，中国人民公安大学出版社 2014 年版。

28.《保加利亚刑法典》，中国人民公安大学出版社 2007 年版。

29.《挪威一般公民刑法典》，北京大学出版社 2005 年版。

30.《罗马尼亚刑法典》，中国人民公安大学出版社 2007 年版。

31.《泰国刑法典》，中国人民公安大学出版社 2004 年版。

32.《世界著名法典选编刑法卷》，中国民主法制出版社 1998 年版。

33.《美国量刑指南：美国法官的刑事审判手册》，法律出版社2006年版。

34.《土耳其刑法典》，中国人民公安大学出版社2009年版。